中國學術思想 研究輯刊

八 編

林 慶 彰 主編

第 9 冊

韓非尊君學說與兩漢政經形勢（上）

黃 紹 梅 著

花木蘭文化出版社

國家圖書館出版品預行編目資料

韓非尊君學說與兩漢政經形勢（上）／黃紹梅 著—初版—
台北縣永和市：花木蘭文化出版社，2010〔民99〕
目 4+198 面；19×26 公分
（中國學術思想研究輯刊 八編：第 9 冊）
ISBN：978-986-254-193-7（精裝）
1.（周）韓非　2.學術思想　3.中國政治制度　4.經濟制度
5.漢代
121.67　　　　　　　　　　　　　　　　　　99002347

ISBN - 978-986-2541-93-7

9 789862 541937

中國學術思想研究輯刊
八 編 第九冊　　　　　　　　ISBN：978-986-254-193-7

韓非尊君學說與兩漢政經形勢（上）

作　　　者	黃紹梅
主　　　編	林慶彰
總 編 輯	杜潔祥
出　　　版	花木蘭文化出版社
發 行 所	花木蘭文化出版社
發 行 人	高小娟
聯絡地址	台北縣永和市中正路五九五號七樓之三
	電話：02-2923-1455／傳真：02-2923-1452
網　　　址	http://www.huamulan.tw 信箱 sut81518@ms59.hinet.net
印　　　刷	普羅文化出版廣告事業
封面設計	劉開工作室
初　　　版	2010 年 3 月
定　　　價	八編 35 冊（精裝）新台幣 58,000 元

韓非尊君學說與兩漢政經形勢（上）

黃紹梅　著

作者簡介

黃紹梅，廣東省大埔縣人。東吳大學中國文學碩士、博士，現為國立臺灣師範大學國際與僑教學院華語文學科專任副教授。主要著作《商鞅反人文觀研究》（碩士論文）《韓非尊君學說與兩漢政經形勢》（博士論文）〈漢代邊防政策中的耕戰思想〉〈王充《論衡》評論漢代社會問題的得與失——以「無鬼論」反映的社會意涵為例〉……等。

提　　要

　　本論文以《韓非尊君學說與兩漢政經形勢》為題，全文共分十章，四十六萬餘字。

　　緒論：首先將韓非尊君內涵加以界定，並論及韓非尊君對於兩漢的影響。所以在緒論中說明漢代「陽儒陰法」的提出已為學術公論。並在前人論述上詳言儒法溝通關鍵在尊君卑臣。其次是探討「陰法」的「法」與韓非有密切關係，文中分別從左右漢代政經形勢的大臣言論、制定漢代政經制度的統治者行事、漢代律法、及漢代政經制度多承自秦制四部份，比較與韓非尊君學說的脈絡相通處。

　　第一章是說明韓非的生平、人格特色。提出尊君學說與其生平遭遇與人格特質的關係。又探討韓非學說所根據的是《韓非子》一書，由於先秦典籍多有真偽問題，文中呈現前人考證成果，得出運用《韓非子》一書的原則。

　　第二章是從外緣與內因兩部份論述韓非尊君卑臣的原因。外緣上，是從社會史的角度說明韓非尊君卑臣的背景，運用的是發生法。從封建制度敗壞，政治經濟社會結構的改變，說明韓非尊君學說與時代的關係。在內因上，說明儒道墨家的救世學說，以比較法的觀點，提出韓非學說是為補救儒墨道三家學說表現的不足。

　　第三章是說明建構韓非尊君學說體係的學說淵源。分別就慎到的勢、申不害的術、商鞅的法以及黃老學說加以說明。本章所用的是分析法，又探討商鞅尊君學說部份，則運用基源問題研究法，說明其理論成立的基礎在人性問題。

　　第四章探討韓非尊君學說的理論基礎及尊君學說內容。在理論基礎上，用基源問題研究法說明韓非尊君學說的理論基礎在因自利人性論強化君臣異利理念。在尊君內容上，用分析法，歸納出韓非尊君內容計有：用人公平、虛靜無為、循名責實、立法執柄及趨本務外末作六項。

　　第五章到第九章說明韓非尊君學說對兩漢的影響。由於政治思想的完成應是「理論」與「應用」並重，所以了解韓非尊君學說外，也應注意理論對時代的影響。第五章至第九章採「以史論子」方法，以兩漢政經探討韓非學說的落實現象。此處涉及「影響說」，影響的界定很廣泛，有正面的、反面的，或對原學說的誤讀及修正，多應可列入影響的範圍。但是，根據赫梅倫氏的說法，影響需具備時間順序條件、因果條件及可見性條件。所以本文是以赫氏說法為準，於兩漢政治、學術、經濟、軍事、社會上，多先說明與韓非學說脈絡相通之處。至於說明兩漢政經與韓非學說關係的資料，是以《史記》、《漢書》及《後漢書》等史料為主。其中除論述考課、監察、宰相制度，涉及典章制度外，其餘大多偏重在意識形態的探討，所運用的資料多詔書、奏議一類，及一般性的思想論著，所以仍屬於思想史的範疇。

　　至於第五章至第九章的論述次序，依序是政治、學術、經濟、軍事及社會。漢代政治制度襲秦制有法家傾向，並在此前提下，對學術、經濟、軍事及社會產生影響，故編排列政治於前。各章從韓非尊君學說的角度，對複雜的兩漢政經形勢作一理解。

　　第十章是歸納韓非尊君學說影響兩漢所形成的流弊。於總結並說明韓非尊君學說本有正面價值，可是到兩漢卻形成種種負面流弊，探討其原因為何。

目次

緒　論

　　「尊君」理論的提出，是法家學說特質。慎到說：「禮從俗，政從上，使從君。國有貴賤之禮，無賢不肖之禮。」（《藝文類聚》卷三十八注引《慎子》）以禮強調貴賤上下之分。申不害說：「明君如身，臣如手。……君操其柄，臣事其常。」（《群書治要》卷三十六引《申子·大體篇》）說明君臣之間有主從之別。至商鞅緣法而治，但以人君爲最高權威，而言：「權者，君之所獨制，……權制獨斷於君，則威。」（《商君書·修權篇》）至韓非尊君更爲徹底，而有君冠臣履說法（《韓非子·外儲說左下篇》）。正如司馬談所言「法家……正君臣上下之分」、「若尊主卑臣，明分職不得相踰越雖百家不能改也。」（《史記·太史公自序》〈論六家要旨〉）劉向亦言法家「尊君卑臣，崇上抑下」（《別錄》）。〔註1〕至韓非集法家大成，君臣上下的關係模式於其著述已完全成熟體現。誠如熊十力先生所言：

　　　　通觀韓非書，對君主制度無半言攻難。對君權、不唯無限制，且尊
　　　　其權，極於無上。而以法術兩大物，唯人主得操之。人主持無上之
　　　　權，操法術以統御天下。將使天下之眾，如豕羊然。〔註2〕

可知韓非「尊君」以樹立君主權威。由於不容大權旁落，所以必推向「卑臣」，人臣責任小出利國的社稷意識轉變爲利君的君主意識。人君地位的絕對化，適合秦統一以來中央集權君主專制制度的需要。誠如牟宗三先生所說：

　　　　君雖由貴賤社會中解放出來取得超然的地位，結果仍落爲主觀狀況

〔註1〕　《史記·萬石張叔列傳》唐代司馬貞《索隱》引劉向《別錄》言：「申子學號
　　　　曰刑名者，循名以責實，其尊君卑臣，崇上抑下，合於六家也」。
〔註2〕　參見熊十力《韓非子評論》頁4至5。學生書局，民國67年記載。

的客觀地位，成了沒有限制的絕對體這樣就形成了君主專制政體。
〔註3〕

法家「尊君」開出專制政治格局，完成春秋戰國時代政治社會的轉型，具有一定的意義與價值。〔註4〕此思想支配我國長達二千餘年，雖有增損，〔註5〕其中最值得注意的是黃宗羲，於《明夷待訪錄》中公然反對君主至上的神聖地位，主張「天下為主君為客」（〈原君篇〉），並提出以「天下之法」取代君主之「一家之法」（〈原法篇〉）。不過，黃宗羲雖批判了君主專制，但未能超越歷史而提出廢除君主制度。換言之，尊君之基本精神始終一貫。直至十九、二十世紀，西方法制因清末變法、修律而大量輸入，加以知識份子對國外政治實際觀察、體認，〔註6〕專制政體的檢討、改造，及民主、自由觀念的提倡，成為重要課題。自此以後，誠如蔡元培先生所說：「夫民權之趨勢，若決江河，沛然莫御」，〔註7〕長達二千餘年的「尊君」現象方才終止。因此，我們一則必須正視傳統政治制度的獨特性，一則亦須檢視其可行性與合理性。為此，便不得不先從韓非「尊君」思想的理論及其落實於漢代政治、軍事、經濟、學術以及社會中去探本索源。

揆之史實，漢代正是我國君主集權的奠定階段，最具代表性，若不對漢

〔註3〕 牟宗三〈法家所開出政治格局之意義〉，《中國哲學十九講》頁185。學生書局，民國72年出版。

〔註4〕 蕭公權曾按思想之歷史背景，將中國政治思想史分作：封建天下、專制天下及近代國家之思想三時期。參《中國思想史》上冊緒論，頁8。聯經出版社，民國71年出版。又牟宗三認為中國歷史的發展中有三個主要關鍵：第一是周公制禮做樂，第二是法家的工作完成春秋戰國時代政治社會的轉型，第三是由辛亥革命到現在所要求的民主建國。出處同註3。綜合二說，法家完成春秋戰國社會轉型也就是對專制政治的奠定。

〔註5〕 趙克堯指出：秦漢一統天下，是我國君權觀念的強化時期；魏晉玄學興起，思想解放，君權趨向衰落；隋唐係君權由弱趨強的過渡時期；宋元明初理學崛起，君權提到至高無上的地位；明中葉以後，政治學中則出現賦有民主色彩之君臣論。參見〈論忠與君權觀念的歷史演變〉一文，《漢唐史論》頁106至頁118，復旦大學出版社，西元1993年出版。

〔註6〕 我國近代知識份子對民主的體認，大抵來自國外政治的觀察。例如嚴復留學英國時，「嘗入法庭，觀其聽獄，歸邸數日，如有所失」。見識了民主政治的實況。參見嚴復譯《孟德斯鳩法意》第十一卷第六章，商務印書館，民國66年出版。胡適於西元1914年舊讀康乃爾大學時，曾旁聽綺色佳城的公民會議，不禁感到其共和平議之精神可風。參見《胡適留學日記》第一冊，頁245至246，遠流出版社，民國75年出版。

〔註7〕 《蔡元培先生全集》頁4。孫常煒編，商務印書館，民國57年出版。

代君權運作作一深入考察與評價，也就不能從中得到啟示，此乃研究本課題的動機與意義所在。基此理念，對於先秦儒法分立何以至漢代轉為「陽儒陰法」？即漢代以儒法思想為表裡，相互為用的緣由，自當先提出說明。以下按次序分別就韓非尊君的內涵、漢代陽儒陰法的提出，以及漢代陰法與韓非尊君學說有關三部份作一說明。

一、韓非尊君內涵的界定

　　韓非學說具有濃厚尊君意識，於〈外儲說左下〉一文中二度強調君冠臣履的看法。其所體現者，為君臣上下的從屬關係，強調君主掌握絕對權威，成為政治主體及核心。他說賢臣是：

> 能明法辟，治官職，以戴其君者也。（同上）

又說：

> 以其主為高天泰山之尊，而以其身為壑谷鬴洧之卑。主有明名廣譽
> 於國，而身不難受壑谷鬴洧之卑。（〈說疑篇〉）

理想之臣子是順從、竭力為上，奉其主若高天泰山之尊，賤己身若壑谷鬴洧之卑。

　　然而，遇不肖之君，韓非以為賢臣因應之策是：「君有過則諫，諫不聽則輕爵祿以待之，此人臣之禮義也。」（〈難一篇〉）換言之，認為人臣對君主的懲罰，只不過在勸諫。倘諫而不聽，亦只可輕爵祿遠其身而已。可推知類似孟子誅暴君如誅獨夫之說，直試為不肖。是以〈難一篇〉評師曠搖琴撞晉平公一事乃大逆之術，顯示韓非之尊君意識，往往為推廣國君權威而裁抑臣權。

　　至於先秦儒家所持者乃「以道事君」的出仕原則，其所認同的君臣關係乃相對性而非絕對性。所謂「君使臣以禮，臣事君以忠。」（《論語・八佾篇》）臣下服從君主前提為君禮而臣忠。然而，國君無德則勢位反成為德化阻力。若君不君，孔子採取「犯上」「離去」態度，實踐其「以道事君，不可則止」的原則（〈先進篇〉）。君臣相對關係至孟子更加確立，在尊重民意前提下，認為君不賢，則諫則爭，諫而不聽，異姓之臣可棄君而去之，貴戚之臣可將君易位，於昏君、暴君，甚至可以放逐，可以誅伐，不必負道德責任。是認定民心向背為政權轉移基礎。本民貴之旨，臣子為人民公僕，並非國君專屬。臣「以道事君」，君臣各有尊貴，其曰：

> 君之視臣如手足，則臣視君如腹心；君之視臣如犬馬，則臣視君如
> 國人；君之視臣如土芥，則臣視君如寇讎。(《孟子·離婁下篇》)

此乃君臣倫理相對觀的最好說明，君臣地位並不懸隔，各種身份皆有定位、本份，對待以禮規範。

基本上，儒法二家都尊君，但尊君的程度不同。韓非尊君則已經成為君主集權現象，可就國君在法律、賦稅、郡縣、軍事、學術文化等方面的權力作一理解：

（一）公布法的集權：提出公布法，並以法律為最高標準下循名責實，訂立一套公平的官僚體系。

（二）田賦的集權：全面廢除井田制，建立公平的賦稅制度，鼓勵自耕農出現，稅收集中國君手中。

（三）軍事的集權：獎勵戰士，建立以斬首為功的升遷制度，以有軍功者統領軍隊，提高戰鬥力。

（四）郡縣的集權：建立國君直轄的縣，破除宗法封建關係，避免重人及當途之人的擴大。

（五）學術文化的集權：「以法為教，以吏為師」，禁止儒墨思想的傳播，以鞏固其政權。

由上所述，韓非「尊君」是君主集權。基本上，秦孝公時商鞅變法已奠定君主集權的模式。韓非曾說：

> 商君教秦孝公以連什伍，設告坐之過，燔詩書而明法令，塞私門之
> 請而遂公家之勞，禁游宦之民而顯耕戰之士。孝公行之，主以尊安，
> 國以富強。(《韓非子·和氏篇》)
>
> 古秦之俗，君臣廢法而服私，是以國亂兵弱而主卑。商君說秦孝公
> 以變法易俗而明公道，賞告姦，困末作而利本事，當此之時，秦民
> 習故俗之有罪可以得免，無功可以得尊顯也，故輕犯新法。於是犯
> 之者其誅重而必，告之者其賞厚而信，故姦莫不得而被刑者眾，……
> 遂行商君之法，……是以國治而兵強，地廣而主尊。(〈姦劫弒臣篇〉)

商鞅治績中，舉凡變法易俗而明公道、賞告姦、困末作而利本事、燔詩書而明法令、塞私門之請而遂公家之勞，以及禁游宦之民而顯耕戰之士等，已為韓非尊君基礎。韓非又吸收慎到、申不害及黃老學說的尊君理論，才形成完整的尊君集權學說。

二、漢代陽儒陰法的提出

（一）儒法分立──學說特色不同

中國政治特色與其說是儒道互補，不如說是外儒內法。儒法二家並無絕對的楚河漢界。不過，二家各自表現其思想特色，尤其是禮、法異論。儒家言政，提倡禮樂、崇尚德治，孔子言：「克己復禮為仁」（《論語・顏淵篇》），孟子亦云：「仁義禮智，非由外鑠我也，我固有之也」（《孟子・告子上篇》）。肯定人類的道德自主性，其法律即建立在人的理性基礎上，主張德主刑輔，故云：「禮者禁於將然之前，而法者禁於已然之後。」（《禮記・經解篇》）著重禮之涵養，使人民自然知法守法，以期由「免而無恥」漸進至「有恥且格」。基本上，儒家並不排斥法治，正如瞿同祖先生所說：

> 儒家固然主張以德治、人治的方式來推行禮，但如以法律制裁的力量來推行禮，自無損於禮之精神及其存在，其目的仍可變通達到。
>
> 儒家並未絕對排斥法律及刑罰；但對於禮的維護，則始終不肯放棄。
> 〔註8〕

法家則基於人性好利惡害，因而提倡以法為體，以刑為用。杜絕禮治，斥儒家學說為六蝨五蠹，不行教化。（《韓非子・五蠹篇》）論功罪則課以賞罰，並施以相牧司連坐，欲立法發生實際制約效力，而流於嚴苛。由於韓非欲轉變儒家「禮優於法」的看法，以建立「法」的獨立地位，因而揭開儒、法的對立。韓非於〈顯學篇〉開宗明義指出：「世之顯學，儒、墨也」，可推知法家未取得主導地位。〔註9〕韓非從「孔、墨之後，儒分為八，墨離為三」的學術流變概況，質疑儒墨分支流派：「而皆自謂真孔、墨，孔、墨不可復生，將誰使定後世之學乎？」由學術根源之真偽難定，進而推斷儒、墨崇尚堯舜之道內容的不可信。〔註10〕

此外，又透過「直躬之父攘羊」的禮法衝突範例，強調「法優於禮」的

〔註8〕 瞿同祖〈中國法律之儒家化〉，載《國立北京大學五十周年紀念論文集》，文學院第四種，西元1948年出版。

〔註9〕 林月惠〈韓非思想的特色、精義與限制──由其非儒的論點談起〉一文提出法家未取得主導地位，是二家論爭關鍵，《嘉義師院學報》第7期，民國82年11月出版。

〔註10〕《韓非子・顯學篇》言：「孔子墨子俱道堯、舜，而取捨不同，皆自謂真堯、舜，堯、舜不復生，將誰使定儒、墨之誠乎！虞、夏七百餘歲，殷、周二千餘歲，而不能定儒墨之真，今乃欲審堯、舜之道於三千歲之前，意者不可必乎！」

主張。〔註11〕直斥「儒以文亂法」，認爲「其學者，則稱先王之道以藉仁義，盛容服飾辯說，以疑當世之法，而二人主之心」，是亂法大源（〈五蠹篇〉）。

至於法家特色則在嚴刑峻罰，「不別親疏，不殊貴賤，一斷於法」，歷代學者多有批評。如揚雄言：

> 申韓之術，不仁之至矣，若何牛羊之用人也！若牛羊用人，則狐狸螻蠐，不腠臘也與？（《法言・問道篇》）

認爲韓非法術可爲一時權宜，非治之恆常，又廢禮義不用，視人如牛羊，任意刀俎，因而鄙棄之。是以王充《論衡》亦言韓非有「無德之患」（〈非韓篇〉），終不可長久。此外，蘇軾、黃震多持負面評價，〔註12〕以韓非刑名爲殘苛不仁。

近代學者又有從「人治」、「法治」之對立評論儒法二家。梁啓超先生發表於民國 11 年（西元 1922 年）的《先秦政治思想史》演講稿即持此說。不過其亦能洞悉法家立法權不能正本清源的現象，故曰：「然問法何自出，誰實制之？

〔註11〕《論語・子路篇》記載葉公超語孔子曰：「吾黨有直躬者，其父攘羊而子證之」，孔子則不表稱許的說：「吾黨之直者異於是。父爲子隱，子爲父隱，直在其中矣。」因爲父子相隱是儒家親其親、長其長之禮治。此觀點可用《孟子・盡心上篇》假設「舜竊父而逃」的故事加強說明。舜父瞽瞍殺人，舜毅然棄天下，將父親「竊負而逃，遵海濱而處，終身欣然，樂而忘天下」。孟子表明家庭血緣倫理高於國家法律的主張。換言之，孔孟把家庭倫理價值置於國家法律價值之上。儒家的處理方式韓非不以爲然。《韓非子・五蠹篇》曰：「楚有直躬，其父竊羊而謁之吏。令尹曰：『殺之』，以爲直於君而曲於父，報而罪之。以是觀之，夫君之直臣，父之暴子也。魯人從君戰，三戰三北，仲尼問其故，對曰：『吾有老父，身死莫之養也。』仲尼以爲孝，舉而上之。以是觀之，夫父之孝子，君之背臣也。故令尹誅而楚姦不上聞，仲尼賞而魯民易降北，上下之利若是其異也。而人主兼舉匹夫之行，而求致社稷之福，必不幾矣。」令尹殺直躬的作法將造成楚姦不上聞的效應，魯人臨陣脫逃亦將危及社稷。由此觀之，當禮、法衝突時，韓非則主張「法優於禮」。

〔註12〕蘇軾《經進東坡文集事略・韓非論》言：「仁義之道，起於夫婦、父子、兄弟相愛之間。而禮樂刑政之原，出於君臣、上下相忌之際。……老聃、莊周論君臣、父子之間，汎汎乎若萍遊於江胡而適相值也。夫是以父不足愛，而君不足忌。不忌其君，不愛其父，則仁不足以懷，義不足以勸，禮樂不足以化。……商鞅、韓非求爲其說而不得，得其所以輕天下而齊萬物之術，是以敢爲殘忍而無疑。今夫不忍殺人而不足以爲仁，而仁亦不足以治民，則是殺人不足以爲不仁，而不仁亦不足以亂天下。如此，則舉天下唯吾之所爲，刀鋸斧鉞，何施而不可？」黃震《黃氏日抄》卷五十五曾言：「韓非盡斥堯舜湯武孔子，凡先王之道爲亂，而兼取申不害、商鞅法術之說。……以疏遠一旦說人之國，乃欲其主首去貴近，將誰汝容耶？送死秦獄，愚莫與比。」

則仍曰君主而已。」〔註13〕基本上，此點正是法家「法治」內涵與近代「法治」概念不同的關鍵。牟宗三先生即指出：在西方「法治是由王權獨立，順著民主政治之保障自由、保障民權而來的」。〔註14〕大陸學者俞榮根先生曾以現代法學觀點釐清以「人治」、「法治」畫分儒法二家的不當，歸納要義如下：

1. 根據亞里士多德、孟德斯鳩、盧梭之界說，國家政體有共和、君主及專制三種形式。至於「三權分立」、「天賦人權」的法治，是就共和政體而言。

2. 共和政體人民握有最高權力，說明法治基本要素有二：其一，法制必須與民主相聯繫，與君主專制國君凌駕法治之上判然有別，此爲區別人治、法治之前提。其二，法治須以「主權在民」爲最高依據，以實踐法律之前人人平等的理想。

3. 從近代法治觀念衡定法家之法，乃強化帝王單獨執政。「信賞必罰」權力主體在君主，藉重刑以鞏固已得的獨尊地位，所謂「法治」只是以刑爲治。

4. 以「主權在民」作爲判定法治的標準，是以儒法二家仍宜歸入「人治」，二者區別只是程度上的差異。法家爲絕對君主專制，儒家是「民貴君輕」的君主專制。在此論點上，儒法家的分歧，不可推斷爲「人治」與「法治」的對立。〔註15〕

從表面觀察，儒法二家分別強調「禮」、「法」價值，立於極端相反立場。深入觀察，禮、法均是維持社會秩序的行爲規範，求治平之目的一致。所不同者，一用王道，一用霸道而已。不可推爲「人治」與「法治」的對立。歷史證明韓非重法術、權勢以尊君，多殘苛不仁。然明法紀，尊君重勢精神亦具影響性。清俞樾指出：

> 智久不用，人有餘智；勇久不用，人有餘勇。鬱之也深，蓄之也固，其發之也愈烈，而申韓之徒出其間矣。吾觀漢初曹參用蓋公言，清靜無爲，文、景因之，而閭閻富溢，無復限制。武、宜之世，乃復尚嚴。夫文、景之後，不能不爲武、宜，則知老莊之後，不能不爲申韓也。（《春在堂全書》所收《賓萌集·申韓論》）

〔註13〕梁啓超《先秦政治思想史》頁173。東大圖書公司印行，民國76年出版。
〔註14〕牟宗三〈法家之興起及其事業〉一文，同註2，頁159。
〔註15〕參見俞榮根《儒家法思想通論》，廣西人民出版社，西元1992年出版。

即說明在中國政治學說的發展歷程中，法家的出現是一種自然現象。

（二）儒法合流－外在環境的自然趨勢

秦滅六國政權歸於一家，儒法分立現象趨於沉寂。以下從三方面說明：

1. 就學術方面言

游說之士喪失立足環境，誠如李斯所言：「異時諸侯并爭，厚招游學；今天下已定，法令出一，百姓當家，則力農工，士則學法令避禁。」〔註 16〕秦統一杜絕思想分歧，甚至藉政治權力企圖一元化思想，所以始皇三十四、三十五年發生歷史上著名的「焚書坑儒」事件。此外，據秦山刻石、瑯琊刻石、之罘刻石更呈現其既欲天下「順承勿革」、「摶心壹志」，又要「順承聖意」的史跡。〔註 17〕統治者欲統一思想，對當時學術發展也有某種程度的影響，學術思想有趨於融合的現象。如呂不韋所編輯之《呂氏春秋》一書即是。他說：「物固莫不有長，莫不有短，人亦然。故善學者，假人之長以補其短，故假人者遂有天下。」（〈用眾篇〉）其意便指出，欲統一天下者，必需取眾家之長。呂不韋《呂氏春秋》即為統合各家之著述。所以《呂氏春秋》於《漢書‧藝文志》列入雜家。此外，又如《淮南子》亦列入雜家，多是學術由分而合的證明。

2. 就法治方面言

李悝《法經》編定以來，我國法律步入較有系統的成文法階段。商鞅承之，改法為律，是為秦律。漢相蕭何加戶、興、廄三篇，謂九章之律，是為漢律。魏晉南北朝及隋代因漢律而增損之，迨唐律粲然完備，歷宋、元、明、清多沿襲之，無大變化。〔註 18〕

就其源流而言，鄭國子產之「鑄刑書」，晉國荀寅之「刑鼎」，已奠定公布法的基礎。眾所周知，《左傳》曾記載晉大夫叔向評「刑書」言：「民知有辟則不忌於上，並有爭心，以徵於書……民之爭端矣，將棄禮而徵於書。」（昭公六年）又孔子譏「刑鼎」言：「民在鼎矣，何以尊貴，貴何業之守。」（昭公二十九年）論者遂云，孔子、叔向所言是反對公布成文法，以維護貴族階層的利益。

〔註16〕瀧川龜太郎著《史記會注考證》卷六，頁 123，洪氏出版社，民國 72 年出版。

〔註17〕〈泰山刻石〉言：「治道運行，諸產得宜，皆有法式，大義休明。垂于後世，順承勿革。」〈瑯琊刻石〉言：「普天之下，摶心揖志，器械一量，同書文字」〈之罘刻石〉言：「普施明法，經緯天下。永為儀則。大矣哉！宇縣之中，承順聖意。」參見《史記‧秦始皇本紀》同上註，頁 119、120 及 121。

〔註18〕參見柳詒徵《中國文化史》上冊，頁 391。正中書局，民國 76 年出版。

〔註19〕

　　不過，據《韓非子・內儲說上篇》記載子產有重刑主張，建立「以刑去刑」的理論雛形。而荀寅、范氏之「刑鼎」，實企圖以此作爲掠奪人民的護身符。誠如劉向《新序》所言，荀寅有行虐政、厚賦斂之事實。〔註 20〕進而言之，叔向、孔子並非反對公布法，而是：

　　　　以爲范宣子所爲非善耳，非謂聖王制法不可使人知也。（《大學衍義補》卷一百二）

據此理解，二人反對的是先秦律法重刑而輕忽禮的現象。而且，兩漢標榜儒學，解釋法典與審理案件，往往以儒家經典爲依據。此外，法典制定亦多出自讀書人，〔註21〕《漢書》記載：

　　　　江都相董仲舒、內史公孫弘、兒寬，居官可紀。三人皆儒者，通於世務，明習文法，以經飾吏事。（〈循吏傳〉）

依此理解，兩漢儒臣重禮治亦熟習法律，誠如陳顧遠先生所言：「自漢以後，律統雖在，律義全非；律的地位如故，律的靈魂卻非屬於法家，而係儒家所有」。〔註22〕可說已無純粹法家，亦無眞正儒家。而且漢代律法甚至也有禮刑合一的現象。例如：漢代統治者以《春秋》經義斷獄，今尚有案例可見。如：

　　　　時有疑獄曰：甲無子，拾道旁棄兒乙養之，以爲子。及乙長，有罪殺人。以狀語甲。甲當何論？仲舒曰：甲無子，振活養乙，雖非所生，誰與易之。《詩》云：「螟蛉有子，蜾蠃負之」。《春秋》之義，父爲子隱。甲宜匿乙，不當坐。（《通典》卷六十九東晉成帝咸和五年散騎侍郎喬賀妻于氏上表引）

〔註19〕瞿同祖據此認爲孔子時代正是儒家高唱禮治人治不需要法律的時代。參見《中國法律與中國社會》頁409至410，里仁出版社，民國73年出版。

〔註20〕王曉波曾指出：叔向孔子「反對的共同理由也都是爲了統治貴族的地位下降」。參見《韓非思想的歷史研究》頁19。聯經出版社，民國72年出版。劉向《新序》曾言：荀寅「以苛爲察，以欺爲明，以刻爲忠，以計多爲善，以聚斂爲良。」所以有叔向、孔子並非反對公布法的觀點。此觀點係參考俞榮根說法，出處同註15。

〔註21〕瞿同祖提出此說，出處同註19。

〔註22〕參閱陳顧遠〈從中國文化本位上論中國法制及其形成發展並予以重新評價〉一文，收入《中國法制史論集》。謝冠生、查良鑑主編，中華法學協會出版，民國57年印行。

這是董仲舒引用《春秋》中「爲親者諱」及孔子「父爲子隱，子爲父隱」（《論語·子路篇》）的觀點決獄之例，是禮法合一的例證。

（三）陽儒陰法——儒法二家具備尊君卑臣的共通特質

秦亡漢興，漢制度多因秦制，清儒顧炎武言：「漢興以來，承用秦法，以至今日者多矣。」〔註23〕夏曾佑先生亦言：「自秦以來雖百王代興，時有改革，然觀其大意，不甚懸殊。」〔註24〕然而，值得注意的是：秦代已不容身的儒學至漢武帝而定於一尊。儒術獨尊後，孔子之道是否實行於政治而爲大多數人遵守之原則呢？蕭公權先生已察覺到有兩種極端見解，〔註25〕其所引用資料有三：

1. 據張之洞鼓吹保教，因爲他相信「我聖教行於中土數千年而無改」，從五帝三王到明、清皆崇尚儒術。

2. 康有爲主張立孔教爲國教。以爲「中國能晏然一統政治二千年者何哉？誠以半部論語治之也。」

3. 朱熹認爲從漢唐到南宋千五百年中，雖不無小康，「而堯舜三王、周公、孔子所傳之道，未嘗一日得行於天地之間。」

朱熹看法與張之洞、康有爲相反。基本上我們可說，漢以後眞正之儒學已不存在，班固云：

> 然惑者既失精微，而辟者又隨時抑揚，違離道本，苟以譁眾取寵，
> 後進循之，是以五經乖析，儒學寖衰。（《漢書·藝文志》敘儒家）

五經乖亂，已非儒家眞傳。儒學變質的關鍵在董仲舒以陰陽五行及天人感應神化人君，董仲舒先將《春秋》與仁結合，他說：

> 《春秋》之所治，人與我也，所以治人與我者，仁與義也。（《春秋繁露·仁義法》）

將《春秋》的「仁」凸顯出來，使《春秋》內涵與孔子密切結合起來。〔註26〕但是，他又說：

> 臣謹案《春秋》之中，視前世已行之事，以觀天人相與之際，甚可畏也。國家將有失道之敗，而天乃出災害以譴告之。不知自省，又

〔註23〕顧炎武《日知錄》卷十三〈秦紀會稽山刻石條〉。收於萬有文庫第九冊，商務印書館，民國28年出版。

〔註24〕夏曾佑《中國古代史》第二篇第一章，頁225。商務印書館，民國52年出版。

〔註25〕參見蕭公權〈聖教與異端——從政治思想論孔子在中國文化史的地位〉一文，收入《跡園文存》頁125，環宇出版社，民國59年出版。

〔註26〕參見韋政通《董仲舒》頁12。東大圖書公司，民國75年出版。

出怪異以警懼之，尚不知變，而傷敗乃至。以此見天心之仁愛人君
而欲止其亂也。(《漢書・董仲舒傳》)

按其言，把天之災異落在國君之失上，遂要求國君代行天意，爲民服務。換言之，其價值標準在「天」，與先秦儒家以內心自覺的「仁」標準不同。此外，在政治上又與法家思想結合強調尊君，因而爲人君接納。

　　基本上我國專制政體實不出「外儒內法」的典型。故本文所欲探究的是儒學與法家結合的眞象。據余英時先生所論：

所謂儒學法家化。其意義不是單純地指儒學日益肯定刑法在維持社
會秩序方面的作用。遠在先秦時代，荀子〈王制〉和〈正論〉兩篇，
已給刑法在儒家的政治系統中安排了相當重要的位置。漢代儒學的
法家化，其最具特色的表現，乃在於君臣觀念的根本改變。漢儒拋
棄了孟子的君輕論，荀子的「從道不從君論」，而代之以法家的「尊
君卑臣」論。〔註27〕

按其說，「儒學法家化」不僅單純指漢代儒者日益肯定刑法功能，結合倫理道德與法律刑罰，其重點更在確立尊主的合理性，將大一統帝王權力推向高峰。

　　考察文獻，漢代儒者多有尊君言論，可作爲儒學法家化的證明。以叔孫通爲例，《史記》記載：

叔孫通者，薛人也。秦時以文學徵，待詔博士。……漢五年……諸侯
共尊漢王爲皇帝於定陶，叔孫通就其儀號。……群臣引酒爭功，醉或
妄呼，拔劍擊柱，高帝患之。叔孫通知上益厭之也，說上曰：「夫儒
者難與進取，可與守成。臣願徵魯諸生，與臣弟子共起朝儀。」……
「五帝異樂，三王不同禮。禮者，因時世人情爲之節文者也。故夏殷、
周禮所因損益可知也，謂不相復也。臣願頗采古禮與秦儀雜就之。」
上曰：「可試爲之，令易知，度吾所能行爲之。」於是叔孫通使徵魯
諸生三十餘人。魯有兩生不肯行，曰：「公所事者且十主，皆面諛以
得親貴。……吾不忍爲公所爲。公所爲不合古，吾不行。公往矣，無
汙我！」叔孫通笑曰：「若眞鄙儒也，不知時變。」遂與所徵三十人
西，及上左右爲學者與其弟子百餘人爲綿蕝野外。習之月餘，叔孫通
曰：「上可試觀。」上既觀，使行禮，曰：「吾能爲此。」迺令群臣習
肄，會十月。漢七年，長樂宮成，諸侯群臣皆朝。十月，儀：先平明，

─────────────────
〔註27〕余英時《歷史與思想》頁32，聯經出版社，民國65年出版。

謁者治禮，引以次入殿門，……。於是皇帝輦出房，百官執職傳警，引諸侯王以下至吏六百石以次奉賀。自諸侯王以下莫不振恐肅敬。……諸侍坐殿上皆服抑首，以尊卑次起上壽。……無敢讙譁失禮者。於是高帝曰：「吾乃今日知爲皇帝之貴也。」迺拜叔孫通爲太常，賜金五百斤。叔孫通因進曰：「諸弟子儒生隨臣久矣，與臣共爲儀，願陛下官之。」高帝悉以爲郎。叔孫通出，皆以五百斤賜諸生，諸生乃喜曰：「叔孫生誠聖人也，知當世之要務！」（〈劉敬叔孫通列傳〉）

根據上述記載，叔孫通乃一儒宗，制定朝儀位至太常。其行事有二項重點：

1. 叔孫通爲漢制定朝儀，其曰：「五帝異樂，三王不同禮。禮者，因時世人情爲之節文者也。故夏殷、周禮所因損益可知也，謂不相復也。臣願頗采古禮與秦儀雜就之。」所以司馬遷指出：「至秦有天下，悉納六國禮儀，采擇其善，雖不合聖制，其尊君抑臣，朝廷濟濟，依古以來。至於高祖，工有四海，叔孫通頗有所增益減損，大抵皆襲秦故。」（《史記‧禮書》）所以叔孫通所制定之朝儀乃襲秦法。而秦法根據法家尊君卑臣觀點所制定，故叔孫通制定「自諸侯王以下莫不振恐肅敬」之朝儀，表面上是振興循序依讓之禮節，而本質上遵循法家尊君卑臣思想，是統治者鎮壓人民的工具。叔孫通可說是爲博取功名利祿，假儒學之名，以討好專制帝王。

2. 文中言「叔孫生誠聖人也，知當世之要務！」諸生因叔孫通制定朝儀而有官祿，多視叔孫通爲「聖人」，爲識當世要務之俊傑。暗示儒學末流只是具官待問，僞託種種禮儀以取得太常博士等官職。從此角度觀察，漢代儒生和先秦儒者，在思想及行事上已有極大差別。

以賈誼爲例，賈誼爲漢初重要思想家及政論家。《漢書‧藝文志》著錄賈誼《新書》五十八篇，列入儒家類。檢核其著書，可知賈誼政治理想在提出「禮」作爲健全社會運作的軌範。他說：

……道德仁義，非禮不成。教訓正俗，非禮不備。分爭辨訟，非禮不決。君臣上下，父子兄弟，非禮不定。宦學事師，非禮不親。班朝治軍，涖官行法，非禮威嚴不行。禱祠祭祀，供給鬼神，非禮不誠不莊。是以君子恭敬撙節退讓以明禮。禮者所以固國家，定社稷，使君無失其民者也。主主、臣臣，禮之正也。威德在君，禮之分也。尊卑小大，強弱有位，禮之數也。禮，天子愛天下，諸侯愛境內，大夫愛官屬，士庶各愛其家。失愛不仁，過愛不義。禮者所以守尊

> 卑之經，強弱之稱者也。……君仁臣忠，父慈子孝，兄愛弟敬，夫
> 和妻柔，姑慈婦聽，禮之至也。……（〈禮篇〉）
>
> 天子如堂，群臣如陛，眾庶如地。……高者難攀，卑者易陵，理勢
> 然也。故古者聖王，制爲等列。內有公卿大夫士，外有公侯伯子男。
> 然後有官師小吏，延及庶人，等級分明，而天子加焉，故其尊不可
> 度也。（《新書・階級篇》）

說明禮是對各種身份的人，盡個人應盡之義務，並給予尊重而不可侵犯，以建立合理的人際關係。按此理念，賈誼〈過秦論〉言及秦滅亡之教訓，即認爲「君君臣臣上下有差，父子六親各得其宜」是安定社會之基礎。認爲若不如此，則「夫卑賤者習知尊貴者之一旦，吾亦乃可以加此也，非所以習天下也，非尊尊、貴貴之化也。」（《漢書・賈誼傳》）強調尊貴者與卑賤者社會地位不同，應嚴等級之分使不敢犯上。再就法家而言，韓非曾說：「臣事君，子事父，妻事夫，三者順則天下治，三者違則天下亂，此天下之常道。」（〈忠孝篇〉）可知儒家親親尊尊觀念與法家可以溝通，而法家的階級觀念則更加強烈。

以董仲舒爲例，董氏爲景帝時之《春秋》博士。班固評曰：「仲舒遭漢承秦滅學之後，六經離析，下帷發憤，潛心大業，令後學有所統一，爲群儒首。」（《漢書・董仲舒傳》）以董仲舒爲漢儒之代表。班固又言：「董仲舒治公羊春秋，始推陰陽，爲儒者宗。」（《漢書・五行志》）說明其承藉陰陽學說，將尊卑、貴賤與陰陽相配，將儒家「君君、臣臣、父父、子子」的相對論坥理論，轉變爲絕對化的倫理。故曰：

> 君臣父子夫婦之義，皆取諸陰陽之道。君爲陽，臣爲陰；父爲陽，
> 子爲陰；夫爲陽，妻爲陰。陰道無所獨行，其始也不得專起，其終
> 也不得分功，有所兼之義。（《春秋繁露・基義篇》）

此種君、父、夫爲陽而貴而尊，臣、子、妻爲陰而賤而卑之觀念，與先秦儒家「父子有親，君臣有義，夫婦有別」之倫理觀不同。影響所及，對人之價值判斷完全以尊卑貴賤爲標準，其說亦助長專制政治之發展。

根據上述，漢初公孫弘、賈誼及董仲舒等儒者，多有明確之尊君卑臣理念，與先秦儒學君臣相對待以禮的態度已不同。令人質疑的是：漢代標舉儒學，又強調法家之君權，爲何法家不被公開提出呢？以下從汲取歷史經驗的角度作一說明。此觀點根據王夫之所言：

> 設身於古之時勢，爲己所躬逢，研慮於古之謀爲，爲己之所身任。

取古人宗社之安危，代爲之憂患，而己之去危以即安者在矣；取古
今民情之利病，代爲之斟酌，而今之興利以除害者在矣。得可資，
失亦可資也；同可資，異亦可資也。故治之可資，惟在一心，而史
特其鑑也。(《讀通鑑論·敍論四》)

所謂「心」，指思考能力。歷史透過思考轉化爲具有深度的慧識，方能爲後人
帶來啓示。以秦驟起驟亡爲例，唐杜牧曾言：「嗟夫！使六國各愛其人，則足
以拒秦；秦復愛六國之人，則遞三世可至萬世而爲君，誰得族滅也？」(〈阿
房宮賦〉) 這是歷史上未發生之事實，但是秦帝國在「戍卒叫，函谷舉，楚人
一炬，可憐焦土」的事實下，進行反事實思考，而對秦興亡獲得新的歷史智
識。〔註 28〕漢距秦不遠，以秦亡爲鑑的思考益加敏銳、直接，藉以規戒君王
謀帝國之長治久安。

檢討秦亡天下記取施政之失者，據學者研究指出：陸賈、賈山、賈誼、
晁錯四人析之甚詳，其後之論述無出其右。〔註 29〕陸賈《新語》說明秦亡天
下之因有五處：

1. 齊桓公尙德以霸，秦二世尙刑而亡。
2. 秦以刑罰爲巢，故有覆巢破卵之患；以趙高、李斯爲杖，故有傾仆跌
   傷之禍。何哉？所任非也。
3. 秦始皇帝設爲車裂之誅，以斂姦邪；築長城於戎境，以備胡越。征大
   吞小，威震天下，將帥橫行，以服外國。蒙恬討亂於外，李斯法治於
   內。事逾煩，天下逾亂，法逾滋，而姦逾熾，兵馬益設而敵人逾多。
   秦非不欲爲治，然失之者，乃舉措暴眾，而用刑太極故也。
4. 秦始皇驕奢靡麗，好作高臺榭、廣宮室，則天下富豪制屋宅者，莫不
   仿之。設房闥、備廄車，繕雕琢畫之好，博玄黃琦瑋之色，以亂制度。
5. 秦二世之時，趙高駕鹿而從行。王曰：「丞相爲何駕鹿？」高曰：「馬
   也」。王曰：「丞相誤也，以鹿爲馬。」高曰：「陛下以臣言不然，願問
   群臣」。臣半言鹿，半言馬。當此之時，秦王不能自信，其自而從邪臣
   之說。夫馬鹿之異形，眾人所知也；然不能分別是非也，況於闇昧之
   事乎。易曰：「二人同心，其義斷金；群黨合意，以傾一君。」孰不移

<hr>

〔註 28〕參見吳光明《歷史與思考》頁 99 至 100，聯經出版社，民國 80 年出版。
〔註 29〕參見盧瑞容〈兩漢儒家政治思想與現實政治的互動：以秦議爲中心的考察〉。
民國 73 年臺大中文研究所碩士論文。

哉！（〈無爲篇〉）

陸賈認爲秦滅亡之因是：尙刑、任用姦邪、驕奢苦役以及秦二世弊於奸邪。至於賈山論秦亡之失，見《漢書・賈山傳》的〈至言〉一文。按其所論，側重秦之驕奢苦役及斷絕諫路。〔註30〕與陸賈相較，所見較狹窄，但所言較深刻。賈誼論秦之失天下在藉地勢之利以隘諸侯、應時勢需要而王天下、以不應時勢而滅亡。〔註31〕晁錯舉出秦之吏政不明、法煩刑苛則見於《漢書・晁錯傳》之對策。〔註32〕

自孝公到秦王政一百四十（西元前 360 年至西元前 220 年）數代經營，爲統一天下奠定基礎。然自始皇一統天下，至子嬰「奉天子璽符」（《史記・秦始皇本紀》），降於劉邦（西元 206 年）凡三十五年。秦之興起以漸進，其

〔註30〕《漢書・賈山傳》曰：「秦貴爲天子，富有天下，賦斂重數，百姓任罷，赭衣半道，群盜滿山。」「起咸陽而西至雍，離宮三百里，鐘鼓帷帳，不移而具。異又爲阿房之殿，殿高數十仞，東西五里，南北千步，從車羅騎，四馬馳騖，旌旗不橈。」「爲馳道於天下，東窮燕齊，南極吳楚，江湖之上，瀕海之觀畢至。道廣五十步，三丈而樹，厚築其外，隱以金椎，樹以青松。」「死葬乎驪山，吏徒數十萬人，曠日十年。下徹三泉，合采金石，冶銅固其内，泰塗其外，被以珠玉，飾以翡翠，中成觀游，上成山林。」「秦地之固，大小之勢，輕重之權，其與一家之富，一夫之疆，胡可勝計也！然而兵破於陳涉，地奪於劉氏者，何也？秦王貪狼暴虐，殘賊天下，窮困萬民，以適其欲也。」「秦皇帝計其功德，度其後嗣，世世無窮，然身死才數月耳，天下四而攻之，宗廟滅絶矣！秦皇帝居滅絶之中而不自知其何也？天下未敢告也。其所以未敢告者何也？亡養老之義，亡輔弼之臣，亡進諫之士，縱恣行誅，退毀謗之人，殺直諫之士；是以道諛諭含苟容，比其德則賢於堯舜，課其功則賢於湯武，天下已潰而莫之告也。」

〔註31〕賈誼〈過秦論〉指出：「秦地披山帶河以爲固，四塞之國也。自繆公以來，至於秦王二十餘君，常爲諸侯雄。豈世世賢哉？其勢居然也。且天下嘗同心并力攻秦矣。當此之世，賢智並列，良將行其師，賢相通其謀，然困於阻險而不能進，秦乃延入戰而爲之開關，百萬之徒逃北而遂壞。豈勇力智慧不足哉？行不利，勢不變也。」秦并海内，兼諸侯，南面稱帝，以養四海，天下之士斐然鄉風，若是者何也？曰：近古之無王者久矣。周室卑微，五霸既没，令不行於天下，是以諸侯力政，彊侵弱，眾暴寡，兵革不休，士民罷敝。今秦南面而王天下，是上有天子也。既元元之民冀得安其性命，莫不虛心而仰上。當此之時，守威定功，安危之本在於此矣。」「秦以區區之地，千乘之權，招八州而朝同列，百有餘年矣。然後以六合爲家，崤函爲宮，一夫作難而七廟墮，身死人手，爲天下笑者，何也？仁義不施而攻守之勢異也。」

〔註32〕《漢書・晁錯傳》曰：「秦始亂之時，吏之所先侵者，貧人賤民也；至其中節，所侵者富人吏家也；極其末塗，所侵者宗室大臣也。是故親疏皆危，外内咸怨，離散逋逃，人有走心。陳勝先倡，天下大潰，絶祀亡世，爲異姓福。此吏不平、政不宣、民不寧之禍也。」

敗亡以驟滅，予漢人極大警惕。根據上述歸結秦速亡原因不出法家之刻薄寡恩，漢若標舉法家將予人重蹈秦政之顧忌，動搖政權的一統。是以王曉波先生提出漢代「陰法」原因時指出：一為號召人民反秦，而必須反對秦對法家「嚴刑峻法」的實踐。二為結合反秦的復辟勢力，不能不在思想上反對傷害彼等的法家思想。三為安定政權，不得不言保守安定的「義」，而反對法家所言之激進求變的「利」。〔註33〕說明反秦與直斥法家的聯繫情結，因而法家之名不彰。

根據上述儒法分立、儒法合流至陽儒陰法的演變可有以下基本認識：

1. 法家基於人性自利觀點，揭開「禮法對立」之論爭。崇法廢禮專任刑罰而流於刻薄。不過，由於法紀嚴明，速致尊君重勢之效，影響後代君主甚巨。

2. 自秦漢以來，儒法之爭趨於沉寂。一則由於秦滅六國政權統一，進而藉政治一元化思想，學術遂由政治之統一趨於一統。一則由於儒家並不排斥法治，且我國以法輔禮現象由來已久。《隋書‧經籍志》記載：「……易著先王明罰飭法，書美明于五刑以弼五教，周官司寇掌建國之三典，以佐王刑邦國，誥四方，司刑以五刑之法麗萬民之罪，是也」。至春秋之世，鄭鑄刑書、晉鑄刑鼎，以法輔禮方式更加明朗。至兩漢標榜儒學，詮釋法律往往以儒家經典為依據，表現禮法合一事實。

3. 漢代帝王以秦驟興驟亡為鑑，依漢代學者陸賈、賈山、賈誼、晁錯諸人上書所言，秦之失多不出法煩刑苛一項。若標舉法家學說，不排除將引發人民反彈，形成動搖政權現象。

因此，漢代「陽儒陰法」。不過，基本上儒學已發生質變。儒者不僅肯定刑法功能，其真相更在「尊君卑臣」，以確立尊主之合理性。誠如朱熹所言：「秦之法盡是尊君卑臣之事，所以後世不肯變之。」（《朱子語類》卷一三四）

三、漢代陰法與韓非尊君學說之關係

儒學融合了法家「尊君卑臣」觀點，儒學才被統治者接受。可說漢代陽儒陰法關鍵就在「尊君卑臣」。至於韓非學說可說是為尊君而設計。換言之，探討漢代陽儒陰法現象，即漢代政經形勢上之尊君現象，便與韓非學說無法

〔註33〕同註20，頁249。

分離。以下即試從文獻史料說明：

（一）就漢代政經制度多承自秦制而言

漢代政經制度多承自秦制，有法家性格，說明如下：

1. 以律法為例

漢高祖切入關中曾「與父老約法三章耳：殺人者死，傷人及盜抵罪，餘悉除去秦法。」（《史記‧高祖本紀》）「秦大喜，爭持牛羊酒食，獻饗軍士。」（同上）然而，此乃權宜之策。據梁玉繩說：

> 《漢書‧刑法志》曰：漢興，約法三章，網漏吞舟之魚，然其大辟，尚有夷三族之令。又考惠帝四年，始除挾書律。呂后元年，始除三族罪、妖言令。文帝元年，始除收孥諸相坐律令。二年，始除誹謗律。十三年，除肉刑。然則秦法未嘗悉除，三章徒為虛語，《續古今考》所謂一時姑為大言以慰民也。蓋三章不足禁姦，蕭何為相，采摭秦法，作律九章，疑此等皆在九章之內。（《史記志疑》卷六）

所謂漢至文帝「十三年，除肉刑。然則秦法未嘗悉除，三章徒為虛語。」可知漢律基礎仍為嚴厲的秦法。漢王朝建立後，欲統治全國，「三章之法，不足以御奸」（《漢書‧刑法志》），於是蕭何作九章律。《漢書》記載：

> 初順民心作三章之約，天下既定，命蕭何次律令，韓信申軍法，張倉定章程，叔孫通制禮儀……。雖日不暇給，規摹宏遠矣。（〈高帝紀下〉）

蕭何九章律乃承秦法而來，據《漢書》記載：

> 及高祖起為沛公，何嘗為丞督事。沛公至咸陽，諸將皆爭走金帛財物之府分之，何獨先入收秦丞相御史律令圖書臧之。沛公具知天下阨塞，戶口多少，彊弱處，民所疾苦者，以何得秦圖書也。（〈蕭何傳〉）

漢初建國，蕭何收秦律令圖書，是漢初蕭何制定九章律多襲秦而來的重要線索。專制的工具在法令的統一公布，秦始皇「一法度衡石丈尺，車同軌，書同文字。」（《史記‧秦始皇本紀》）「明法度，定律令，皆以始皇起。」（《史記‧李斯列傳》）正是韓非「法莫如一而固」（《韓非子‧五蠹篇》）的落實。

2. 以考核制度為例

漢代考課制度有上計，上計的方式戰國至秦代時已有。不過，漢代上計應多承自秦制。根據《漢書‧張蒼傳》記載張蒼於漢初有功，封為北平侯。

其曰：

> 遷爲計相。……是時蕭何爲相國，而蒼乃自秦時爲柱下御史，明習
> 天下圖籍計籍，……以故令蒼以列侯居相府，領主郡國上計。

所謂「柱下御史」據顏師古注：「秦時爲柱下御史，明習天下圖書計籍。」漢初以張蒼掌計簿，主管郡、國上計，而張蒼於秦時也作柱下御史的官，所以漢代上計亦多延襲秦制。這是秦漢立百官之職所必須具備的考核制度。

3. 以禮儀爲例

叔孫通爲漢制定朝儀，其曰：

> 五帝異樂，三王不同禮。禮者，因時世人情爲之節文者也。故夏殷、
> 周禮所因損益可知也，謂不相復也。臣願頗采古禮與秦儀雜就之。
>
> （《史記·劉敬叔孫通列傳》）

所以司馬遷指出：「至秦有天下，悉納六國禮儀，采擇其善，雖不合聖制，其尊君抑臣，朝廷濟濟，依古以來。至於高祖，工有四海，叔孫通頗有所增益減損，大抵皆襲秦故。」（《史記·禮書》）所以叔孫通所制定之朝儀乃襲秦法。而秦法根據法家尊君卑臣觀點所制定，故叔孫通制定「自諸侯王以下莫不振恐肅敬」之朝儀，表面上是振興循序依讓之禮節，而本質上卻是法家性格。

4. 以官制爲例

漢代中央官制自天子以下有「三公九卿」之稱。「三公」爲丞相、太尉和御史大夫，爲秦時官制。丞相「掌丞天子助理萬機」，太尉「掌武事」，御史大夫「掌圖籍秘書，外督部刺史，內領侍御史員十五人，受公卿奏事，舉劾按章。」（《漢書·百官公卿表》）「九卿」爲奉常、郎中令、衛尉、太僕、廷尉、典客、宗正、治粟內史及少府，皆秦時官制，唯名稱或有更動。此外，中央官制尚有太師、太傅、太保之職，則爲「古官」，但多無實權。漢代官僚體制上延襲秦制，尤其是御史大夫舉劾按章，對漢代監察制度的完成，以有效監核官僚體制有重大意義。

至於秦制則爲法家政治學說的落實。秦代專制統一中國，李斯是實際的策劃者。李斯是韓非的同學，於秦國官至丞相。其中央集權的主張與韓非學說相同，不同者就在韓非是理論家，李斯是實踐者。舉例如下：

當秦初一統天下，設置郡縣制，丞相王綰提議「請立諸子，唯上幸許」，群臣皆贊同，唯有李斯反對，他說：

> 周文武所封子弟同姓甚眾，然後屬疏遠，相攻擊如仇讎，諸侯更相

誅伐，周天子弗能禁止。今海內賴陛下神靈一統，皆爲郡縣，諸子
功臣以公賦稅重賞賜之，甚足易制，天下無異意，則安寧之術也。
置諸侯不便。（《史記・秦始皇本紀》）

秦始皇聽從李斯建議，「天下共苦戰鬥不休，以有侯王。賴宗廟，天下初定，
又復立國，是樹兵也，而求其寧息，豈不難哉？廷尉議是。」（同上）李斯認
爲海內一統皆爲郡縣，「諸子功臣以公賦稅重賞賜之」，但不准立國，此正是
韓非「大臣之祿雖大，不得藉威城市，黨與雖眾，不得臣士卒。」（《韓非子・
愛臣篇》）的實踐。

　　又李斯等人上奏說：「今陛下興義兵誅殘賊，平定天下，海內爲郡縣，法
令由一統，自上古以來未嘗有，五帝所不及。……臣等昧死上尊號，王爲『泰
皇』。」（《史記・秦始皇本紀》）大力提倡尊君思想。所以當淳于越反對封建，
認爲「事不師古而能長久者，非所聞也。」（同上）李斯卻大作文章，他說：

五帝不相復，三代不相襲，各以治，非其相反，時變異也。今陛下
創大業，建萬世之功，固非愚儒所知。……古昔天下散亂，莫之能
一，是以諸侯並作，語皆道古以害今，飾虛言以亂實，人善其所私
學，以非上之所建立。今皇帝并有天下，別黑白而定一尊。私學而
相與非法教，人聞令下，則各以其學議之，入則心非，出則巷議，
夸主以爲名，異取以爲高，率群下以造謗。如此弗禁，則主勢降乎
上，黨與成乎下。……非博士官所職，天下敢有藏詩書百家語者，
悉詣守尉雜燒之，有敢偶語詩書者棄世，以古非今者族。……若欲
有學法令，以吏爲師。（《史記・秦始皇本紀》）

這就是歷史上有名的焚書事件，其所焚之書不包括「博士官所職」，而且「若
欲有學法令，以吏爲師」，可知是要統一人民思想，以鞏固政權。李斯之論述
是法家特色，此正是韓非所說：「明主之國，無書簡之文，以法爲教，無先王
之語，以吏爲師。」（《韓非子・五蠹篇》）李斯是助秦始皇一統天下的法家人
物，秦始皇的一切措施自然與韓非學說關係密切。

　　（二）就制定漢代政經制度的統治者而言

　　揚雄〈長楊賦〉曾言：

今朝廷純仁遵道，顯義並色，書林聖風雲靡，英華沉浮，洋溢八區，
普天所覆，莫不沾濡，士有不談王道者，則樵夫笑之。（《漢書・揚
雄傳》）

所謂「士有不談王道者，則樵夫笑之」，應是武帝獨尊儒術後的一般現象。然而事實上就統治者而言，誠如宣帝所言：

> 漢家自有制度，本以霸王道雜之，奈何純任儒生德教，用周政乎？
> 且俗儒不達時宜，好是古非今，使人眩於名實，不知所守，何足委任！（《漢書‧元帝紀》）

「漢家自有制度，本以霸王道雜之」，說明從漢高祖至漢宣帝並非純用王道，也非純用霸道。進一步說，除儒家學說外，統治者可能受韓非學說的影響。

1. 以文帝為例

《漢書‧儒林傳》記載「孝文本好刑名之言」。以具體事例說明：《史記‧封禪書》記載新垣平阿諛文帝，以東北有神氣成五采的現象，使文帝立祠廟。又令人獻玉杯，上刻「人主延壽」。於是文帝改元，令天下大酺。而後有人告「新垣平所言氣神事皆詐也。誅夷新垣平。」

此例說明新垣平對文帝之行宜，是「言」與「事」不符，遂施以重刑。此正如韓非所主張的：

> 人主將欲禁姦，則審合形名。形名者，言與事也。為人臣者陳而言，君以其言授之事，專以其事責其功。功當其事，事當其言，則賞；功不當其事，事不當其言，則罰。故群臣言大而功小者，則罰，非罰小功也，罰功不當名也。群臣其言小而功大者，亦罰，非不悅於大功也，以為不當名也，害甚於有大功者，故罰。（〈二柄篇〉）

所以文帝以嚴刑要求名實相符，使群臣不得越職，達到鞏固權勢效果。

2. 以景帝為例

《史記‧酷吏列傳》記載景帝重用酷吏郅都、寧成之屬，人人惴恐。並重用晁錯，行削藩政策，釀成七國之亂。而後景帝殺晁錯，以杜塞諸侯（《史記‧袁盎晁錯列傳》），晁錯遂「衣朝衣斬東市」（《漢書‧晁錯傳》）。此事例正說明國君無為於上而臨制臣下，臣則有為以事君。一旦有事，則君無罪而臣有罪。即韓非所說：「有功則君有其賢，有過則臣任其罪。……臣有其勞，君有其成功，此之謂賢主之經也。」（〈主道篇〉）的意義相當。

3. 以武帝為例

《漢書‧刑法志》記載武帝「招進張湯、趙禹之屬，條定法令，作見知故縱、監臨部主之法。」見知故縱、監臨部主之法是加強對官吏的監督，其

用意在維護中央集權，未離韓非尊君學說之意。此外，武帝判案態度與韓非學說亦相符合。如淮南王劉安謀反之例：班固記載：

> 淮南、衡山王遂謀反。膠東、江都王皆知其謀，陰治兵弩，欲以應之。至元朔六年，乃發覺而伏辜，時田蚡已死，不及誅。上思仲舒前言，使仲舒弟子呂步舒時斧鉞治淮南獄，以春秋誼顓斷於外，不請。（《漢書‧五行志上》）

由此便知武帝處理此案不顧宗法情誼。而且「所連引與淮南王謀反列侯、二千石、豪傑數千人，皆以罪輕重受誅。」（《漢書‧淮南厲王劉長傳》）

再以隆慮公主子昭平君罪殺主傅一例說明。班固記載：

> 隆慮公主子昭平君，……隆慮主……以金千斤千萬為昭平君豫贖死罪，上許之。隆慮主卒，昭平君日驕，醉殺主傅，獄繫內官，廷尉上請請論。左右人人為言：「前又入贖，陛下許之。」上曰：「吾弟老有是一子，死以屬我。」於是為之垂涕歎息。良久曰：「法令者，先帝所造也，用弟故而誣先帝之法，吾何面目入高廟乎，又下負萬民。」乃可其奏。（《漢書‧東方朔傳》）

以上二例，第一例主要反映武帝的嚴酷，第二例反映武帝刑罰不避親貴。這與韓非賞厚罰重，「誅莫如重，使民畏之」（〈八經篇〉）及「誠有過，則雖近愛必誅」（〈主道篇〉）「刑過不避大臣，賞善不遺匹夫」（〈有度篇〉）之意相合。

4. 以宣帝為例

根據《漢書‧宣帝紀》記載，宣帝對吏治之改良重點是：

（1）遣使以問：地節四年下詔書曰：「朕惟百姓失職不贍，遣使者循行郡國問民所疾苦。」

（2）親聞獄事：地節四年下詔書曰：「其令郡國歲上繫囚以掠笞若瘐死者所坐名、縣、爵、里，丞相獄史課殿罪以聞。」

（3）平反冤獄：五鳳四年下詔書曰：「舉冤獄，察擅為苛禁深刻不改者。」

（4）刑名相當：黃龍元年下詔曰：「今吏或以不禁姦邪為寬大，縱釋有罪為不苛，或以酷惡為賢，皆失其中。……上計簿，具文而已，務為欺謾，以避其課。」

（5）去蹱法吏：元康二年詔書曰：「用法或持巧心，析律貳端，深淺不平，增辭飾非，以成其罪。奏不如實，上亦亡由知……越職蹱法，以取名譽，……豈不殆哉！」

以上措施符合韓非所言「治吏不治民」(〈外儲說右下〉) 的任法特色，又（1）至（5）與韓非「循名實而定是非」(〈姦劫弒臣篇〉) 之意相符，〔註 34〕是以班固說宣帝「信賞必罰，綜核名實」(《漢書·宣帝紀》)。以上論述可推知韓非學說對漢代統治者影響深刻。

此外，又據《漢書·百官公卿表》統計，西漢宰相有五十四人，其中曾為獄吏或明習文法吏事者有蕭何、曹參、公孫弘、魏相、丙吉、黃霸、于定國、薛宣、翟方進、孔光、朱博等人（參見各人物之本傳記載可得知）。其比例達四分之一強。與上述統治者重視法家學說不謀而合。

（三）就左右漢代政經形勢的大臣言論而言

司馬遷曾說：韓非「作〈孤憤〉、〈五蠹〉、〈內外儲〉、〈說林〉、〈說難〉……十餘萬言。……申子、韓子，皆著書傳於後世，學者多有。」(《史記·老子韓非列傳》)。按此資料，當時《韓非子》有十餘萬言，《韓非子》一書應已編成。又言「學者多有」，可推測當時流傳十分廣泛，為人所熟知。〔註 35〕《韓非子》一書「學者多有」的現象，今已無法證驗。但可分析左右漢代政經形勢的學者的奏議得知。

1. 以晁錯為例

晁錯學申商刑名於張恢生，後又學儒家《尚書》於伏生。文帝曾有詔策說：「吏之不平，政之不宣，民之不寧」。晁錯於是上文帝奏議，表達意見說：

> 臣聞秦始并天下之時，其主不及三王，而臣不及其佐，然功力不遲者，何也？……夫國富彊而鄰國亂者，帝王之資也，故秦能兼六國，立為天子。當此之時，三王之功不能進焉。及其末塗之衰也，任不肖而信讒賊；宮室過度，耆欲無極，民力罷盡，賦斂不節，矜奮自賢，群臣恐諛，驕溢縱恣，不顧患禍。妄賞以隨意，妄誅以快怒心，法令煩憯，刑罰暴酷，輕絕人命，身自射殺，天下寒心，莫安其處。姦邪之吏，乘其亂法，以成其威，獄官主斷，生殺自恣，上下瓦解，各自為制。秦始亂之時，吏之所先侵者，貧人賤民也，至其中節，

〔註 34〕 文中對宣帝吏治改革的分類是參考王曉波先生說法及檢核《漢書》而成。宣帝循名責實態度與韓非之意相似，參見王曉波〈漢代陽儒陰法的形成和確立〉一文中，已提出此看法。同註 20，頁 294。

〔註 35〕 此觀點陳奇猷已提出。參見陳奇猷、張覺《韓非子導讀》頁 32，巴蜀書社，1990 出版。

所侵者富人吏家也，及其末塗，所侵者宗室大臣也。是故親疏皆危，

外內咸怨，離散逋逃，人有走心。(《漢書・晁錯傳》)

上引晁錯上書的重點有二：一是贊揚秦統一之功；二是分析秦亡之因在「耆欲無極，民力罷盡」及「姦邪之吏，乘其亂法」。換言之，晁錯既稱揚秦之一統，即是贊成法家學說的廢除封建主張。而秦行法家學說又不徹底，晁錯認為秦亡在「耆欲無極，民力罷盡」「姦邪之吏，乘其亂法」，與韓非所說強國應：「徵賦錢粟，以實倉庫，且以救飢饉，備軍旅也。」(〈顯學篇〉)「法者，憲令著於官府，刑罰必於民心，賞存乎愼法，而罰加乎姦令者也。」(〈定法篇〉)之意相當。論點明顯是承自韓非學說，而以之論秦之失。〔註36〕

2. 以賈誼為例

《漢書・藝文志》列賈誼為儒家，《史記・太史公自序》將賈誼與晁錯並稱為法家。為漢初重要思想家、政論家。《漢書・藝文志》著錄「賈誼五十八篇」，現存《新書》乃研究賈誼思想之重要資料。其中《過秦論》一文，為了解其政治主張的始點。文中將秦朝滅亡原因歸結為「仁義不施而攻守之勢異也」，並更詳述曰：

秦王懷貪鄙之心，行自奮之志，不信功臣，不親士民；廢王道，立私權，禁文書而酷刑法，先詐力而後仁義，以暴虐為天下始。夫并兼者高詐力，安定者貴順權，此言取與守不同術也。秦離戰國而亡天下，其道不易，其政不改，是其所以取之守之者異也。孤獨而有之，故其亡可立而待。(同上)

認為秦亡之速在以攻天下取天下之術，為守天下治天下之具。更具體言之，為無「禮」之甚。故曰：「商君遺禮義，棄仁厚，并心於進取。行之二年，秦俗日壞……不同禽獸者無幾耳。然并心而赴時，猶曰蹶六國，兼天下。功成求得矣，終不知反廉愧之節，仁義之厚……天下大敗，眾掩寡，智欺愚，勇威怯，壯陵衰，其亂至矣。」(〈治安策〉)因而提出「禮」作為健全社會運作之軌範。

但賈誼提倡仁義之禮，只是國君集權的武器。他曾上書文帝陳政事說：

屠牛坦一朝解十二牛，而芒刃不頓者，所排擊剝割，皆眾理解也。至於一髖髀之所，非斤則斧。夫仁義恩厚，人主之芒刃也；權勢法制，人主之斤斧也。今諸侯王皆眾髖髀也，釋斤斧之用，而欲嬰以

〔註36〕王曉波〈漢代陽儒陰法的形成和確立〉一文中，已提出此看法。同註20，頁279。

芒刃，臣以爲不缺則折。胡不用之淮南、濟北？勢不可也。……長
沙乃在二萬五千戶耳，功少而最完，勢疏而最忠，非獨性異人也，
亦形勢然也。……欲天下之治安，莫若眾建諸侯而少其力。力少則
易使以義，國小則亡邪心。(《漢書‧賈誼傳》)

其意在「眾建諸侯」以「少其力」，是眾建諸侯使諸侯勢力削弱而國小。故天
子可用仁義恩厚的芒刃，而不用權勢法制的斤斧，即天子掌握「勢」而使然。
這與韓非認爲治者與被治者之關係決於「勢」相當。韓非曾說：

國者君之車也，勢者君之馬也。夫不處勢以禁誅擅愛之臣，而必德
厚以與天下齊行以爭民，是皆不乘君之車，不因馬之利，車而下走
者也。(〈外儲說右上〉)

賈誼所言「眾建諸侯而少其力。力少則易使以義，國小則亡邪心。」眾建諸
侯即是鞏固天子之勢，與韓非所主張的鞏固人爲之勢相爲。〔註37〕故其上書
又說：

人主之尊譬如堂，群臣如陛，眾庶如地。……高者難攀，卑者亦陵，
理勢然也。故古者聖王，制爲等列。內有公卿大夫士，外有公侯伯
子男。然候有官師小吏，延及庶人，等級分明，而天子加焉。故其
尊不可及也。(《漢書‧賈誼傳》)

於是賈誼所持以別貴賤明尊卑之禮，成爲嚴格區分統治者與被統治者的界
限，實際上有韓非重勢而尊君的思想存在。

3. 以公孫弘爲例

公孫弘封國爲相，影響實際政治。他在武帝元光五年有置學官之議。考
察其所上對策說：

致利除害，兼愛無私，謂之仁；明是非，立可否，謂之義；進退有
度，尊卑有分，謂之禮；擅殺生之柄，通壅塞之塗，權輕重之數，
論得失之道，使遠近情僞必見於上，謂之術；凡此四者，治之本，
道之用也。(《漢書‧公孫弘傳》)

考其置學官對策在說明仁、義、禮、術四者並用。事實上「無私」是法家思
想，與韓非：「夫立法令者，所以廢私也；法令行而私道廢矣。」(〈詭使篇〉)
相當。又「明是非，立可否」與韓非「明主使其群臣，不遊意於法之內，不

〔註37〕王曉波先生已提出此說，同註20，頁280。

爲惠於法之內，動無非法。」(〈有度篇〉) 相符。「進退有度」與韓非所說的「治不踰官」(〈定法篇〉) 相似。「擅殺生之柄」正是韓非所說的「賞罰者，……君操之以制臣，臣得之以壅主。」(〈內儲說下篇〉) 之意。「通壅塞之塗」與韓非所說的「偵知五壅」(〈內儲說下篇〉) 相當。〔註38〕

此外，公孫弘拜爲博士後，又上書武帝改變吏治，敦厚民俗。他說：

> 夫虎豹馬牛，禽獸之不可制者也，及其敎馴服習之，至可牽持駕服，
> 唯人之從。(《漢書・公孫弘傳》)

公孫弘敦請武帝速施敎化，可是卻以虎豹馬牛、曲木金石比作吏民，抬高國君地位。此固然是他曲學阿上的表現，但是其所表現的君臣關係是典型的君臣絕對關係，有法家性格，與韓非尊君學說相契合。所以班固說他「習文法吏事，而緣飾以儒術。」(《漢書・公孫弘傳》)

4. 以董仲舒為例

董仲舒爲群儒之首，其賢良對策中有「興太學、設庠序」的儒家之言。但是上武帝的賢良對策中也曾說：

> 王者欲有所爲，宜求其端於天。天道之大者在陰陽：陽爲德，陰爲
> 刑，刑主殺而德主生。是故陽常居大夏，而以生育養長爲事；陰常
> 居大冬，而積於空虛不用之處，以此見天之任德不任刑。天使陽出
> 布施於上而主歲功，使陰入伏於下而時出佐陽。陽不得陰之助，亦
> 不能獨成歲。終陽以成歲爲名，此天意也。(《漢書・董仲舒傳》)

上疏中有「陽德陰刑」、「春夏爲德，秋冬爲刑」之論，雖與韓非刑德二柄無輕重緩急之分有別，但並無廢刑之論，有與法家相近之處。

至於董仲舒的君臣觀念，則更接近韓非。他說：

> 天爲君而覆露之，地爲臣而持載之；陽爲夫而生之，陰爲婦而助之；
> 春爲父而生之，夏爲子而養之。王道之三綱可求於天。(《春秋繁露・
> 基義篇》)

這與韓非所說的：

> 後世臣事君，子事父，妻事夫，三者順則天下治，三者逆則天下亂，
> 此天下之常道也。所謂「君爲臣綱，父爲明王賢臣而弗易也。」(《韓
> 非子・忠孝篇》)

〔註38〕王曉波先生已提出此說，同註20，頁286。

二人所論以君父夫爲主，以臣子妻爲從的言論、觀念相符。董仲舒又說：

> 是故《春秋》君不名惡，臣不名善，善皆歸於君，惡皆歸於臣。臣
> 之義，比於他，故爲人臣者，視地之事天也。（《春秋繁露·陽尊陰
> 卑篇》）

將君王權力置於至高無上地位。這與韓非所主張的：「臣有其勞，君有其成功」
（〈主道篇〉）及「有功者君有其賢，有過則臣任其罪」（〈主道篇〉）之意相當。
董仲舒尊君觀念承自韓非之脈絡甚明白。所以班固說：「孝武之世，……唯江
都相董仲舒、內史公孫弘、兒寬居官可紀。三人皆儒者，通於世務，明習文
法，以經術潤飾吏事。天子器之。」（《漢書·循使傳》）

5. 以昭帝始元六年鹽鐵之議的御史大夫爲例

召開鹽鐵之議的原因，據《漢書》記載：

> 昭帝即位六年，詔郡國舉賢良文學之士，問以民所疾苦，教化之要。
> 皆對：願罷鹽鐵酒榷均輸官，毋與天下爭利，示以儉節，然後教化
> 可興。弘羊難。以爲此國家大業，所以制四夷，安邊足用之本，不
> 可廢也。（〈食貨志〉）

說明鹽鐵之議始於昭帝始元六年。大將軍霍光受遺詔輔政，詔郡國舉賢良文
學之士，問以民間疾苦。賢良文學皆主張願罷鹽鐵酒榷均輸官，毋與天下爭
利。御史大夫桑弘羊則以鹽鐵酒榷均輸爲國家大業，爲制服四夷，安邊足用
之本。當時互相詰難之議文，宣帝時汝南桓寬「推衍鹽鐵之議，增廣條目，
極其論難，著數萬言。」（《漢書·車千秋傳》）即今日所見之《鹽鐵論》。

根據《鹽鐵論·雜論篇》列舉出席之代表人物有「賢良茂陵唐生，文學
魯萬生之倫，六十餘人」，御史大夫代表爲桑弘羊。賢良文學所持理論爲「舒
六藝之諷」（《鹽鐵論·雜論篇》），桑弘羊也嚴峻指出：「今文學言治則稱堯、
舜，道行則言孔、墨，授之政則不達。」（〈相刺篇〉）說明此次會議六十餘位
賢良文學之士，多祖述仲尼之儒生。御史大夫則持法家論點，於〈刑德〉、〈申
韓〉兩篇即辯論了韓非思想。其引用韓非言論處，例如：

> 御史曰：「執法者國之銜銜，刑罰者國之維攝也。……韓子曰：『疾
> 有固（國）者，不能明其法勢，御其臣下，富國強兵，以制敵禦難，
> 惑於愚儒之文詞，以疑賢士之謀，舉浮淫之蠹，加之功賞之上，而
> 欲國之治，猶釋階而欲登高，無銜橛而禦捍馬也。』今刑法設備而
> 民犯之，況無法？其亂必也！」文學反駁說：「韓非非先王而不遵，

舍正令而不從，舉陷阱，身幽囚，客死於秦。」（《鹽鐵論・刑德篇》）
故郭沫若先生言：

> 賢良文學以儒家思想爲武器，……桑弘羊和他的下屬們基本上是站
> 在法家的立場，議論都從現實出發，有時也很尖銳批評儒家和孔子。
> 因此，這一次會議，事實上是一場思想上的大鬥爭。〔註39〕

徐復觀先生認同郭沫若之論點，今日稱鹽鐵論爲儒法鬥爭即由此而來。〔註40〕
不論賢良文學及御史大夫贊成或反對法家學說，基本上已對法家學說有廣泛
理解，才能作深入辯論。所以此次辯論已反映了時人對韓非學說的普遍認識。

（四）就漢代律法而言

漢代律法承襲秦制外，爲適應情勢，西漢初期也進行了大規模的立法行
動，成爲漢律六十篇。程樹德說：「漢蕭何作九章律，益以叔孫通傍章十八篇，
及張湯越宮律二十七篇，趙禹朝律六篇，合六十篇，是爲漢律。」〔註41〕以
下以此爲範圍說明漢律特質。

《九章律》，共有九篇：盜律、賊律、囚律、捕律、雜律、具律、興律、
廄律、戶律。爲蕭何受劉邦之命，「捃摭秦法，取其宜於時者，作律九章。」

《傍章律》叔孫通制定，共十八篇。《晉書》言：「叔孫通益律所不及，
傍章十八篇。」（〈刑法志〉）其篇目名稱已不可考，據《漢書》記載：「今叔
孫通所撰禮儀與律令同錄，臧於理官，……今學者不能昭見……故君臣長幼
交接之道浸以不章，而後得其說。蓋與律令同錄，故謂之傍章。」（〈禮樂志〉）
可推知是有關官吏禮儀制度之儀法。

《越宮律》由張湯制定，共二十七篇（《晉書・刑法志》），篇目名稱已無
從考查。據沈家本考證，有「闌入宮殿門」、「闌入甘泉上林」、「無引籍入宮
司馬殿門」以及「犯蹕」等法條，〔註42〕乃有關宮廷官員行爲限制的法律。

《朝律》由趙禹制定，共六篇，（《晉書・刑法志》）篇目已無存。但《御
覽》卷六百三十八引張斐《律序》說：「張湯制越宮律，趙禹作朝會正見律。」
可推知《朝律》是百官朝見天子所應遵守之規則。

〔註39〕參見徐復觀《兩漢思想史》頁190。學生書局，民國79年出版。
〔註40〕同上註。
〔註41〕參見程樹德《九朝律考》之〈漢律考序〉，商務印書館，民國54年出版。
〔註42〕沈家本《漢律摭遺》，收入《中國法制史料》第二輯第一冊，鼎文書局，民國
　　　　71年出版。

　　據此可推知，漢律六十篇中，除《九章律》涉及範圍廣泛外，其餘五十一篇大多是官吏法。此特質正符合韓非「賞存乎愼法，而罰加乎姦令者也，此人臣之所師也。」（〈定法篇〉）的「治吏不治民」（〈外儲說右下〉）之任法特色。漢律融合韓非學說現象亦由此可知。

　　以上陳述，已反映《韓非子》一書在漢代流傳普遍，並爲統治者、學者所認知，其至力圖仿效或反對。可推測出時人對韓非學說「接受」程度已十分普及，對漢代影響深遠。所以從漢代政經的情勢，檢視韓非尊君學說，以了解韓非尊君學說的重要性。

第一章　韓非其人及其書

　　法家思想是從齊之管仲、鄭之子產、魏之李克、楚之吳起、韓之申不害、秦之商鞅等事功之積累，與《管子》、《商君書》、《慎子》等思想的發想，至韓非始告成熟。誠如蕭公權先生所言：「韓非為法家之殿，而實集前人之大成，其思想中法、術、勢之主要觀念，皆為歷史的產物，孕育長養，至非而達其最後成熟的狀態。」〔註1〕王邦雄先生亦言：「真正法家學派的思想，應以韓非為其代表人物。管子慎到尚在儒法、道法之間過渡徘徊，申商之法術猶各偏一端，體系未立。韓非則自成體系，建立了純正法家本色的哲學。其政治哲學的理論根基與形式結溝，雖多有儒、墨、道三家的遺留與法家三派的傳承，然透過他的修正與統合，仍是屬於他個人獨創的哲學。」〔註2〕根據學者所述，可知韓非在中國思想史上的地位。

　　至於韓非為什麼提倡尊君？可能與其生平遭遇及人格特質有關。而且孟子曾言：「誦其詩，讀其書，不知其人可乎？」（《孟子・萬章下篇》）所以本文先探究韓非之生平及其著作。

第一節　韓非之生平

　　有關韓非生平，古今學者多有深入論述或考證。本文是在前輩基礎上，作整理式的陳述，再由韓非經歷中了解尊君學說提出的原因。

〔註1〕參見蕭公權《中國政治思想史》上冊，頁227。聯經出版社，民國79年出版。

〔註2〕參見王邦雄《韓非子的哲學》，頁92。東大圖書公司，民國66年出版。

一、生卒年代

韓非爲韓國之宗室。司馬遷《史記・老子韓非列傳》曾載其生平，但未著錄其生卒，〔註3〕其他史書亦無記載。是以近人依韓非之交遊推測，關於其生年之說法，有下列數種：

（一）生於韓釐王十五年前後〔註4〕

（二）生於韓釐王初年〔註5〕

〔註3〕《史記・老子韓非列傳》曾載其生平曰：「韓非者，韓之諸公子也，喜刑名法術之學，而其歸本於黃老。非爲人口吃，不能道說，而善者書。與李斯俱事荀卿，斯自以爲不如非。非見韓之削弱，數以書諫韓王，韓王不能用。於是韓非疾治國不務修明其法制，執勢以御其臣下，富國強兵，而以求人任賢，反舉浮淫之蠹，而加之於功實之上。以爲儒者用文亂法，而俠者以武禁。寬則寵名譽之人，急則用介冑之士。今者所養非所用，所用非所養。悲廉直不容於邪枉之臣，觀往者得失之變，故作孤憤、五蠹、內外儲、說林、說難十餘萬言。然韓非知說之難，爲說難書甚具，終死於秦，不能自脫。說難曰……人或傳其書至秦，秦王見孤憤五蠹之書曰：「嗟乎，寡人得見此人，與之游，死不恨矣。」李斯曰：「此韓非之所著書也。」秦因急攻韓。韓王始不用非，及急，迺遣非使秦。秦王悅之，未信用。李斯、姚賈害之，毀之曰：「韓非，韓之諸公子也。今王欲并諸侯，非終爲韓，不爲秦，此人之情也。今王不用，久留而歸之，此自遺患也；不如以過法誅之。」秦王以爲然，下吏治非。李斯使人遺非藥，使自殺。韓非欲自陳，不得見。秦王後悔之，使人赦之，非已死矣。」

〔註4〕錢穆先生言：「斯之誅在二世二年。計其去楚入秦，已四十年矣……斯初爲小吏，後乃從學荀卿，入秦蓋三十餘歲。……韓非與李斯同學於荀卿，其使秦在韓王安五年，翌日見殺，時斯在秦已十五年。若韓李年略相當，則非壽在四十、五十之間。」參見錢穆〈李斯韓非考〉一文，收入《先秦諸子繫年》頁478，東大圖書公司，民國75年出版。據此，則韓非大約生於韓釐王十五年（西元前281年）前後。陳啟天先生從之。其曰：「茲從錢說姑定非約生於西元前280年，即韓釐王十六年。」參見陳啟天《韓非子校釋》，頁923。商務印書館，民國58年出版。然陳奇猷先生反駁說：「此假定實不能成立。韓、李同學，不能即爲同年，孔子弟子曾參少孔子四十六歲，仲田僅少孔子九歲，曾、仲二人相距三十七歲，皆爲孔尼弟子，同門而學，是其顯明之例，則其說不攻自破矣。」如是，此說實難以論定，故可聊備一說。參見陳奇猷〈韓非生卒年考〉一文，收入《韓非子集釋》頁1176。華正書局，民國76年出版。

〔註5〕陳千鈞先生言：「據本書問田篇，堂谿公與韓非同時，據〈外儲說右下〉（按其當爲右上），堂谿公又與昭侯同時，大約堂谿公在昭侯時年尚輕，不過二、三十歲，及其與韓非談論時已九十餘歲，則其韓非不過二十餘歲。大約韓非之年較長於李斯，其被殺時已六十餘歲，約生於韓釐王初年。」據此，則韓非約生於韓釐王初年（西元前295年）。但是陳千鈞先生以〈問田〉篇中堂谿公與韓非對話及〈外儲說右上〉堂谿公與昭侯之對談爲根據，以推算韓非約生於韓釐王初年。陳啟天先生則否定此說法，其曰：「今按問田篇，乃韓非後學所記。

（三）生於韓釐王末年〔註6〕

（四）生於韓桓惠王初年前後〔註7〕

關於韓非之卒年，據《史記》有二說：

（一）卒於韓王安五年（即秦始皇十三年，西元前234年）〔註8〕

（二）卒於秦始皇十四年（西元前233年）〔註9〕

近代學者之分析，可歸爲兩類：一是使秦與卒年同爲韓王安六年。〔註10〕

堂谿公以『逢遇不可避，患禍不可斥』，勸非不必堅主法術。其時非學當已成，且已數諫王而不聽，此決非二十餘歲所能辦。如〈問田篇〉的堂谿公與〈外儲說右下〉（案：當爲右上）的堂谿公確爲一人，則堂韓晤談時，堂年當以百歲，韓年至少亦在三十以上。因此陳氏假設，未必可據。」如此，則此說尚有可疑之處。參見陳千鈞〈韓非新傳〉一文，收入《學術世界》一卷2期。

〔註6〕陳奇猷先生言：「陳千鈞君力主後一說，此說近之，但計算略有差誤，韓非卒年當不小於六十五歲，其生年當在韓襄王之末。據〈韓非傳〉知秦王見〈孤憤〉〈五蠹〉之書不知爲誰人所作，問之李斯，李斯即以韓非對，則李斯必係與韓非同學於荀卿時已見韓非之書：不然，李斯入秦後，秦、韓遠隔，即或可見傳來之韓非書，亦不能知爲韓非作。據〈始皇本紀〉李斯入秦在始皇元年前一或二年，據〈李斯傳〉李斯欲西入秦而辭荀卿，則李斯讀韓非書當在始前一或二年以前。是韓非之學，於李斯入秦前已大有成就，其年齡當可能爲五十歲左右之人。準此推算，韓非被害當在六十五歲左右。又堂谿公既曾與韓昭侯對答，以堂谿公生於昭侯之年計算，至昭侯末約二十五歲，至韓釐王末約八十五歲，是年韓非在二十五歲以上，韓非以此與堂谿公對答，於時代亦合。韓非卒於六十五而生於韓襄王末年之說，信而有徵。」據此，則韓非約生於韓襄王末年。參見陳奇猷〈韓非生卒年考〉一文，收入《韓非子集釋》頁1176。華正書局，民國76年出版。此說主要的假定依據爲「韓非之學於李斯入秦前已大有成就，其年齡當可能爲五十歲左右之人。」此一推論，又未盡可信，然亦足以爲備考。

〔註7〕王靜芝先生以爲韓非生於桓惠王初年，即周赧王四十年前後。約西元前275年左右。與錢穆先生、陳啓天先生之說頗爲相近。參見王靜芝〈韓非生平事跡〉一文，收入《韓非思想體系》頁1。輔仁大學文學院出版社，民國68年出版。

〔註8〕《史記》記載：「王安五年，秦攻韓，韓急，使韓非使秦，秦留非，因殺之。」（〈韓世家〉）據此，則韓非卒於韓王安五年。

〔註9〕《史記》記載：「十四年，攻趙軍於平陽，取宜安，破之，殺其將軍，桓齮定平陽、武城。韓非使秦，秦用李斯謀留非，非死雲陽。」（〈始皇本紀〉）又載：「桓齮定平陽、武城、宜安，韓使非來，我殺非。」（〈六國年表〉始皇十四年）據此，則韓非卒於始皇十四年。

〔註10〕王先慎言：「《史記·秦本紀》〈六國表〉並以韓非使秦在始皇十四年，〈韓世家〉屬之王安五年。案秦攻韓〈紀〉〈表〉末書，始皇十三年用兵於趙，十四年定平陽、武城、宜安，而後從事於韓則非之使秦，當在韓王安六年，〈紀〉〈表〉爲是，吳師道以非爲韓王安使秦據世家言之，不知作五年者，史駁文也。」王先慎以爲韓非之使秦與卒年同爲韓王安六年（始皇十四年）。參見王

二是使秦爲韓王安五年，卒年爲韓王安六年。〔註11〕

　　根據王靜芝先生推測，韓非出使秦國當在韓王安五年。李斯自韓返秦後，以「久留而歸之，此自遺患也」議殺韓非，可見韓非入秦後曾久留於秦，其間遷延時日，自非短暫，所以韓非卒於始皇十四年應較爲可信。〔註12〕所以韓非是生於七國競爭激烈，秦帝國將完成的時代。

二、師承梗概

　　《史記》中記載韓非「與李斯俱事荀卿」，至於始於何時，及從學時間之久暫，則無可考。〔註13〕

　　學者依〈孟子荀卿列傳〉所言，李斯師事荀卿當在春申君卒後，荀卿罷官家居之時。然春申君卒於楚考烈王二十五年、秦王政九年（西元前238年），

先愼《韓非子集解》頁1。世界書局，民國56年出版。

〔註11〕陳奇猷先生曰：「韓非卒年與使秦之年，不必相同，〈世家〉明言韓非使秦在韓王安五年，〈紀〉〈表〉乃就非見害之年言而連帶記其使秦，未書其使秦之年，似爲駁文耳。」同註6，頁1174。陳啓天先生亦持相同見解，並說：「今按非卒年與使秦之年，似不相同。……始皇十三年，秦用兵於趙，而李斯曾請先取韓，故韓非使秦曾說：『今臣竊聞貴臣之計，舉兵將伐韓。』既說將伐韓，即非正伐韓。非勸秦勿『釋趙之患，而攘內臣之韓』以堅趙合從的企圖。李斯對秦王說：『秦與趙爲難，則韓必爲腹心之疽蠠之病而發矣』。又李斯使韓說：『今趙欲伐秦，其勢必先韓而後秦』。」（俱見《韓非子‧存韓篇》）非使秦，斯使韓，都是辦交涉。非受害，當在斯反秦後，距非使秦時，當有若干時間。〈世家〉就非使秦之年言，故說韓王安五年，而連帶記其見害。〈紀〉〈表〉就非見害之年言，而連帶記其使秦，故若爲駁文也。《策‧吳注》說：『始皇十三年上書，次年見殺』，亦依非使秦與見害之年不同而分，極是。」參見陳啓天《韓非子校釋》，頁922至923。商務印書館，民國58年出版。

〔註12〕根據王靜芝先生推測：「或爲〈韓世家〉有誤，或爲韓王安五年遣韓非入秦，而次年韓非始到秦，然後被殺，因〈本紀〉與〈年表〉都爲十四年，當以十四年爲不誤。而韓非被遣，當可以早一年而次年到秦。如此則時間亦可相符。故仍定韓非卒年爲秦政十四。」同註7，頁6。

〔註13〕以下乃就《史記》幾則相關的記載來推測。

一是〈春申君列傳〉言：「考烈王元年，以黃歇爲相，封爲春申君……春申君相楚八年，爲楚北伐、滅魯，以荀卿爲蘭陵令。」

二是〈孟子荀卿列傳〉言：「齊人或讒荀卿，荀卿乃適楚。而春申君以爲蘭陵令。春申君死，而荀卿廢，因家蘭陵，李斯嘗爲弟子，已而相秦。」

三是〈李斯列傳〉言：「李斯者，楚上蔡人也……乃從荀卿學帝王之術。學已成，度楚王不足事……欲西入秦，辭於荀卿……至秦，會莊襄王卒，李斯乃求爲秦相文信侯呂不韋舍人。」

而李斯入秦之年是「會莊襄王卒」（西元前 247 年）。則春申君卒時，李斯已入秦近十年，所以李斯、韓非師事荀卿之時，當可推爲秦莊襄王三年李斯入秦之前，及楚考烈王八年之間荀卿爲蘭陵令之後。〔註14〕

韓非思想根源荀卿，影響必深。太史公記載其「以爲儒者用文亂法」，是對儒學缺處多有體會，爲拯救韓之積弱，終而捨儒入法，本荀子性惡說發展爲重勢、尚術、任法之理論。

三、人格特質

據《史記・老子韓非列傳》可知韓非乃「韓之諸公子」，洞獨世局大勢。數以書諫韓王，韓王不予延攬，亦不接納其諫言。韓非於〈和氏〉、〈孤憤〉二文中，表達不被見用之哀情，甚至以獻璞而被刖之和氏自比。〔註15〕但韓非仍堅持其政治主張，曾曰：

> 竊以爲立法術、設度數，所以利民萌，便眾庶之道也。故不憚亂主闇上之患禍，而必思以齊民萌之資利者，仁智之行也。憚亂主闇上患禍，而避乎死亡之害。知明夫身，而不見民萌之資利者，貪鄙之爲也。臣不忍嚮食鄙之爲，不敢傷仁智之行。(〈問田篇〉)

始終認爲法術爲治國良策，不因韓王不用其言而改弦易轍。誠如梁啓超先生所言：

> 吾儕在本書中，雖不能多得韓非事蹟，然其性格則可想見。彼蓋一極倔強之人，確守其所信而不肯自枉以靳合於流俗。彼固預知其不能免於世禍，然終亦不求自免，其遇可哀，而其志可敬也。〔註16〕

〔註14〕參見陳麗珠〈韓非儲說研究〉一文，收入師大國研所集刊四十號。

〔註15〕《韓非子・和氏篇》記載：「楚人和氏得玉璞楚山中，奉而獻之厲王。厲王使玉人相之。玉人曰：『石也』。王以和爲誑，而刖其左足。及厲王薨，武王即位，和又奉其璞而獻之武王。武王使玉人相之，又曰：『石也』。王又以和爲誑，而刖其右足。武王薨，文王即位，和乃抱其璞而哭於楚山之下，三日三夜，泣盡而繼之以血。王聞之，使人問其故，曰『天下之刖而多矣，子奚哭之悲也？』和曰：『吾非悲刖也，悲夫寶玉而題之以石，貞士而名之以誑，此吾所以悲也。』王乃使玉人理其璞，而得寶焉，遂命曰：『和氏之璧』。夫珠玉，人主之所急也。和雖獻璞而未美，未爲王之害也。然猶兩足斬，而寶乃論，論寶若此其難也。今人主之於法術也，未必和璧之急也，而禁群臣士民之私邪，然則有道者之不僇也，特帝王之璞未獻耳。」

〔註16〕參見梁啓超《要籍解題及其讀法》頁96。華正出版社，民國63年出版。

說明韓非個性之倔強及不服輸之積極態度。是以學者藉屈原之忠愛情操發為〈離騷〉哀怨之文，與韓非之忠愛情操發為〈孤憤〉嫉世之章比較，以突顯韓非個性之「冷智」。〔註17〕

韓非性格特色除源自生性習染外，又目睹戰國時代，國與國之間的交戰攻伐與背信重利，以及師學荀子性惡說之啓迪，感受人與人之間之算計逐利，乃於客觀環境刺激下，塑造其憤世嫉俗之冷智性格。

冷智優點是重分析、善推理。以〈亡徵篇〉為例，全篇一千五百餘字，提出國家滅亡之四十七種徵兆。深入研究，四十七類亡徵又可細分為七十三種。〔註18〕鄭良樹先生根據此篇，認為韓非若非有過人之分析能力，很難分辨各類之間的差異。至於其缺失則易流於嚴苛，誠如太史公所言：「韓子引繩墨，切事情，明是非，其極慘礉少恩。」（《史記·老子韓非列傳》）因而後世非之者眾，譽之者寡。王先謙即慨嘆後人持論之不平，曾言：

> 非論説固有偏激，然及云明法嚴刑，救群生之亂，去天下之禍，使強不陵弱，眾不暴寡，耆老得遂，幼孤得長，此則重典之用，而張弛之宜，與孟子所稱，及閒暇明政刑，用意豈異也？既不能行之於韓，而秦法闇與之同，遂以鉏群雄有天下，而董子迺曰：秦行韓非之説，考非奉使時，秦政立，勢成，非往即見殺，何謂行其説哉？
>
> 〔註19〕

其次，韓非具有豐富學養之特質。雖然「為人口吃，不能道說」，不過因「善著書」而名聲卓著，秦王見〈孤憤〉、〈五蠹〉曾感慨曰：

> 嗟于！寡人得見此人，與之游，死不恨矣。（《史記·老子韓非列傳》）

劉勰亦言：

> 韓非著博喻之富。（《文心雕龍·諸子篇》）

鄭良樹先生曾歸納韓非文章徵引之人物、故事，證明其見聞廣博，資料豐富。〔註20〕此乃專志勤學，遍讀古籍之成果。尤其對歷史事件的爬梳特別

〔註17〕參見徐漢昌《韓非釋要》頁8。黎民文化事業公司，民國75年出版。張素貞《韓非子難篇研究》頁2。學生出版社，76年出版。

〔註18〕參見鄭良樹《韓非之著述及思想》頁142至147。學生書局，民國82年出版。

〔註19〕參見王先慎《韓非子集解》序。世界書局，民國56年出版。

〔註20〕鄭良樹指出韓非徵引之人物故事，縱的方面包括歷史傳說，橫的方面包括帝王將相、知識份子以及販夫走卒，鄭良樹歸納其徵引之人物及故事如下：虞以前——軒轅、堯、舜、神農。夏——奚仲、羿、關龍逢、桀。商——湯、伊尹、紂、鬼侯、比干、梅伯、傅說。西周——文王、武王、伯夷、叔齊、

用心，鄭良樹先生分析其目的有二：〔註21〕

（一）總結歷史教訓，作爲未來之殷鑑。

（二）利用歷史故事解說抽象哲理，以證成其學說。

由於學說植基於歷史，可推知學問之紮實。然因學力高、文章好，促使李斯心懷妒意，而引起殺機。

尤爲要者，韓非具有高尚的志節情操。雖不見用於韓，然數見韓王反映熾熱的愛國心。〈飾邪篇〉即晚期上書之佳作，篇中不知全身自保，而直指當日韓國缺失有二：

（一）依恃大國。其曰：「今者韓國小而恃大國，主慢而聽秦魏，恃齊荊爲用，而小國愈亡。故恃人不足以廣壤，而韓不見也。荊爲攻魏而加兵許鄢，齊攻任扈而削魏，不足以存韓，而韓弗知也。」韓非認爲韓國地小並不足懼，畏懼的是韓國鬆懈而依恃秦魏，又仰賴齊楚幫助，若此只有加速韓之滅亡。

（二）法禁不修。其曰：「今者韓國小而恃大國，主慢而聽秦魏，恃齊荊爲用，而小國愈亡。……此皆不明其法禁以治其國，恃以外滅其社稷者也。」說明法律修明的重要。韓王不明法禁以治國，而依恃強國，韓非引以爲憂。〔註22〕

韓非於〈飾邪篇〉痛陳祖國之失，並臨危受命「遣非使秦」又毫無怨言。而且由〈存韓篇〉可見他處處爲韓國設想。然而，司馬光評韓非曰：

> 臣聞：君子親其親以及人之親，愛其國以及人之國，是以功大名美
> 而享有百福也。今非爲秦畫謀，而首欲覆其宗國，以售其言，罪固
> 不容於死矣！烏足愍哉！（《資治通鑑・始皇十四年》）

不過，〈初見秦篇〉已公認非韓非所著。根據〈初見秦篇〉論其爲秦國策畫謀韓，則有失公允。此外，熊十力先生又言：

> 韓子非不欲得王權，以行所志，只時機未至耳。不圖呂政以陰鷙雄

周公。春秋——子胥、仲尼、管夷吾、翼侯、曹羈、伯里子、吳起、萇宏、司馬子期、宓子賤、宰予、師曠、接輿、詹何、狶頓、陶朱、扁鵲、夫差、介子推、曾參、史魚。戰國——公叔痤、商鞅、孫臏、范雎、子之、子罕、田成、春申君、豫讓、西門豹、董安于、任鄙、夏育。其他　　曰明、離婁、造父、王爾、赤松、尾生。出處同註18，頁375至376。

〔註21〕同註18，頁377。

〔註22〕〈飾邪篇〉是韓非晚期上書代表作。其中有評韓國之缺失，鄭良樹分析韓非此篇論韓非之失有四事：依恃大國、法禁不明、賞罰無度及迷信鬼神四項。同註18，頁558至560。不過由於〈飾邪篇〉一文中明言爲韓之失者爲一、二項，故本文針對一、二項而言。

才，急併六國，而韓子無所措手矣。……韓子之書，漸爲國人所共
了，其必起而操韓之王權無疑也。〔註23〕

認爲韓非身負霸王大略，而不遊諸侯以求用，是爲等待時機，而易主自代。
基本上，此說法與《韓非子》以君爲尊之觀念南轅北轍。韓非言忠臣是：

> 賢者之爲人臣，北面委質，無有二心。朝廷不敢辭賤，軍旅不敢辭
> 難。順上之爲，從主之法，虛心以待令，而無是非也。故有口不以
> 私言，有目不以私視，而上盡制之。（〈有度篇〉）

是以其身爲諸公子，不可能犯上作亂。而君有大過可易位之理論，見於孟子
主張。至於韓非可說是絕對服從國君的愛國者。如王充所言：「韓蚤信公子非，
國不危傾，……假令非不死，秦未可知。」（《論衡・書解篇》）是較持平之論。

四、出使秦國

據《史記》記載：「十年，李斯說秦王，請先取韓，於是使李斯下韓，韓
王患之，與韓非謀弱秦。」（〈始皇本紀〉）、「秦因急攻韓，韓王不用非，及急
乃遣非使秦。」（〈老子韓非列傳〉）及「王安五年，秦攻韓，韓急，使韓非使
秦。」（〈韓世家〉）可知韓王當韓急之時，利用秦始皇賞識韓非著作之事實而
派遣韓非使秦。

韓國原爲晉卿，〔註24〕三晉中，趙魏爲強國。秦昭王二十四年、三十二年
及三十四年，三度出動大軍攻打魏國首都大梁，無法夙願以償。《戰國策・魏策
四》載或人獻書秦昭王，即譬喻魏如「天下之中身」。〔註25〕〈趙策三〉則言趙
國地理形勢鞏固，又有趙奢、廉頗、李牧等名將輩出。秦昭王二十七年長平之
役，即無法得利於秦。反觀韓國最弱，地方不足千里，東與齊鄰，西界強秦，
南與楚連，北接趙、魏，四強環伺，進退維谷。自秦昭王四十一年以後，秦國
不斷蠶食韓國。據《史記》整理當時發生的重要事件如下：〔註26〕

〔註23〕 參見熊十力《韓非子評論》頁51。學生書局，民國67年出版。
〔註24〕 《史記》記載：「韓之先，與周同姓，姓姬氏。其後苗裔事晉，得封於韓原，
　　　　曰韓武子。武子後三世有韓厥，從封姓爲韓氏。韓厥即韓獻子也，傳至宣子，
　　　　徙居州，至貞子又徙平陽。及景侯，得列爲諸侯，徙陽翟。至哀侯而與趙魏
　　　　共分晉，始成韓國，乃徙都於鄭。」（〈韓世家〉）
〔註25〕 《戰國策・魏策四》記載或人獻書秦昭王曰：「梁者，山東之要也。有蛇於此，
　　　　擊其尾，其首救；擊其首，其尾救；擊其中身，首尾皆救。今梁王天下之中
　　　　身也。」
〔註26〕 出處同註18，頁557。

韓桓惠王八年（秦昭王四十二年）：秦攻取韓少取、高平。

九　年（秦昭王四十三年）：秦派白起攻取韓汾水旁之城。

十　年（秦昭王四十四年）：秦攻取韓太行山南之南陽，以斷絕韓從本土
　　　　　　　　　　　　　　通往上黨之交通。

十一年（秦昭王四十五年）：秦攻取韓野王，韓有意獻上黨，求合於秦。
　　　　　　　　　　　　　　韓上黨郡守請趙發兵取上黨，趙、秦會戰於長平。

十二年（秦昭王四十六年）：秦攻取韓緱氏、綸。

十三年（秦昭王四十七年）：秦大勝趙於長平，活埋戰俘四十餘萬。

十六年（秦昭王五十年）：秦攻取韓陽城、負黍。

二十四年（莊襄王元年）：秦攻取韓成皋、滎陽、建三川郡。

二十五年（莊襄王三年）：秦佔領韓上黨郡全部領土。

二十九年（始皇三年）：秦派蒙驁攻取韓十三城。

基本上，此乃「遠交近攻」之策略。范雎首先提出，〔註27〕韓國首當其衝，誠如范雎所言：「秦韓之地形，相錯如繡，秦之有韓，若木之有蠹，人之病心腹，天下有變，為秦害者，莫大於韓，王不如收韓」（《戰國策・秦策三》）。韓則採取妥協之外交，韓非曾言：

　　韓事秦三十餘年，出則為扞蔽，入則為蓆薦，秦特出銳師取地，而
　　韓隨之怨懸於天下，功歸於強秦。且夫韓入貢職，與郡縣無異也。（〈存
　　韓篇〉）

揆之史實，《戰國策・韓策三》記載周赧王四十二年，趙、魏攻韓，韓向秦討救兵之使者「冠蓋相望」，又為拉攏秦，不惜販賣國中美女，並持所得事秦。韓非使秦乃力挽狂瀾，為韓爭取苟延殘喘之機會。

　　據文獻記載，韓非抵秦致力的任務有二：

　　（一）首先上書力勸始皇伐趙以除大患。〔註28〕勸始皇不必急於攻韓，以

<hr>

〔註27〕秦本採魏冉政策攻打趙魏，未成功。范雎於秦昭王四十一年相秦，建議「遠交近攻」策略。其曾曰：「大王越韓魏而攻強齊，非計也。少出師，則不足以傷齊；為之，則害於秦。臣意王之計欲少出師而悉韓魏之兵也則不義矣。今見與國之不可親，越人之國而攻，可乎？疏於計矣。昔者，齊人伐楚，戰勝，破軍殺將，再辟千里，膚寸之地無得者，豈齊不欲地哉？形弗能有也。諸侯見齊之罷露，君臣之不親，舉兵而伐之，主辱軍破，為天下笑。所以然者，以其伐楚而肥韓魏也。此所謂藉賊兵而齎盜食者也。王不如遠交而近攻，得寸，則王之寸；得尺，亦王之尺也。今舍此而遠攻，不亦謬乎？」（《戰國策・秦策三》）

〔註28〕《韓非子》說：「今臣竊聞貴臣之計，舉兵將伐韓。夫趙氏聚士卒，養從徒，

伐趙爲先，名爲利秦，實爲存韓。李斯對其意見甚不以爲然。〔註29〕李斯揭穿韓非目的，並力主伐韓爲先，甚而自願往韓，誘韓國入秦。可知韓非緩和攻韓之首要任務並未完成。

(二) 韓非阻止秦破壞山東各國之合縱政策。《戰國策・秦策五》記載楚、齊、燕、代四國結合欲攻秦國。秦召群臣賓客六十人商議，姚賈建議以金玉離間四國。韓非短之，曾言：「賈以珍珠重寶，南使荊、吳，北使燕、代之間，三年，四國之交未必合也，而珍珠重寶盡於內，是賈以王之權、國之寶，外自交於諸侯。」韓非實欲破壞姚賈之連橫政策，惜事跡敗露。

韓非使秦任務，違逆秦併天下之目的，與秦發展趨勢相反。〔註30〕加以李斯恐始皇重用韓非，奪其權勢，乃聯合姚賈詆毀韓非。〔註31〕所以韓非之死有客觀及主觀原因。〔註32〕

總上所述，韓非生在七國競爭激烈，秦帝國將完成的時代。而其祖國韓國疆域不廣，又介於大國之間，西有秦、東有齊、北有魏、南有楚。在七雄中，韓與秦逼處，國勢最弱，處境最難。韓非是韓國王室一員，國難當前，韓非自然熟知且爲其所關切。又其人冷智、善分析，反映於學説中以爲合縱、連橫均

欲贄天下之兵，明秦不弱，則諸侯必滅宗廟，欲西面行其意，非一日之計也。今釋趙氏之患而攘內臣之韓，而天下明趙氏之計矣。……今賤臣之愚計：使人使荊，重幣用事之臣，明趙之所以欺秦者，與魏質，以安其心。從韓而伐趙，趙雖與齊爲一，不足患也。二國事畢，則韓可以移書定也。」(〈存韓篇〉)

〔註29〕 李斯説：「詔以韓客之所上書，書言韓之未可舉，下臣斯，臣斯甚以爲不然。秦之有韓，若人之有腹心之病也，處處則惔然若居溼地，著而不去，以極走則矣。夫韓雖臣於秦，未嘗不爲秦病，今若有卒報之事，韓不可信也。……非之來，未必不以其能存韓也爲重於韓也。辯説屬辭，飾非詐謀，以釣利於秦，而以韓利陛下。夫秦韓之交親，則非重矣，自便之計也。……今以臣愚議，秦發兵而爲名所伐，則韓之用事者已是秦爲計矣。臣斯請往見韓王，使來入見，大王見，因内其身而弗遣，稍招其社稷之臣，以與韓人爲市，則韓可深割也。……願陛下信察愚臣之計，無忽。秦遂遣斯使韓也。」(〈存韓篇〉附李斯上秦王書)

〔註30〕 據《史記・李斯列傳》記載，李斯初見秦始皇提出「滅諸侯、成帝業，爲天下一統」之主張。認爲「諸侯名士可下以財者，厚遺結之；不肯者，利劍刺之。」欲以金玉珍寶分化各國。

〔註31〕 《史記》記載李斯、姚賈陷害韓非之言曰：「今王欲併諸侯，非終爲韓，不爲秦，此人之情也。今王不用，久留而歸之，此自遺患也，不如以過法誅之。」(《史記・老子韓非列傳》)

〔註32〕 從客觀主觀因素探究韓非死因，可參見鄭良樹《韓非子著述及思想》頁585。

非強國辦法，而強調法術勢才能達到富國強兵目的，學說遂以尊君爲重心。

第二節　韓非之著述

　　探討韓非尊君學說內涵所根據的文獻資料是《韓非子》一書。《韓非子》爲先秦要籍，其書於韓非生前已流傳，依《史記·老子韓非列傳》記載人或傳其書至秦，秦王見而稱歎可知。據此，亦可推測是書成於韓非使秦之前。然太史公〈報任安書〉有「韓非囚秦說難孤憤」語，與本傳記載矛盾。誠如梁啓超先生所言：「遷書所云：『文王幽而演周易，仲尼阨而作春秋，屈原放逐乃賦離騷，左丘失明厥有國語，孫子臏腳，兵法修列，不韋遷蜀，世傳呂覽，韓非囚秦，說難孤憤，詩三百篇，大抵聖賢發憤之所爲作也。』除左丘孫臏事未有明確反證外，其餘六事，幾無一不與事實相違，且反證即大牛可從史記中覓出，亦一一奇也。」〔註33〕因此，二說中應以本傳記載爲是。基本上，《韓非子》此書是經過長期累積、編纂寫作而成。由於是書流傳久遠，並有徒屬追述、輯錄其遺文之現象，正如《四庫全書總日提要》所言：「疑非所著書，本個自爲篇，非歿之後，其徒收拾編次，以成一帙，故在韓在秦之作均爲收錄。併其私記未定之稿亦收入書中，名爲非撰，實非非所手定也。以其本出於非，故仍題非名，以著於錄焉。」〔註34〕先秦典籍多有此現象，遂涉及眞僞問題。因此，本文先說明《韓非子》一書的篇卷及文章分類，並探討其書之眞僞，呈現前人考證成果，得出運用《韓非子》一書的原則。

　　《韓非子》一書歷代史志著錄均稱作《韓子》。〔註35〕宋代以後，因尊韓

〔註33〕參見梁啓超《要籍解題及其讀法》頁96。華正出版社，民國63年出版。

〔註34〕參見《四庫全書總目提要》第三冊，子部。商務印書館，民國72年出版。

〔註35〕劉向校諸子，劉歆作〈諸子略〉，於百家之學多以子名之。按「子」本男子通稱，據柳詒徵先生言：「按史記載諸子之書，或稱其篇，或稱其書，或稱其著書。……未嘗言其書號曰某子。惟申子傳稱其號曰申子。似申子著書之時，即號曰申子。」可知以子作書名，始於《申子》一書。《史記》記載即曰：「申子之學，本於黃老，而主刑名，著書二篇，號曰申子。」（〈老子韓非列傳〉）參見柳詒徵《中國文化史》頁351。正中書局，民國76年出版。《韓非子》書歷代史志著錄均稱作《韓子》《漢書·藝文志》諸子法家類言：「韓子五十五篇」。梁阮孝緒《七錄》云：「韓子二十卷」。《隋書·經籍志》子書法家類云：「韓子，二十卷，目一卷」。《舊唐書·經籍志》、《新唐書·藝文志》、《宋史·藝文志》之子書法家類均著錄「韓子二十卷」，及明焦竑《國史·經籍志》法家類並著錄「韓子，二十卷」。清《四庫全書總目》及簡目子部法家類，亦著錄「韓子，二十卷」。

愈爲韓子，恐與韓非書混淆，遂有許多私家著錄之書改稱韓非書爲《韓非子》。〔註36〕時代愈近，改稱《韓非子》者愈多，《韓非子》已成爲韓非書之通稱。今本《韓非子》皆二十卷五十五篇，篇數同《漢書・藝文志》。基本上，篇卷分合大抵以文之長短分之，故一卷之中或一篇或數篇不等，並無特殊意義。〔註37〕

《韓非子》一書即是眾體皆備獨具風格。誠如清代章學誠所言：「諸子爭鳴，蓋至戰國而文章之變盡，至戰國而著述之事專，而戰國而後世之文體備。」（《文史通義・詩教上》）其篇章可按不同分類標準，而有不同分類方式。

一、以內容性質爲分類標準者。〔註38〕

〔註36〕有宋晁公武《郡齋讀書志》、清孫星衍《孫氏祠堂書目》與《廉石居藏書記》、黃丕烈《士禮居藏書題跋記》、張之洞《書目答問》、梁啓超《要籍解題及其讀法》等書。

〔註37〕《史記・老子韓非列傳》未言及全書篇卷，但云：「觀往者得失之變，故作孤憤、五蠹、內外儲、說林、說難十餘萬言。」所舉各篇，均見於今之《韓非子》。劉向校錄《韓子》始定爲五十五篇，並已敘文。《別錄》早佚，幸有部分殘存敘文保存於馬總《意林》中。班固因之，載「韓子五十五卷」（《漢書・藝文志》）。僅言篇數，未言卷數。張守節《史記正義》引梁阮孝緒《七錄》云：「韓子，二十卷」，《隋書・經籍志》子書法家類著錄「韓子二十卷」，只言卷數，不言篇數。《隋志》之後各史志皆著錄爲二十卷。此外，亦有「三十餘篇」、「五十六篇」及「五十三篇」三種說法，轉引如下：

（1）唐司馬貞《史記索隱》載韓非「著書三十餘篇，號曰韓子」。此說未詳所據。

（2）宋王應麟《玉海》卷五十三稱韓非之書「今本五十六篇，注不詳名氏」。此說《四庫全書總目提要》言：「王應麟讀書藝文志考，作五十六篇，殆傳寫自字誤也。」

（3）元何犿校《韓子》於〈序〉中言：「臣犿所校讎中秘書，有韓子五十三篇考之班固漢書藝文志韓子五十五篇，今已亡其二。」據何序自言〈說林〉「亡其下篇」、「內儲說下六微內亡去似類一章、有反一章、參疑一章，其廢置章亦有殘缺不全。」可知五十三篇之說乃因殘缺亡佚而不足。（何犿校注本今已不可考，但其敘錄存於明代凌瀛初《韓子迂評》附〈韓非子舊敘〉中。）

〔註38〕潘重規先生《韓非著述考》分五十五篇爲五類。第一類爲學術論著；第二類爲應用書牘；第三類爲摘抄舊書雜記加以編纂而成者；第四類爲鈔存舊書雜記誤爲非自著者；第五類爲非韓非所著門徒附益者。（轉錄自謝雲飛《韓非子析論》頁26至27。）王煥鑣先生《韓非子選》分三十篇爲六類。第一類反映韓國當時之內外情勢，及法術之士欲改革當時政治之理論。第二類論法治之術，爲韓子書之本論部分。第三類論古事以明法術。第四類述傳說故事以明法術。第五類傳說故事集，疑是韓非平時收集之資料，爲重從事論著之用者。第六類傳注性之文字，於此可見法家與道家在學術思想上之關係。參見王煥鑣《韓非子選》上海人民出版社，西元1974年出版。

二、以文章體裁爲分類標準者。〔註39〕

三、以篇章結構爲分類標準者。〔註40〕

其中按篇章結構分類，最能看出《韓非子》體製之宏富，風格之多樣。基本上文章內部之組合、構造目的在表現內容，使「言之有序」。《韓非子》體裁多樣，正如明代茅坤說：「先秦之文，韓子其殿焉。……纖者、鉅者、謫者、奇者、諧者、俳者、欷歔者、憤懣者、號呼而泣訴者，皆自其心之所欲爲而筆之於書，未嘗有所宗祖其何氏何門也。一開帙，而爽然、春然、赫然、勃然，英精晃蕩，聲中黃宮，耳有聞，目有見。」〔註41〕其說大抵符合事實，歷代亦有援引其體製仿傚創作者。以下遂綜合前人分析，將《韓非子》五十五篇按篇章結構之體裁分類。〔註42〕

（一）論述體

此體裁所佔篇章甚多，包括〈孤憤〉、〈顯學〉、〈五蠹〉、〈八說〉、〈六反〉、〈詭使〉、〈亡徵〉、〈南面〉、〈八經〉、〈二柄〉、〈八姦〉、〈備內〉、〈姦劫弒臣〉、〈說難〉、〈和氏〉、〈十過〉、〈主道〉、〈揚搉〉、〈觀行〉、〈人主〉、〈用人〉、〈守道〉、〈三守〉、〈功名〉、〈安危〉、〈心度〉、〈飭令〉、〈制分〉，以及上書韓王或秦王之書牘：〈飾邪〉、〈說疑〉、〈有度〉、〈難言〉、〈忠孝〉、〈愛臣〉、〈初見秦〉、〈存韓〉各篇。「論述體」文章重在抒發其政治理念及思想，結構謹嚴，文辭富贍，亦善用寓言託意，援引史實論證。明人胡應麟曾推崇爲「天下奇作」。

（二）辯難體

此體裁包括〈難一〉、〈難二〉、〈難三〉、〈難四〉、〈難勢〉等五篇，皆爲論難古事、古言之作。難篇共有二十八個短篇，每篇各自獨立，其體例是先舉史實，後發議論。其論駁之立場，不是以史學家的嚴肅態度對歷史人物作客觀的

〔註39〕黃秀琴先生《韓非學術思想》分韓非議論文爲四類。第一類解釋性之議論文；第二類演繹式之議論文；第三類歸納式之議論文；第四類辯難式之議論文。參見黃秀琴《韓非學術思想》，華僑出版社，民國51年出版。

〔註40〕謝雲飛先生《韓非子析論》分韓文爲六類。第一類論述體；第二類論辯體；第三類問答體；第四類連珠體；第五類故事體；第六類解注體。參見謝雲飛《韓非子析論》頁28至30，東大圖書公司，民國69年出版。陳麗珠先生《韓非子儲說研究》分類同謝雲飛，其中「論辯體」改作「辯難體」，「連珠體」改作「經說體」。出處同註14。

〔註41〕茅坤〈韓子迂評後語〉，收入陳奇猷《韓非子集釋》頁1208。華正書局，民國76年出版。

〔註42〕以下歸納謝雲飛先生及陳麗桂先生說法。

分析評價，而是以法家的立場，藉體發揮以闡揚其政治主張。學者指出：韓非是「辯難體」之開創者，其源出自《左傳》之「君子曰」，至其方有意識的擴展為辯駁文體。又其影響深遠，論者進一步研究，舉凡西漢司馬相如〈難蜀中父老〉、東方朔〈答客難〉、揚雄〈解難〉；東漢王充《論衡》；三國嵇康〈難自然好學論〉；南北朝編纂之《弘明集》等，大部分是辯難體。唐柳宗元《非國語》、宋呂祖謙《東萊博議》，專就歷史問題與古人作翻案文章，大抵承自韓非。又蘇洵〈管仲論〉本〈難一〉第三「管仲以病」節。《東坡志林》之〈平王〉、〈魯隱公〉、〈范蠡〉與韓非章法酷似。〔註43〕此部分例子不勝枚舉。

（三）問答體

此體裁包括〈定法〉、〈問辯〉、〈問田〉諸篇。其體例首先提出「問者曰」，而後以「應之曰」或「對曰」加以回答。或假二人互相對答，於一問一答之中闡明作者思想。

（四）經說體

此體裁包括〈內儲說上七術〉、〈內儲說下六微〉、〈外儲說左上〉、〈外儲說左下〉、〈外儲說右上〉、〈外儲說右下〉六篇。其體例分作前後二部份，前者為「經」，後者為「說」，故名之為「經說體」。「經」者先總領大綱，以簡短數語立論，繼以數個簡短句子代表數個歷史故事作為立論依據。而「說」是將「經」中的歷史故事逐一詳述說明，以補「經」中該故事以簡短句子敘述之不足。「經」文需藉「說」文闡明主旨，「說」文需賴「經」文點明主題。論者指出：「經說體」起源甚早：《春秋》是經，《左傳》、《公羊傳》、《穀梁傳》是解經的說，不過因各自獨立，分別成書，尚不成為一種文體。又如《管子》之〈形勢〉、〈立政〉、〈版法〉、〈明法〉為經，而〈形勢解〉、〈明法解〉、〈版法解〉為說。韓非大抵是綜合前人經驗，形成一體裁。由於「經」之寫作，先論說主體，後以事例相綴，後人遂稱其為「連珠體」之濫觴。章學誠《文史通義·詩教上》即曰：「韓非儲說，比事徵偶，連珠之所肇也」。

（五）故事體

此體裁包括〈說林〉上下二篇。上篇包括三十四則故事，下篇包含三十七則故事。作者未附卷首語，卷末也未附結論，是二篇故事總集。其價值有四種說法：

〔註43〕參見注14。

1. 司馬貞言：「說林者，廣說諸事，其多若林，故曰說林也。」所以〈說林〉二篇是作者游說諸事的文章。〔註44〕
2. 梁啓超先生認爲〈說林〉乃「似是預備作〈內外儲說〉之資料」。〔註45〕
3. 陳奇猷先生言：「此蓋韓非搜集之史料備著書及游說之用」。〔註46〕
4. 陳啓天先生言：「按〈說林〉之言近於《戰國策》，蓋韓子之讀書雜錄也。」〔註47〕

基本上，〈說林〉二篇並非無主旨之原始資料，作者尚且附加按語，可說是藉故事以明示義理，亦可使文章生動富趣味。

（六）解注體

此體裁包括〈解老〉、〈喻老〉二篇，〈解老〉是以義解釋老子《道德經》，所釋之文不盡依《老子》原文次第，亦未盡取原文而釋之。〈喻老〉則是以事取喻解釋《老子》之言，所釋之文，亦多出自節取，亦未盡依《老子》原文次第。其寫作方法皆先說道理，再將《老子》之言加「故曰」綴之於後。後世解《老子》者，受其影響頗大。誠如章太炎所言：「凡周秦解故之書，今多亡佚，諸子尤寡，老子獨有解老、喻老二篇，後有說老子者，宜具韓非爲大傳而疏通證明之。其賢於王輔嗣遠矣。」（《國故論衡・原道上》）

基本上，《韓非子》一書體裁多樣富於變化，是以門無子曾言：「余晚年最愛韓子論事入髓，爲文刺心。求之戰國之後，楚漢之先，體裁特異，余甚珍之。」〔註48〕說明《韓非了》亦爲後世學者喜愛，實爲文學珍品。

《韓非子》五十五篇，宋代已有學者懷疑部份篇章爲他人著作而誤入書內。王應麟言：「非書有〈存韓篇〉，故李斯言非『終爲韓不爲秦』也。後人誤以范雎書廁於其書之間，乃舉韓之論，《通鑑》謂非『欲覆宗國』則非也。」〔註49〕據此可知是書流傳過程中，有散佚、錯亂、僞託者，仍不可免。近年歷來論者亦以不同標準衡定之，譬如胡適先生以內容爲辨僞依據，〔註50〕梁

〔註44〕司馬貞《史記索隱》，參見《史記會注考證》卷六十三〈老子韓非列傳〉。
〔註45〕同註33，頁101。
〔註46〕同註6，頁418。
〔註47〕參見陳啓天《韓非子校釋》頁613。商務印書館，民國58年出版。
〔註48〕參見明凌瀛初集評《韓子迂評》，附門無子〈刻韓子迂評跋〉，明萬曆間刊本。收於中國子學名著集成，第七○冊。
〔註49〕參見王應麟《漢書藝文志考證》韓子五十五篇。
〔註50〕胡適提出：依我看來，《韓非子》十分之中，僅有一二分可靠，其餘都是加入

啓超先生則以文體為準則。〔註51〕角度不同，論證結果亦有歧異。因此不揣簡陋，整理學者考證結果，作為論文資料取捨之依據。

（一）司馬遷所稱述之篇章〔註52〕

1. 〈內儲說〉、〈外儲說〉

《韓非子》儲說分〈內儲說〉及〈外儲說〉。〈內儲說〉分上下二篇，上篇副題為「七術」，下篇副題為「六微」。〈外儲說〉分左篇及右篇，左篇又分上、下，右篇亦分上、下。內外儲說共得六篇。至於篇題含義，歷來學者解說頗有歧異。司馬貞《史記索隱》曰：「內儲，言明君執術以制臣下，制之在己，故曰內也。外儲，言明君觀聽臣下之言行，以斷其賞罰，賞罰在彼，故曰外也。」日人太田方《翼毳》認為「內、外字無特殊意義，僅以簡編重多故耳」。陳奇猷先生、陳啓天先生、梁啓雄先生從之。台灣商務印書館西元1986年刊行《韓非子今註今譯》本，亦言「內外左右上下，只標明篇次，並沒有別的意義」。〔註53〕

本篇作者近人亦有懷疑者，歸納如下：

的。那可靠的諸篇如下：〈顯學〉、〈五蠹〉、〈定法〉、〈難勢〉、〈詭使〉、〈六反〉、〈問辯〉。此外如〈孤憤〉、〈說難〉、〈說林〉、〈內外儲〉，雖是司馬遷所舉的篇名，但司馬遷的話是不很靠得住的。我們所定這幾篇，大都以學說內容為根據。參見胡適《中國古代哲學史》，收入《胡適作品集》第三十一冊，頁320。遠流出版公司，民國75年出版。

〔註51〕梁啓超指出：以文體論，〈孤憤〉、〈五蠹〉等篇之文，皆緊峭深刻廉勁而銳達，無一枝詞；反之，若〈主道〉、〈有度〉、〈揚榷〉、〈八姦〉、〈十過〉等篇，頗有膚廓語，〈主道〉、〈揚榷〉多用韻，文體酷肖《淮南子》，〈二柄〉、〈八姦〉、〈十過〉等，頗類《管子》中之一部份。同註33，頁98至99。

〔註52〕謝雲飛《韓非子析論》中指出：司馬遷生於漢景帝中元五年（西元前145年），韓非子卒於秦始皇十四年（西元前233年），其間相去不過八十餘年，當史遷之世，無論聆聽長老稱述，或觀先代遺留之著作，均視二千餘年後之今日方便百倍，故史遷所嘗稱舉之篇章，自不宜輕易懷疑之也。同註40。

〔註53〕本文考證所引用之資料包括：梁啓超《要籍解題及其讀法》（華正書局，民國63年出版），梁啓雄《韓子淺解》（學生書局，民國60年出版），陳啓天《韓非子校釋》（商務印書館，民國58年出版），容肇祖《韓非子考證》（臺聯國風出版社，民國61年出版），周勛初《韓非子札記》（江蘇人民出版社，1980年出版），謝雲飛《韓非子析論》（東大圖書公司，民國69年出版），陳奇猷《韓非子集釋》（華正書局，民國76年出版），鄭良樹《韓非子著述及思想》（學生書局，民國82年出版），王靜芝《韓非思想體系》（輔仁大學文學院，民國68年出版），蔣伯潛《諸子通考》（正中書局，民國67年出版）。至於日本學者之說法則轉錄自鄭良樹《韓非子著述及思想》一書。

（1）容肇祖先生認為「內外儲說六篇，為縱橫或游說家言混入於韓非子書中者。」

（2）陳奇猷先生提出「說」的部份，有「一曰」形式保存史實、故事，當係另一人手筆。

（3）陳啟天先生從之，並言「『一曰』云云者，則為出於韓子後學所為。」

基本上，以上所論並無確切根據，加以本篇為太史公稱舉，為韓非所著之可信度高。

2.〈孤憤〉

歷來研究《韓非子》的學者，對本篇著作權多無異議。容肇祖先生考訂可證為韓非著作理由有三：

（1）《史記》載〈孤憤〉、〈五蠹〉為韓非所著。

（2）〈孤憤〉所論重人、近習、私門的弊病，即〈五蠹〉所言之五蠹。

（3）〈孤憤〉所用文辭和〈五蠹〉、〈顯學〉相同處不少。

3.〈說難〉

本篇主旨說明遊說之困難，同時指出遊說成功的方法。《史記·老子韓非列傳》曾言：「非見韓之削弱，數以書諫韓王，韓王不能用。」因感遊說困難，而有此篇之作。

4.〈說林〉

說指傳說故事，林指集合之義，即傳說故事集。由於篇幅較長，分為上下兩篇。〈說林〉為司馬遷所稱舉，學者又無異說。

5.〈五蠹〉

本篇由「時異則事異，事異則備變」之歷史觀，推出「以法為教，以吏為師」之法治觀。因篇末主張消除學者、言談者、帶劍者、患御者以及商工之民，故稱五蠹。

（二）從內容考證尚無疑問之篇章

1.〈詭使〉

本文說明「上之所貴與其所治相反」、「下之所欲與上之所以為治相詭」。耕戰之士，為國家賴以富強者，然多勞苦貧賤，而國之五蠹反安榮富貴。容肇祖先生認為「從學說上推證為韓非所著」，學者亦多無異議。

2.〈六反〉

本篇指出社會有六種「姦偽無益」之人，然而反被世人所稱譽。六種「耕戰有益」之人，反遭受輕視詆毀。並論述法禁、重刑厚賞的正確性，以及賦稅推行等問題，學者多無置疑。

3. 〈姦劫弒臣〉

容肇祖先生就其思想內容與〈五蠹〉、〈顯學〉及〈難篇〉比勘，認為可以證明為韓非所作。陳啓天先生、梁啓雄先生從之。唯章節問題見於第四段「處非道之位」及末段「諺曰厲憐王」二處。陳奇猷先生認為第四段原為〈和氏篇〉之一部份而錯入於本篇。容肇祖先生認為末段與《戰國策·楚策四》、《韓非外傳四》相同，是從他書羼入。鄭良樹先生則有反駁意見，認為以「目前現有資料來說，我們只有默認它是本篇的原文」，本篇為韓非可靠作品無疑。

4. 〈南面〉

容肇祖先生認為作者「疑未能定」。然通篇所言，皆為人君御臣之術。梁啓雄先生、陳啓天先生、潘重規先生等學者，從內容判斷，出自韓非之手多無置疑。唯末節有錯簡，陳啓天先生曰：「末節蓋儲說之脫簡，宜別於前二節以觀之。」

5. 〈難一〉、〈難二〉、〈難三〉、〈難四〉

韓非子難篇，由於原文過長，難析為四篇。本篇作者歷來未有異論。容肇祖先生並提出三個證據證明為韓非所作：

（1）所用之辯證法及所說之矛盾法和〈五蠹〉相合。

（2）思想及內容和〈五蠹〉、〈顯學〉相合。

（3）《淮南子·齊俗訓》引用〈難一〉晉平公與群臣飲章，出現於此篇，可作為韓非所著之旁證。

6. 〈八說〉

容肇祖先生比較本篇與〈五蠹〉、〈顯學〉思想內容相合。認為「出於韓非所作」，學者多無置疑。

7. 〈定法〉

本篇首段言法術皆帝王之具，次段言申子徒術而無法，末段言商子徒法而無術。兼采術治及法治，歷來學者多無置疑。容肇祖先生於《古史辨》認為「是否韓非之文，疑未能定。」而後，於《韓非子考證》修正其說。根據篇中所記之時代及思想與〈難三〉、〈姦勢弒臣〉相合，乃判定作者為韓非本人。

8. 〈顯學〉

所謂顯學，即指儒、墨諸家在當時頗受重視，有名聲而言者。儒墨思想處處與法家對立，故韓非欲立法家之學，須先評論受人重視的儒墨二家。本篇多無置疑者。

9. 〈問辯〉

本篇明爲問辯，實際目的不重闡明辯說之緣何而生，而重在禁止不適合的法令及不符功用的辯說。本篇多無置疑者。

10. 〈難勢〉

本篇是以任賢及任勢兩種主張加以比較，說明任賢不如任勢。又提出愼子徒用自然之勢，尚不足以爲治，宜益以人爲之勢以補偏救弊。本篇多無置疑者。

11. 〈存韓〉

謝雲非先生指出：「今按存韓篇只篇首至『不可悔也』三百十五字爲非著本文，以下爲時人記其事，並附李斯上韓王疏，不當錄入非本文。」可知篇首爲非所著。

（三）有疑問然無有力證據之篇章

1. 〈難言〉

容肇祖先生言：「文著非名似尚有可疑者」。又劉汝霖先生認爲篇內行文有「以智說愚，愚者難說」之語，對君主有不遜口氣，不似人臣上書。

梁啓超先生言：「蓋非早年上韓王之書」。潘重規先生、周勳初先生、鄭良樹先生發揮之。陳啓天先生認爲係韓非晚期囚秦時所作，梁啓雄先生從之。

2. 〈愛臣〉

容肇祖先生認爲「未定爲誰作的篇章」，其理由可歸納爲三點：（1）開首數句用韻，似與韓非通常所作文體不一致。（2）有似脫胎《孟子》之言。（3）有疑似漢初人之言。

潘重規先生反駁容肇祖先生之言，指出：（1）作者屬文，文筆並非一成不變。如《荀子》以散文爲主，〈成相〉、〈賦篇〉即是韻文（2）孟子在韓非之前，受其影響不足爲奇（3）漢初與韓非相去不遠，亦可謂漢初人文筆似韓非。

梁啓超先生言：「蓋非早年上韓王之書，多對於時事發言。」陳啓天先生、潘重規先生、鄭良樹先生從之。

3. 〈主道〉、〈揚權〉

梁啓超先生言：「主道、揚權多用韻，文體酷肖淮南子。」胡適先生言：「主道、揚權篇，又另是一派法家所作」。容肇祖先生認為從內容看，所言虛靜之旨，近似「以虛無為本，以因循為用」之漢初道家所作。陳啓天先生言「為文體用韻，與他篇不類，究出於韓非，不能無疑耳。」

謝雲飛先生認為（1）韓非學術本源於道家。（2）篇中言法、術，非韓非文筆不能至此。（3）用韻之作先秦散文已有出現，韓非亦可為之。周勳初先生、鄭良樹先生認為是韓非擺脫儒家，接受老子思想的後期作品。

4. 〈有度〉

王先慎言「此篇多本《管子‧明法篇》」梁啓雄先生、鄭良樹先生發揮之。胡適先生言「〈有度〉說荊、齊、燕、魏四國之亡，韓非死時六國都不曾亡。」容肇祖先生、梁啓雄先生從之。容肇祖先生並提出新證據，言本文除主張「去私曲，就公法」，亦「好稱述先王而可疑」。劉汝霖先生從之。

潘重規先生提出反駁：（1）根據八姦等篇證明，「亡國」未必真正國亡。因其有亡之徵，有亡之實而稱之。（2）本篇極論以法治國，正是其一貫主張。（3）至於數稱先王，實與顯學篇攻擊儒、墨二家「皆自謂真堯舜」之旨不同，不可以此而疑之。周勳初先生從之。

5. 〈八姦〉

梁啓超先生言本篇「頗有膚廓語，頗類管子中之一部分」。容肇祖先生提出文中有「其於德施也，縱禁財，發憤倉，利於民者必出於君，不使人臣私其德」之言。與〈難二〉、〈五蠹〉不主張布施貧家之旨相反。

陳啓天先生言：「本篇條理清晰，句句有意義」，鄭良樹先生從之，認為是「善著書」韓非寫的。

6. 〈備內〉

容肇祖先生懷疑本篇非韓非所作。其曰：「〈備內〉一篇，雜有陰陽家言，如說：『雁日月暈圍於外，其賊在內。備其所增，禍在所愛』，這是可疑的。」

陳啓天先生言：「不知此蓋成語，又見〈趙策〉，本篇引之以證備內之必要，非以其為陰陽家言而取之也。」潘重規先生從之，鄭良樹先生並發揮此說。

7. 〈安危〉

容肇祖先生提出「〈安危〉一篇，很不像韓非所作」。他以文中有「先王

寄理於竹帛」之言，是「明據先王」。又有「堯無膠漆之約於當世而道行，舜無置錐之地於後世而德結」之語，乃「必定堯舜」。陳啟天先生從之。

周勳初先生認為文中稱仲尼，是「把孔丘作為智者的典型而加以肯定」，此「作品或許都產生於早期」。謝雲飛先生言：「通篇思想而論，似與韓非並無不合之處。」鄭良樹先生則從用詞、用典及語義上，肯定為韓非著作。

8. 〈飾邪〉

劉汝霖先生提出篇中有「龐援揄兵而南，則鄣盡矣」及「初時者，魏數年東鄉，攻盡陶衛，數年西鄉，以失其國。」是本篇作者已見趙魏之滅亡。趙國滅於始皇十九年，魏國滅於始皇二十二年，韓非早已死。故本篇非韓非所作。又韓非不稱先王，「此篇五次稱先王，引先生之法，與韓非子思想不合。」陳啟天先生亦有此說法。

梁啟超先生認為「蓋非早年上韓王之書，多對於實事發言。」潘重規先生則認為被公認為韓非所作之〈五蠹篇〉即有引用先王之言，並非凡引用先王之言即非韓非所作。

9. 〈觀行〉

容肇祖先生提出文中有「神先家」言，不是韓非法術。陳啟天先生從之。

鄭良樹先生比較其用辭、用典及語義，與韓非其他篇章相合。從此角度推測乃韓非所著。謝雲飛先生認為文中『因可勢，求易道』之作為，韓非思想本源於道家，襲其言而變通之，誠毋庸多疑者也。」

10. 〈解老〉、〈喻老〉

胡適先生「以學說內容為根據，大概〈解老〉、〈喻老〉諸篇，另是一人所作。」梁啟超先生從之。容肇祖先生認為：〈解老〉思想和《淮南子・原道篇》相同，乃淮南王賓客田生所作。思想上與〈五蠹〉〈忠孝〉等篇衝突。郭沫若先生認為〈喻老〉思想體系與《韓非子》相符，為韓非所作。而〈解老〉與儒家思想接近，作者可疑。蔣伯潛先生認為二篇為後人加入，作者斷非韓非本人。潘重規先生認為二篇「韓非所藏所服習的前人之作，而不是韓非自著之書。」

王靜芝先生則認為韓非所作，其言：「韓非之學與老氏之學，本來相通。司馬遷在〈韓非傳〉中已有明顯的記述，指韓非之學『歸本於黃老』。」周勳初先生言：「〈喻老〉用歷史傳說故事作為比喻解釋老子中的哲理，純屬法

家思想體系。」是晚期作品。〈解老〉尚未與儒家劃清界線,「可能是韓非早期的作品」。

11.〈守道〉

容肇祖先生以篇中有「堯明於不失姦,故天下無邪」,爲「必定堯舜」而可疑。陳啓天先生從其說,然而又言「本篇爲一篇嚴刑論,與韓非思想正合」態度游離。

謝雲飛先生引潘重規先生〈飾邪篇〉之駁語,指出「凡稱堯舜而盛稱其法之嚴,固韓非之本意也,豈得以是而疑之者乎?」鄭良樹先生則從用辭、用典及語義上,肯定爲韓非著作。

12.〈用人〉

容肇祖先生提出文中有「必循天順人而明賞罰」及「明主厲廉恥,招仁義」之言。此循天順人及仁義之說與韓非思想不合。陳啓天先生從之。

鄭良樹先生則從用辭、用典及語義上,肯定爲韓非著作。謝雲飛先生言「篇中所論用人須有客觀之法律標準」非韓非莫之能論。

13.〈功名〉

容肇祖先生提出本篇開首言「明君之所以立功名者四:一曰天時,二曰人心,三曰技能,四曰勢位」天時人心「似道家的說話」。

陳啓天先生認爲容肇祖先生過份懷疑。鄭良樹先生則從用辭、用典及語義上,肯定爲韓非著作。謝雲飛先生亦言「韓非學說既源於老子,則有道家之言亦誠不必疑矣,且終篇爲重勢之論,固韓非之本心也。」

14.〈大體〉

容肇祖先生提出文中有「守成理,因自然」及「法如朝露,純樸不散」之言,疑「漢初道家有關」。陳啓天先生從之。

鄭良樹先生則從用辭、用典及語義上,肯定爲韓非著作。謝雲飛先生認爲「韓非學術本源於老子,而戰國末期之去漢初,爲時未久,則漢初道家之言,固當近似戰國末期之道家者言也。」

15.〈八經〉

容肇祖先生認爲「八經一篇,疑未能定。」

陳啓天先生認爲「本篇在思想上絕無疑點,但在文字上則稍有脫誤。……其它各節,俱合於韓子思想,絕無可疑云。」鄭良樹先生從之,並從用詞、

句義與〈五蠹〉、〈顯學〉等篇相同，證明為韓非所作。

16.〈三守〉

容肇祖先生以其「內容是說大臣專權的弊害，比之〈孤憤〉，殊欠最密與周至。」認為「微有可疑」。

陳啟天先生認為〈三守篇〉辭義，均與韓子思想相合，並無可疑之處。潘重規先生從之。鄭良樹先生並提出篇內出現多次韓非的習慣用語，為韓非作品。

17.〈亡徵〉

容肇祖先生提出本篇「把人主之孝與匹夫之孝分說，似學孝經天子、諸侯、卿大夫、士、庶人五等之孝的學說的影響」，認為作者「微有可疑」。

潘重規先生根據《呂覽》及《史記》，認為「孝經必是韓非以前儒家典籍，韓非行文屬辭有受孝經影響之處，並不能作為非韓非所作的理由」。鄭良樹先生認為「本篇提出的七十三種亡國徵兆，不但可以在本書其他各篇找到例證，……甚至比其他各篇來得周密和深入。……應該是韓非本人所寫的。」

18.〈和氏〉

容肇祖先生提出〈和氏篇〉有言商鞅「燔詩書而明法令」，認為燔詩書於李斯以前無以有。故「和氏一篇，我很疑非韓非所作。」

陳啟天先生反駁認為：因商鞅「反對詩書，遂至有燔詩書之傳說。韓非未加深考，逕取傳說著之於文。此種事例，在《韓非子》書中實數見不鮮也。若僅以此而疑其為偽，則證據未免過於薄弱矣。」陳奇猷先生認為韓非敵視詩書乃不爭事實。鄭良樹先生並提出新證據指出：（1）本篇若干辭彙和韓非本人著作相合。（2）本篇的特別用語與韓非本人著作相符。（3）本篇撰述意旨和〈說難〉有相輔之處。

（四）有疑問且有堅強證據之篇章

1.〈說疑〉

陳啟天先生肯定為「韓非上韓王書」，認為「本篇體裁以篇名『說疑』之言，似為一篇論說，而其實為 篇上書。」

容肇祖先生謂本篇作者「疑未能定」。鄭良樹先生看法偏向容肇祖先生之意見，理由有二：（1）用典多，是韓非作品所沒有的現象。（2）本篇思想與他篇互有矛盾。如關龍逢及比干二人，本篇列入「無用之臣」，而〈難言〉則肯定二人之忠良仁賢。

2. 〈忠孝〉

容肇祖先生提出本篇與〈五蠹〉思想相合，乃韓非著作。

日本學者太田方否定本篇爲韓非著作，理由有二：(1) 韓子學本於老子，而此篇言恬淡無用，恍惚無法，此篇出於後人傅會，而非韓子所著也。(2) 本篇稱民爲「黔首」，始皇二十六年始更名曰黔首。而韓非死於始皇十四年，焉能稱秦制，是後人傅會之疏漏也。

3. 〈心度〉

容肇祖先生從思想上言「〈心度〉一篇，和〈顯學〉〈五蠹〉很有相合的地方，亦可證爲韓非所作」。

陳千鈞先生認爲「〈心度〉文字不類韓子，惟其旨亦與韓子合，故其徒收而爲一集。」鄭良樹先生從之。

4. 〈二柄〉

梁啓超先生認爲文中多膚廓語，類《管子》書中一部份。容肇祖先生認爲文中刑德對舉，與〈五蠹篇〉賞罰對舉不同。梁啓雄先生提出「似是後人采輯書各篇文纂集湊成的篇」，鄭良樹先生從之。

5. 〈十過〉

陳奇猷先生提出本篇言禮言賢內容與它篇相符，當是韓非本人作品。

梁啓超先生否定之，認爲文中「多膚廓語，類《管子》書中一部份。是否出於韓非，不能無疑。」容肇祖先生肯定梁啓超先生意見，又提出本篇體裁與〈內儲說〉之七術、六微略似，不像是韓非所作。且「好五音」內描寫師曠一節與韓非作風相反。周勳初先生及鄭良樹先生從之。

6. 〈人主〉

容肇祖先生認爲「〈孤憤〉是就士或人臣求用的一方面說，而〈人主〉則就人主用人方面爲言。……屬於韓非之著作。」但其後又指出「本篇與他篇語義相合」，不少句子及例子取錄他篇，然後略加改寫發揮。日本學者太田方言「此篇多用〈愛臣〉、〈二柄〉、〈孤憤〉、〈五蠹〉、〈備內〉諸篇語，亦後人之增耳。」陳奇猷先生、陳啓天先生、梁啓雄先生從之。

7. 〈問田〉

容肇祖先生提出「全篇共兩段，一段是徐渠問田鳩，一段是堂谿公問韓子。」文中稱韓非爲韓子，「似是他的弟子或別人記他的話，而不是他自己所

作。」陳啓天先生從之。謝雲飛先生認爲此乃五十五篇中最可疑的一篇。

8.〈制分〉

容肇祖先生言本篇作者「疑未能定」。陳啓天先生言「本篇思想與韓子全合，但文字又不甚類韓子，究否出於韓子，則不無可疑。」鄭良樹先生從之。

9.〈飭令〉

陳啓天先生言「本篇思想與商君近，而文字又有與靳令篇以外之商君書同者，此蓋後人讀商君書之筆記，而編校者以之入韓非子書耳。」謝雲飛先生從之。

10.〈初見秦〉

容肇祖先生謂本文勸秦滅韓一節與〈存韓篇〉前後牴觸。又本文與《戰國策・秦策一》張儀說秦王一章相似。鄭良樹先生指出本篇行文比《戰國策》詳細、淺白，因襲之跡甚明，極可能並非韓非所著。學者疑此爲僞作者甚多，梁啓超先生、胡適先生以爲出於張儀。容肇祖先生、陳啓天先生、錢穆先生以爲出自蔡澤。郭沫若先生則以爲出自呂不韋。

以上歸納前輩考證成果，《韓非子》篇章之眞僞，大抵可將其分作四類：

（一）司馬遷所稱述之篇章
（二）從內容考證尙無疑問之篇章
（三）有疑問然無有力證據之篇章
（四）有疑問且有堅強證據之篇章

於運用《韓非子》資料時，以（一）、（二）類爲主。此部份是就韓非親撰，或疑似韓非所撰而言。其次，以（三）、（四）類爲輔。此部份資料乃選擇與《韓非子》言論、思想不相牴牾，並有一貫性者，配合首要部份篇章合併運用。余嘉錫先生曾言：「周、秦諸子，以從游之眾，傳授之久，故其書往往出於後人追敘，而自作之文，乃不能甚多」。〔註54〕先秦古書常有此現象，故凡徒屬追敘，言論內容相符者，應可視作韓非思想之輔證。

〔註54〕余嘉錫《古書通例》卷二。丹青圖書有限公司，民國75年出版。

第二章 韓非尊君學說形成之時代背景

　　湯恩比於《歷史研究》一書中，曾以「挑戰與回應」的理論模式分析文明的誕生和發展。並透過〈浮士德〉歌劇，傳達文明發展的延續性，說明每一成功回應後，又將形成新挑戰，需要進一步的新回應，不斷激發接續，人類文明方能演進不已。〔註1〕從此角度分析，危機造成挑戰，令思想活躍，亦且引導思想方向與內容。至於思想與活動存在不可分割的聯繫關係，是以二者目標應在解決問題。根據牟宗三先生言西方哲人「以對待自然的方法對待人事，採取邏輯分析的態度，作純粹理智的思辯。」至於「中國哲學則是重實踐」。〔註2〕可見我國學者頗重視學說與社會的互動關係。

　　至於春秋戰國時代的政治、經濟、社會發生如何的變化？而引起諸子的關切。又面對社會變革，諸子多稟持救世理想，如韓非也說：

　　　　竊以為立法術，設度數，所以利民萌便眾庶之道也。(〈問田篇〉)

但是，韓非為何反對儒道墨諸家，而致力於法家尊君學說？以下嘗試說明之。

第一節 封建政權之解體與崩潰

　　春秋戰國時代面對的主要威脅，並非來自自然，而是社會本身。由於舊體制遭受破壞，新秩序尚待形成，此期間出現的狀態，論者以「失範的社會」

〔註1〕 參見湯恩比著‧陳曉林譯《歷史研究》第十一章，頁 205 至 210。桂冠出版社。民國 67 年出版。

〔註2〕 參見牟宗三《中國哲學的特質》第二講，頁 13 至 14。學生書局，民國 76 年出版。

稱之，〔註3〕顧名思義，即社會失去規範。在此之前有所謂「三代禮樂傳統」，〔註4〕此一傳統在周公「制禮作樂」時，將其由單純禮俗轉變為文化新統。誠如孔子所稱「郁郁乎文哉！吾從周」。而形成其骨幹者實繫於宗法制度。王國維曾指出：周人制度大異於殷者有三，一是立子立嫡之制，二是廟數之制，三是同姓不婚之制。「由是制度乃生典禮，則禮經三百、曲禮三千是也。」至於支配宗法制度的原則，則在「尊尊親親二義」。〔註5〕換言之，禮是從宗法中的伯叔兄弟甥舅親屬關係中所規定而來的，是繁文縟節的禮儀。不過，周旋進退間，尚有一情感貫注其間，即「親親尊尊」之禮的精神。簡博賢先生指出：親親之義著，是以遠近之情判，而親疏有殺。尊尊之道具，是以上下之分定，而貴賤有位。〔註6〕親親尊尊二者是維繫社會秩然有等的原則，至於春秋戰國的失範現象，導因於宗法制度的破敗，進而形成王室權勢之不彰及社會階層的變動，以下即就此三點探究春秋戰國時代「禮壞樂崩」的社會轉型。

一、宗法制度之破敗

宗法制度的起源與封建制度相關。論者提出從武王至幽王，西周共歷三百五十二年，這三百多年，可說是中國典型的封建時代。〔註7〕換言之，宗法制度形成於西周，王國維、徐復觀、李方晨所持見解大抵如是。

（一）王國維先生指出：「周人制度之大異於商者，一曰立子立嫡之制，由是而生宗法及喪服之制。」〔註8〕

（二）徐復觀先生指出：「西周宗法的起點是嫡長傳子制……但殷代無嫡庶之分，故殷末之父子相傳，並未形成一個客觀的制度。」〔註9〕

〔註3〕 參見張德勝《儒家倫理與秩序情結》頁 38。巨流出版社，民國 78 年出版。
〔註4〕 參見李正治〈春秋戰國禮樂思索的正反諸型〉第二章。台大中研所民國 81 年博士論文。
〔註5〕 參見王國維《觀堂集林》卷十〈殷周制度論〉。河洛圖書出版社，民國 64 年出版。
〔註6〕 參見簡博賢《今存三國兩晉經學遺籍考》自序，三民書局，民國 75 年出版。
〔註7〕 參見謝康〈西周與法國封建制度的初步比較研究〉一文，收入《東海學報》，九卷 1 期。
〔註8〕 同注 5。
〔註9〕 參見徐復觀《兩漢思想史》卷一，頁 14。學生書局，民國 79 年出版。

（三）李方晨先生指出：「周人統一天下，建立封建王國，社會秩序逐漸安定，需要權力傳授而產生縱的繼承法。」〔註10〕

然而部分學者仍持保留態度：

（一）李震先生指出：「由母系氏族轉變到父系氏族，夏代即正是中國父系氏族的興盛之世。父系氏族是由父傳子，於是產生家族，家族崇拜祖宗，遂又產生宗廟，於是宗法社會亦因此而產生。故中國的宗法制度，大抵始興於堯舜禹時代，商人繼之，而盛於周初，衰於東周。」〔註11〕

（二）李宗侗先生指出：「在初民社會，已有部團及支團的組織……宗法社會的姓既為初民社會的團的變化，大宗亦即團，小宗亦即支團，所以說大小宗的制度不必始自周代。」〔註12〕

基本上，質疑宗法制度起源於西周的說法有待商確，說明如下：

（一）王國維先生分析殷、周制度曾說：「商之繼統法以弟及為主，而以子繼輔之，無弟然後傳子。自湯至於帝辛二十九帝中，以弟繼兄者凡十四帝。其傳子亦多傳弟之子，而罕傳兄之子。蓋周時以嫡庶長幼為貴賤之制，商無有也。故兄弟之中有未立而死者，其祀之也與己立者同。」〔註13〕說明周代方確定嫡庶之分，及嫡長子一系相承的承繼制度。

（二）瞿同祖先生認為夏商無長幼嫡庶之分，也無一系相承習慣，兄弟地位平等共同生活，是氏族社會的形態，與封建社會有異。〔註14〕

（三）黃競新先生曾統計卜辭之「宗」多指宗廟而言，即殷王室及同族舉行各種不同活動之所。尚無周代宗支、宗法觀念。〔註15〕

（四）卜辭中有大宗、小宗之稱，陳夢家先生言：「大宗小宗都是宗廟，其分別是大宗的廟主自上甲起，小宗的廟主自大乙起。」李孝定先生亦言：「大宗、小宗，猶大示、小示之別。示，象神主，宀象宗廟，宗即藏主之地。」〔註16〕以大宗為藏大示廟主之所，小宗為藏小示廟主之所，並無後世之宗

〔註10〕參見李方晨〈西周封建王國之研究〉一文，收入《反攻》第292期。

〔註11〕參見李震〈三代宗法社會的起源與發展〉一文，中國歷史學會史學集刊第8期。

〔註12〕參見李宗侗《中國古代社會史》，中華文化出版社，民國43年出版。

〔註13〕同注5。

〔註14〕參見瞿同祖《中國封建社會》頁2。里仁書局，民國73年出版。

〔註15〕參見黃競新〈從卜辭經史考殷商氏族源流〉一文，台大中研所，民國71年博士論文。

〔註16〕參見李孝定《甲骨文字集釋》，中研院史語所，民國59年出版。

法觀念。

根據上述，封建社會與宗法制度應始於周朝。所以徐復觀先生說：「殷末之父子相傳並未形成一個客觀的制度。因之，假使殷代也有宗法，與周代宗法制度不會是相同的。」〔註17〕

周代宗法制度不可詳考，後人只能憑《禮記》的〈喪服小記〉及〈大傳〉推論。其曰：

> 別子爲祖，繼別爲宗，繼禰者爲小宗。有五世而遷之宗，其繼高祖者也。是故祖遷於上，宗易於下。尊祖故敬宗，敬宗所以尊祖也。庶子不祭祖者，明其宗也。……親親尊尊之長之，男女之有別，人道之大者也。（〈喪服小記〉）

> 庶子不祭，明其宗也。……別子爲祖，繼別爲宗。繼禰者爲小宗。有百世不遷之宗，有五世則遷之宗。百世不遷者，別子之後也。宗其繼別子之所自出者，百世不遷者也。宗其繼高祖者，五世則遷者也。尊祖故敬宗。敬宗，尊祖之義也。（〈大傳〉）

說明以嫡長子主祭，主祭的嫡長子即是祖宗一脈相承而不亂的象徵，可說是代表，而爲其他兄弟所尊。程瑤田言：「宗之道，兄道也。」（〈宗法小記〉）即指此而言。周王室的嫡長子主祭而爲全姓的總宗。周王室嫡長子以外的別子，分封出去，則在其國另開一支，而爲此國之祖。繼別爲宗，是繼承此國的嫡長子，即爲此一國百氏不遷之大宗。繼禰爲小宗者，此大宗之弟及庶出兄弟所生之嫡長子，即爲其弟及庶出兄弟所宗，此乃五世則遷之小宗。禰是親廟，大宗之弟及庶兄弟所生之嫡長子，於其父親死而入廟後，祭祀時爲主祭，此即是「繼禰爲小宗」。

王爲天下之大宗，諸侯爲一國之大宗。被封出去的諸侯是別子。而天子對別子而言則是「元子」，如《尙書》曰：「嗚呼！有王雖小，元子哉！」（〈召誥〉）由大宗小宗之收族而言，每一組成分子皆由血統所連貫，以形成感情的團結，此之謂「親親」。由每一組成分子有所尊，有所主，以形成統屬的系統而言，此之謂「尊尊」。

大宗小宗的承傳，梁啓超曾據《禮記》所載而繪宗法圖：〔註18〕

〔註17〕同注9，頁14。
〔註18〕本圖轉引自高桂惠〈孔子所說「郁郁乎文哉！吾從周」談周代學術文化之根——宗法制度一文，收入《孔孟月刊》十八卷第2期。

```
諸侯──嗣君──嗣君──嗣君
別子──大宗──大宗──大宗（百世不遷）
        ├ 禰──小宗──小宗──小宗──小宗（五世則遷）
        ├ 禰──小宗──小宗──小宗
        ├ 禰──小宗──小宗
        ├ 禰──小宗
```

　　西周封建制度是根據宗法制度，把文王、武王、成王、康王等未繼承王位的別子，有計畫分封到舊有的政治勢力中去，作為自己勢力擴張的據點，以連絡、監督、同化舊有的政治勢力，而逐漸達到「率天之下，莫非王土」的目的。被封的別子，即成為封國之祖，他的嫡長子，即成為百世不祧之宗。按照宗法以建立一個以血統為紐帶的統治集團。封國與宗周的關係，政治上是天子與諸侯的關係，宗族上卻是「別子」與「嫡長子」的血統關係，是由昭穆排列下來的兄弟伯叔的大家族關係。故瞿同祖先生指出：

　　　　由於封建政治的成立，王國、封邑為維持整一，由一人統治，宗法制
　　　　度的嫡庶之分遂應運而生，確定以嫡長子身份承繼國土田邑。〔註19〕

因而歸結出宗法制度目的在抑止紊亂及爭執。所以它有倫理上及政治上的作用。

（一）就倫理上而言

　　一系相承的嫡長子，能承繼大統，其他諸嫡子，只有分封的資格。被封後對大宗而言，是為小宗，有事宗之道。此外，有百世不遷辦法，否則支庶日繁，益見疏遠，不能保持親密的親屬關係，王朝實力即無法保存。

　　周朝除藉宗法維繫關係外，又採族外婚制，以婚姻關係與其它異姓氏族締結姻盟，所謂：「先王聘后於異姓」（《國語・鄭語》）。其因由乃「同姓不婚，惡不殖也。」（〈晉語四〉）為防止血統太近的生理弊病，採族外婚制。此外，族外婚制與避免同姓為同一遠祖，而亂長幼尊卑之序有關，並有擴張宗法勢力作用。所以王國維研究殷周制度說：

　　　　有同姓不婚之制，而男女之別嚴。且異姓之國，非宗法之所能統者，
　　　　以婚媾甥舅之誼通之。於是天下一國，大都王之兄弟甥舅之親。周
　　　　人一統之策，實存於是。〔註20〕

〔註19〕 同注14，頁164。
〔註20〕 同注5。

是以西周宗法制度是由內而外，由宗法的父子兄弟爲核心，再開展至族外聯姻同盟，其基於親親關係而封建的現象甚明。

（二）就政治上而言

牟宗三先生指出尊尊可分二系：一系是王、公、侯、伯、子、男，屬政權，可世襲；另一系是王、公卿、大夫、士，屬治權，不可世襲。〔註 21〕瞿同祖先生又將《春秋》所有關於諸侯爵位的稱謂摘錄下來，按等級分類作表，提出三點事實：〔註 22〕

1. 確有公、侯、伯、子、男五等爵位。
2. 各國爵位固定，如宋永稱宋公，齊、魯、衛總稱爲侯，鄭、曹、秦總稱爲伯，楚、吳總稱子，許則稱作男。
3. 諸侯仍有降爵的現象。

可知封建社會階級嚴明，遞相臣屬。以天子、諸侯（公侯伯子男）、卿大夫、士之等差說明於下：〔註 23〕

1. 天子在封建階級中居最上一層，天子之上是握有無上神權之天。天子有天下乃天與之，受「天命」而立。所謂「天命有德」（《尚書‧虞書》）、「唯天子是命於天」（《禮記‧表記》）即此意識的反應。天子是人類中最尊貴者，故天子自稱曰「予一人」。〔註 24〕且天子爲最大領主，領土廣人民眾，於是大封諸侯。天子擁有王畿，王畿之外分封給同姓或異姓諸侯。使其善治其國，善理其民。並輔翼王室，達到「城郭溝池以爲固」的屏藩用意。

2. 諸侯受封地，都在王畿外圍地帶，爵位上分公侯伯子男五等。所以國力有強弱，地域有大小，地位有尊卑上下之分。根據《國語》記載：「先王制諸侯，使五年四王一相朝，終則講於會，以正班爵之義」（〈魯語上〉）。《左傳》亦言：「諸侯五年再相朝，以脩王命。」（〈文公十五年〉）前者說明諸侯五年中須四次朝于周王，一次互相朝聘。後者說明諸侯五年中再相朝聘。二說略有差異，而使諸朝王並互相朝聘，以爲「制諸侯」之法，並無二致。且在朝聘之外，又有藉會盟際會以「正班爵之義」，則周封建組織便因這整然秩序而

〔註 21〕 參見牟宗三《中國哲學十九講》頁 57 至 58。學生書局，民國 75 年出版。
〔註 22〕 同注 14，第二章。
〔註 23〕 以下乃歸納瞿同祖《中國封建社會》第五章而成。參見注 14。
〔註 24〕 《禮記‧曲禮下》曰：「君天下曰天子，朝諸侯，分職，受政，任功，曰：『予一人』」。

益趨於鞏固。所以諸侯對天子有朝覲，諸侯與諸侯間則有聯繫交往、聘問會盟等禮節。

3. 卿大夫與士是諸侯官員，《禮記》曰：「次國之上卿，位當大國之中卿，中當其下，下當其大夫。小國上卿，位當大國之下卿，中卿當其上大夫，下卿當其下大夫。」（〈王制〉）可知國有大中小，卿有上中下，大夫亦有上下，其地位、待遇不可一概而論。

基本上，周代社會上下階級的確定，得於宗法制度的完備，此關係除團結宗親之倫理外，更有分配權力的政治作用，是由親親精神而臻至尊尊大義。因此，宗法由嫡庶親疏長幼以決定身份的尊卑貴賤，其基本精神在於發揚親親之道。誠如《左傳》記載周人富辰論周初之封建曰：「周之有懿德也，由曰『莫如兄弟』，故封建之。其懷柔天下也，猶懼有外侮，扞禦侮者，莫如親親，故以親屏周。」（〈僖公二十四年〉）故封建秩序並非直接透過政治權威來控制，而是以禮樂加以維持。故曰：

> 是故人道，親親也。親親故尊祖，尊祖故敬宗，敬宗故收族，收族
> 故宗廟嚴。宗廟嚴故重社稷，重社稷故愛百姓。愛百姓故刑罰中，
> 刑罰中則庶民安。庶民安故財用足，財用足故百志成。百志成故禮
> 俗刑，禮俗刑，然後樂。（《禮記・大傳》）

正如徐復觀先生所言：「宗法的親親，是周的封建政治的骨髓。以孝弟禮讓仁愛為基底的道德要求，都是由此發展出來的。周的政治，較之後世特富於人道的意味，也是以『親親』為根源所發展出來的。」〔註25〕

藉倫理結合尊尊至道，為的是「封建親戚，以藩屏周」（《左傳・僖公二十四年》）或「夾輔周氏」（〈僖公四年〉），但植基於血緣的原則一旦破壞，團結鬆弛，自然趨於分崩離析。此種封建禮制的解體，學者稱作「禮壞樂崩」或「周文罷敝」。〔註26〕此一變局以春秋時代為興衰轉捩點，誠如余英時先生所言：「春秋時代一方面是禮樂傳統發展到了最成熟的階段，另一方面則勝極而衰發生了『禮壞樂崩』的現象。」〔註27〕各國轉相攻伐，棄禮義捐道德而

〔註25〕同註9，頁33。

〔註26〕有關諸子起源問題，在中國哲學史的探討中，有許多種說法。牟宗三曾深入解析，指出傳統諸子出於王官之說，及胡適由社會出問題，民生有疾苦所作的解釋，都只涉及諸子起源的助緣。事實上，其起源的本質，即直接相干關係，當為「周文罷敝」。出處同註21，頁54至56。

〔註27〕參見余英時《史學與傳統》頁39。時報文化出版社，民國77年出版。

不顧。〔註28〕宗法制度的破敗，形成了封建的變局。

二、王室權勢之不彰

宗法制度至戰國時期徹底崩潰，司馬光《資治通鑑》即以三家分晉一事，作爲封建制度瓦解的關鍵。其曰：

> 周氏王天下，歷數百年，雖以晉、楚、齊、秦之強，不敢加者，何哉？徒以名分尚存故也。今晉罷大夫剖分晉國，天子既不能討，又寵秩之，使列於諸侯，是區區名分，復不能守而並棄之也，先王之禮，於斯盡矣。（《資治通鑑》卷一，〈周紀一〉，威烈王二十三年）

韓趙魏以氏族而篡奪公室，周天子以共主之尊不能制裁，且自我毀滅立場，承認其合法地位，司馬光遂以此爲戒。至於《史記六國年表序》及《戰國策序》對此事件亦有批判。〔註29〕有關春秋戰國風氣之迥異處，顧亭林指出：春秋尚存文武之道，戰國則封建制度根本瓦解，不宗周室，形成政權下移現象。

就周天子地位之動搖而言：學者認爲周厲王乃一轉折點。〔註30〕據《史記・周本紀》記載：厲王即位三十年，好利近榮夷公。窮兵黷武，財用不足，遂專山林川澤之利，絕庶人謀生之路。諫之而不聽，人民起而議論。厲王不改反召衛國巫師監視，議論者死。人民積怨既深，三年後國人暴動，由召公、周公行政，稱作「共和」。共和十四年厲王卒，太子靜登基爲周宣王。據此史實，國人暴動驅逐厲王，予天子地位沈重打擊。

就嫡長子繼承天子名位而言：嫡庶分明之破壞，首見於周宣王立戲，因

〔註28〕顧亭林《日知錄》卷十三〈周末風俗〉曰：「春秋時，猶尊禮重信，而七國則絕不言禮與信矣。春秋時，猶宗周王，而七國則絕不言王矣。春秋時，猶嚴祭祀，重聘享，而七國則無其事矣。春秋時，猶論宗姓氏族，而七國則無一言及之矣。春秋時，猶宴會賦詩，而七國則不聞矣。春秋時，猶有赴告策書，而七國則無有矣。邦無定交，士無定主。此皆變於一百三十三年之間，史之闕文，而後人可以意推者也。不待始皇之并天下，而文武之道盡矣。」

〔註29〕《史記・六國年表序》曰：「陪臣執政，大夫世祿，六卿擅晉權，征伐會盟，威重於諸侯。及田常殺簡公而相齊國，諸侯晏然弗討，海內爭於戰功矣。三國終之卒分晉，田和亦滅齊而有之，六國之盛自此始。務在彊兵并敵，謀詐用而從橫短長之說起，矯稱蠭出，誓盟不信，雖置質剖符，猶不能約束也。」又劉向《戰國策・序》曰：「仲尼既沒之後，田氏取齊，六卿分晉，道德大廢，上下失序。」

〔註30〕參見朱淑瑤、徐碩如著《春秋戰國史話》頁3。木鐸出版社，民國75年出版。

廢長立庶，危及封建。〔註 31〕至周幽王立太子，又滅嫡用孽，親親原則已動搖。〔註 32〕

就天子與諸侯國關係而言：《史記・周本紀》言：「平王之時，周室衰微，諸侯強併弱，齊楚秦晉始大，正由方伯。」然而諸侯間尚有「尊王攘夷」之口號，藉其名而行天下共主之實。如晉文公、齊桓公即「挾王室之名以討伐為會盟主」。基本上，周天子已寄於諸侯勢力之下。據〈周本紀〉記載：

> 襄王告急于晉，晉文公納王，而誅叔帶，襄王乃賜晉文公珪鬯弓矢
> 為伯，以河內地與晉。二十年（西元前 638 年）晉文公召襄王，襄
> 王會之河陽踐土，諸侯畢朝。書諱曰：『天王狩於河陽』。

就晉文公召周襄王的史實，天子資格已沒落。至桓王十三年周鄭「繻葛之戰」，鄭射王肩，周天子形式上的尊嚴乃盡失。〔註 33〕

就諸侯國與諸侯國之關係而言：據清顧棟高統計：春秋時各國相互攻伐概況，魯齊各兼有九國與十國之地，晉滅十八國。楚吞併四十二國，宋兼有六國之地。〔註 34〕又陳啟天先生曾分析，周初武王觀兵孟津，與會諸侯有八百。及勝殷紂，又大封同姓、勳戚。然至春秋初，見於載記的已不過一百六十三國。戰國初期，僅勝七國及數小國，至戰國末則大小諸國均一統於秦。〔註 35〕大抵可見列國兼併吞噬之局面。

就諸侯國內部而言：《史記》言：「春秋之中，弑君三十六，亡國五十二，諸侯奔走不得保其社稷者不可勝數。」（〈太史公自序〉）陪臣欲自躋於世卿之列，因無宗法根據，遂多方謀取政治地位以下陵上。舉例說明於下：

〔註 31〕《國語・周語上》記載此史實曰：「魯武公以括與戲見王。王立戲。樊仲山父諫曰，不可立也，不順必犯。犯王命必誅，故出令，不可不順也，令之不行，政之不立，行而不順，民將棄上，夫下事上，少事長，所以為順也，今天下立諸侯而建其少，是教逆也。」徐復觀首先提出此說，同註 9，頁 67。

〔註 32〕《史記・周本紀》記載此史實曰：「是為褒姒，當幽王三年，王之後宮，見而愛之，生子伯服。竟廢申后及太子，以褒姒為后，伯服為太子。」

〔註 33〕《春秋左氏傳・桓公五年》記載此史實曰：「王奪鄭伯政，鄭伯不朝。秋，王以諸侯伐鄭，鄭伯禦之。王為中軍，虢公林父將右軍，蔡人、衛人屬焉。周公黑肩將左軍，陳人屬焉。……戰於繻葛。命二拒曰：『旝動而鼓』，蔡、衛、陳皆奔，王卒亂，鄭師合以攻之，王卒大敗。祝聃射王中肩，王亦能軍，祝聃請從之。公曰：『君子不欲多上人，況敢陵天子乎？苟自救也，社稷無損多矣。』夜，鄭伯使祭足勞王，且問左右。」

〔註 34〕參見顧棟高《春秋大事表・列國疆域表》。

〔註 35〕參見陳啟天《商鞅評傳》第一章。商務印書館，民國 75 年出版。

（一）魯之三桓

三桓者，孟孫氏、叔孫氏、季孫氏三家。三桓爲亂之時甚長，魯宣公時與東門氏奪權。〔註36〕召公時季孫氏與邱氏衝突，召公謀去之而無效，〔註37〕哀公時抑制亦失敗，〔註38〕顯露世家僭越犯上的現象。

（二）齊之田氏

古音陳、田相同，所以《左傳》稱齊國陳氏始祖爲陳完，而《史記》稱其爲田敬仲。陳完至齊當齊桓公在位時，爲工正之官。桓公死後，五位公子互爭王位，連互數十年，齊國公族勢力漸弱，陳氏乘機掌握政權。《左傳》記載：

> 此季氏也，吾弗知，齊其爲陳氏矣。公棄其民而歸於陳氏。齊舊四量：
> 豆、區、釜、鍾。四升爲豆，各自其四以登於釜。釜十則鍾，陳氏三
> 量皆登一焉，鍾乃大矣。以家量貸，而以公量收之。（〈召公三年〉）

藉貸厚收薄以收買人心，而逐漸掌握齊政權。《史記》遂言：「田氏卒有齊國，爲齊威王，彊於天下。」（〈齊太公世家〉）

（三）晉之六卿

晉乃東周封建之大國，晉悼公時政權集中於六卿之手。據《左傳》所記（宣公二年），晉悼公元年至晉出公元年（西元前 572 年至西元前 474 年），擔任晉國中軍者有：韓、趙、魏、范、知、中行氏六家。彼此相爭，並消滅其他小貴族。後六卿併爲四卿，復爲三卿，以韓趙魏最強。《史記》稱：「哀公卒，子幽公柳立。幽公之時，晉畏，反朝韓趙魏之君，獨有絳曲沃，於皆入三晉。」

由上例事件，顯示親親精神既失，尊尊之義亦廢。所以，馮季驊說：「隱桓以下，政在諸侯。僖文以下，政在大夫。定哀以下，政在陪臣。」〔註39〕列國競爭、陪臣專權，貴族乃時有變遷，往往失其政治上原有的地位。

三、社會階層之變動

前文所述王室之衰微可知統治階層內部的變動情形，至於統治者與受治者的關係亦面臨相同問題，即二者間的界限逐漸消失。首先可從「士人」地

〔註36〕參見《左傳》卷二十四。
〔註37〕參見《左傳》卷五十一。
〔註38〕參見《左傳》卷六十。
〔註39〕參見馮季驊《左繡》首卷〈春秋三變說〉，收於馬小梅主編之國學集要二編第十四冊。文海出版社，民國 56 年出版。

位的模糊現象審視之。士爲古代貴族階層中最低一層，《禮記》曰：

> 諸侯之上大夫卿、下大夫、上士、中士、下士，凡五等。（卷四〈王制〉）

《孟子》亦曰：

> 君一位、卿一位、大夫一位、上士一位、中士一位、下士一位，凡六等。……大夫倍上士，上士倍中士，中士倍下士。下士與庶人在官者同祿，祿足以代其耕也。（〈萬章下篇〉）

可以確知「士」是古代貴族階級中最低一層，且與庶人相銜接。古代封建制度下階級嚴明，如顧炎武所言：

> 三代之時，民之秀者乃收之鄉序，升之司徒而謂之士。固千百之中不得一焉。〔註40〕

明白指出「民之秀者」要上升爲士，是難得的現象。然而，在春秋戰國時代因社會階層的流動，上層貴族下降以及下層庶民的上升，導使士階層的社會地位發生了變化。余英時先生即指出《孟子》一書中士庶已連用，並從金文資料中發現士與庶人界限的模糊。〔註41〕其所引用的資料是「郘公牼鐘」記載：

> 台（以）樂其身，台宴大夫，台喜者（諸）士。

以及「郘公華鐘」記載：

> 台樂大夫，台宴士庶子。

證明春秋戰國時代士庶人已相提並論的社會現象。所謂「台宴士庶子」，據楊樹達先生跋「郘公牼鐘」曾說：

> 銘文言以樂其身，郘公自謂也。次言以宴大夫，次言以喜諸士，則諸士自謂大夫士之士，非泛稱都人士也。「郘公華鐘」云「台樂大夫，台宴士庶子」，士庶子者士庶人也。……決知此文之士乃大夫士之士也。〔註42〕

可知「台宴士庶子」即士庶人。至於士庶人連言，余英時先生分析其意義有二：

〔註40〕顧炎武《日知錄》卷七，第三冊，頁51至52。萬有文庫，商務印書館，民國28年出版。

〔註41〕參見余英時《古代知識階層的興起與發展》頁13。聯經出版社，民國73年出版。

〔註42〕參見楊樹達《積微居金文說》卷一，頁40至41。中國科學院，西元1952年出版。

一是說明庶人社會地位的上升，其次則表示士亦向下流動成爲庶人。〔註43〕就士階級的下降而言：《左傳》曾言：

> 社稷無常奉，君臣無常位，自古以然。故詩曰「高岸爲谷，深谷爲陵」。三后之姓於今爲庶。主所知也。（〈昭公三十二年〉）

其感於世變並非泛論。例如《左傳》曾記載叔向論晉國貴族衰落的情形，說：

> 雖吾公室，今亦季世也。戎馬不駕，卿無軍行，公乘無人，卒列無長，庶民罷敝……欒、卻、胥、原、狐、續、慶、伯，降爲皁隸。（〈昭公三年〉）

說明貴族下降爲皁隸（杜注「賤官」）的眞實情形。尤其春秋戰國各國劇烈政爭，政爭失敗的貴族自然淪爲士或庶人了。

至於庶人上升爲士則更爲普遍，這與時代背景有關。因封建制度崩潰，增加了學有專長的庶人任用的機會。尤其教育的普及民間，更增加人民上進機會。《呂氏春秋》記載：

> 子張，魯之鄙家也，顏涿聚，梁父之大盜也，學於孔子。段干木，晉國之大駔也，學於子夏。高何、縣子石，齊國之暴者也，指於鄉曲，學於子墨子。索盧參，東方之鉅狡也，學於秦滑黎。此六人者，刑戮死辱之人也。今非徒免於刑戮死辱也，由此爲天下名士顯人，以終其壽，王公大人從而禮之。此得之於學也。（〈尊師篇〉）

即說明庶人以學術仕進的現象。《呂氏春秋》又記載：

> 甯越，中牟之鄙人也，苦耕稼之勞。謂其友曰：「何爲而可以免此苦也？」其友曰：「莫如學。學，三十歲則可以達矣。」（〈博志篇〉）

由甯越與友人之對答中可知當時學術已可干祿位，故錢穆先生〈甯越考〉一文說：「游士漸得勢，故甯越亦苦耕稼而從學問。其事雖微，足徵世變。」〔註44〕由於庶人可上升爲士，士階級之擴大，遂有「士民」之出現。〔註45〕《穀梁傳》即記載：

> 上古者有四民：有士民、有商民、有農民、有工民。（〈成公元年〉）

此記載說明士的身份已納入民的範疇中。又顧炎武說：

〔註43〕 同註41。
〔註44〕 錢穆《先秦諸子繫年》頁169。東大圖書公司，民國75年出版。
〔註45〕 余英時已提出，同註41，頁22。

> 春秋以後，游士日多。《齊語》言桓公爲游士八十人，奉以車馬衣裘，
> 多其資幣，使周遊四方，以號召天下之賢士，而戰國之君遂以士爲
> 輕重，文者爲儒，武者爲俠。〔註46〕

可推測士民已無固定職位。不過，由於私家之學競興，平民中之傑出者，在
諸國間爭露頭角，復以各國之競養遊士，延攬社會人才，士民亦可成爲卿相。
據許卓雲先生所列戰國宰相名單，可得知此現象，轉引如下：〔註47〕

國　　別	趙	齊	秦	楚	韓	魏	燕
宰相總數	13	9	18	7	12	18	4
出身於公子者	3	2	3	1			
出身與王室有關者	2	4	2	2	6		
出身於寒庶者	8	1	13	2	1	9	
出身不明者		2		2	5	9	

　　此表顯示秦趙魏等國宰相出自寒庶的比例甚高，布衣爲卿相的流動性，
反映貴族階層的壁壘動搖。

　　除了從士地位的變動了解統治者與受治者界限之模糊外，亦可從商人地
位的抬頭探析此社會現象。西周時代商業活動非常簡單，多以位居要津的城
市爲中心，於特定時間，來自附近采邑及鄉鎮之人，攜帶貨物進行交換。《易
經》記載：

> 日中爲市，致天下之民，聚天下之貨，交易而退，各得其所。（〈繫
> 辭傳〉）

即描繪此交易現象。當時商人地位仍低，《國語》記載：

> 富商，……唯其功庸少也，而能金玉其車，文錯其服，能行諸侯之
> 賄，而無尋尺之祿……。（〈晉語八〉）

說明商人乘金玉之車，穿華麗之服，且出入宮廷結交諸侯。不過，商人雖擁
有雄厚資產，卻無認可的社會地位。至春秋戰國商業發展的情況便大有不同，
《漢書》記載：

> 洛陽東賈齊魯，南賈梁楚，一都會也。（〈貨殖傳〉）
>
> 陶爲天下之中，諸侯四通，貨物交易所也。（同上）

〔註46〕同註40。
〔註47〕收錄於許倬雲《求古編》頁319至352。聯經出版社，民國78年出版。

說明國際貿易的高度發展。而且當時農業技術進步，生產力大增。又因交通暢通，得以貿遷有無，刺激商業的發展，商人地位亦抬頭，如《左傳》記載：

> 昔我先君桓公，與商人皆出自周。庸次比耦以艾殺此地，斬之蓬、蒿、黎、藋而共處之，世有盟誓，以相信也。曰：爾無我叛，我無強賈。毋或匄奪。爾有利市寶賄，我勿與知。恃此質誓，故能相保以至于今。(〈昭公十六年〉)

由此段話分析，可知商業在春秋時已盛，商人勢力頗大，甚至可影響鄭國內政的安定。此外，據《史記‧貨殖列傳》記載子貢以幣帛聘享諸侯，與國君分庭抗禮一事，可見當時由商業而來的經濟力量，近逼封建貴族的身份地位，商人勢力已不容等閒視之，也反映貴族勢力的下滑。

第二節　社會經濟結構之變遷與發展

禮制瓦解社會產生許多新現象，錢穆先生歸納有：郡縣制的推行、井田制的廢棄、農民軍隊的興起、工商大都市的發展、山澤禁地的解放、貨幣的使用及民間學術興起等七項。〔註48〕換言之，封建制度的失範危機，打破束縛生產力發展的桎梏，創造了物質文明。同時，也說明封建瓦解乃社會進步、經濟繁榮的產物。二者互為表裡，將社會文明共同推至更高層次。有關春秋戰國經濟變遷梗概，以下分別就農業、商業的發展立論。

一、新土地制度的建立

有關封建井田制度的記述，文獻資料主要見於《孟子‧滕文公篇》及《穀梁傳‧宣公十五年》，其曰：

> 方里而井，井九百畝：其中公田，八家皆私百畝，同養公田。公事畢，然後敢治私事，所以別野人也。(《孟子‧滕文公篇》)

> 古者三百步為里，名曰井田。井田者，九百畝，公田居一。(《穀梁傳‧宣公十五年》)

說明封建制土地為貴族所有，只授與農民耕種，其有公田與私田之別。農民助耕公田，而以私田收穫維生。仲尼曾言：「先王制土，藉田以力」(《國語‧魯語下篇》)。「藉」即借用民力以耕公田，乃勞役地租。所以，瞿同祖先生分

〔註48〕參見錢穆《國史大綱》第二編第五章。商務印書館，民國71年出版。

析其特色有二：〔註49〕

（一）土地不可分，每人授田百畝，所出賦役，以百畝爲單位。

（二）土地不許買賣，只將土地換與農人，使其出納賦稅而已。

此代耕制係封建社會的典型生產方式，《詩經》上也有「雨我公田，遂及我私」之語（〈小雅大田篇〉）。然而貴族生活日奢，列國兼併日熾。財用不足，貴族領主間土地買賣、爭奪、轉讓現象已浮現。學者研究青銅器銘文，發現格伯敦銘文及衛盉銘文記載土地點讓及買賣事實。「田里不鬻」現象已改變。〔註50〕

隨著社會改變，魯國又出現「初稅畝」，是廢棄繳納公田所得之辦法「履畝而稅」。〔註51〕左丘明曾批評說：

　　初稅畝，非禮也。穀出不過藉。（《春秋左氏傳‧宣公十五年》）

此稅收不合古禮，其後魯國又有「作丘甲」、「用田賦」，鄭國有「作丘賦」，楚國有「書土田」、「量入修賦」等制度。〔註52〕另一方面，土地收歸國有，商鞅「開阡陌」增加土地。除分配百姓外，部份封賞建有軍功者，形成新興地主，也代表井田制度的自然轉化。

二、農業技術的改進

近年裴李崗文化、仰韶文化及龍山文化等遺址陸續出土農業生產工具，證明我國農業活動甚早。又據學者統計甲骨文中關於求雨求年之卜辭所占數量最大，可見殷代對農業生產態度。〔註53〕至於生產技術，據卜辭「ㄅ」、「ㄙㄙ」字，知殷人有施肥及水利灌溉，是商代農業得以發展的因素。〔註54〕有關商代農具，依考古學家於鄭州二里崗、輝縣琉璃閣及安陽小屯出土之工具，多

〔註49〕同註14，頁154。

〔註50〕格伯敦銘文記載格伯由朋生處取得良馬一乘，同時在自己的三十田中析出一部份典給朋生。典讓土地時查看田畝四至，而後鑄器勒銘作爲紀念及憑證。衛盉銘文中，記載西元前918年，裘衛以八十朋的貨幣從矩伯處買得田十田，又以二十朋貨幣買得四二田，總計共買得井田十三田。參見《中國文明史》先秦時期上冊。地球出版社，民國80年出版。

〔註51〕「初稅畝」據《公羊傳》、《穀梁傳》及《春秋左氏傳》之杜預注是「履畝而稅」，按耕地的實際面積，以畝爲單位徵收租稅。

〔註52〕同註50，頁233至234。

〔註53〕參見吳浩坤、潘悠著《中國甲骨學史》頁318，貫雅出版社，民國79年出版。

〔註54〕同上，頁326至327。

石製、骨製、蚌製及木製品，亦有部份青銅農具。〔註55〕至周代農業技術更有長足進步：

（一）鐵製農具的使用

依文獻所載，《管子》言：「一農之事，必有一耜、一銚、一鎌、一耨、一椎、一銍，然後成爲農。」（〈輕重乙篇〉）《孟子》言：「許子以釜甑爨，以鐵耕乎？」（〈滕文公上篇〉），可證明周代已有鐵製農具。此外，考古發掘大量實物。西元1950年河南輝縣魏墓出土犁、鋤、鎌、斧等農具五十八件。西元1953年河北興隆燕國遺址，發現製造農具的鐵范八十七件。西元1955年石家莊趙國遺址、遼寧撫順蓮花堡遺址多有大量鐵製農具出土。〔註56〕生產工具進步乃生產力得以發展的因素，誠如《淮南子》所言：「古者剡耜而耕，摩蜃而耨，木鉤而樵，抱甀而汲，民勞而力薄。後世爲之耒耜耰鉏，斧柯而樵，桔皋而汲，民逸而多利焉。」（〈氾論篇〉）

（二）農業知識的增進

此時期牛耕技術已漸推廣，《國語・晉語》記載范氏、中行氏於晉失敗後，子孫至齊，「耕於齊，宗廟之犧爲畎畝之勤」，說明宗廟祭祀之牛已用於耕作。又時人分析土壤，《管子・地員篇》文中曾將土地分作上中下三等，每等又分作若干等級，以決定適宜之作物及種植方式。

（三）水利灌漑之發展

戰國時期普遍重視農田水利灌漑。魏國之引漳工程，《史記》言：「西門豹引漳水漑鄴，以富魏之河內」（〈河渠書〉）。褚少孫補記西門豹治鄴事，「西門豹即發民鑿十二渠」（〈滑稽列傳〉）。然而《呂氏春秋》則歸功於魏襄王時的鄴令史起。〔註57〕若按《水經注》二人先後曾開鑿漳渠，河內成爲沃野。〔註58〕至於秦之都江堰，於秦昭襄王時期蜀郡太守李冰修建而成。位於岷江沖積扇形地上，工程規劃完善。《華陽國志》言建成後「旱則引水浸潤，雨則杜塞水門……水旱從人，不知飢饉，時無荒年，天下謂之天府也。」（〈蜀志〉）太史公亦評其

〔註55〕同註50。

〔註56〕同註50。

〔註57〕參見瀧川資言《史記會注考證》卷二十九〈河渠書〉。洪氏出版社，民國72年出版。

〔註58〕參見酈道元注《水經注》卷十。其曰：「魏文侯以西門豹爲鄴令也，引漳以漑鄴，民賴其用。其後至魏襄王，以史起爲鄴令，又堰漳水以灌鄴田，咸成沃壤。」

「此渠皆可行舟，有餘則用溉浸，百姓饗其利。」(〈河渠書〉)至於鄭國渠建於秦王政時期，位於關中平原。太史公曾高度評價言：「渠就，用注填闕之水，溉澤鹵之地四萬餘頃，收皆畝一鐘，於是關中為沃野，無凶年。」(同上)四萬頃填闕澤鹵之地便為良田，體現農田水利之重要。〔註59〕

三、商業之發展

由於整體經濟條件的配合，春秋戰國商業日趨繁榮，說明於下：

（一）商人勢力的興起：《春秋左氏傳》記載子產論及鄭商的話：

> 昔我先君桓公，與商人皆出自周。庸次比耦以艾殺此地，斬之蓬、蒿、藜、藋而共處之，世有盟誓，以相信也。曰：爾無我叛，我無強賈。毋或匄奪。爾有利市寶賄，我勿與知。恃此質誓，故能相保以至于今。(〈昭公十六年〉)

說明商人勢力頗大。又《史記》曾載子貢以幣帛聘享諸侯，與國君分庭抗禮一事，〔註60〕及其言周人白圭、師史，魯人猗頓，邯鄲郭縱，趙國卓氏，山東程鄭，梁人孔氏，魯人曹邴氏，齊人刁間，秦人烏氏倮、巴寡婦清，是一時的工商鉅子。〔註61〕證明隨商業而來的經濟力量近逼封建貴族的身分地位，已不可等閒視之。

（二）貨幣的流通：據學者研究，甲骨文從貝之字，如「貯」、「寶」、「買」，含有財富、珍寶、貯藏之意。〔註62〕大抵商代已知用貝作為貯存及交換的媒介。至戰國時期貨幣則週流各地，學者曾歸納此期間有四大貨幣體系：布幣、刀幣、圓錢及楚幣。其中燕、趙為刀、布並行區域，西、東周與秦為布幣、圓錢並行區域。〔註63〕貨幣流通的普遍程度已無國界之隔，證明春秋戰國時期商業活躍的現象。

戰國農工商業的發達，促進人口增加、城市興起，又因交通暢通，得以

〔註59〕同註48，頁59。
〔註60〕《史記‧貨殖列傳》記載曰：「子貢既學於仲尼，退而仕於衛，廢著鬻財於曹魯之間。七十子之徒，賜最為饒益，……結駟連騎，束帛之幣，以聘享諸侯。所至，國君無不分庭與之抗禮。夫使孔子名揚於天下者，子貢先後之也。」
〔註61〕參見《史記‧貨殖列傳》。
〔註62〕同註53，頁341。
〔註63〕參見千家駒、郭彥崗《中國貨幣發展簡史和表解》第五表，人民出版社，西元1982年出版。

貿遷有無，各國獨立性增強。〔註 64〕加以井田制度破壞，土地自由買賣，封建制度的經濟基礎漸趨瓦解。

上述所論周文罷敝的外在因緣，是就其大而顯者論之。因變局愈演愈烈，封建禮制及儀節形同虛設，自然無法維繫秩序。因此，由春秋至戰國的推移變化，正是顧炎武所言：「如春秋時猶尊禮重信，而七國則絕不言禮與信矣。春秋時猶宗周王，而七國則絕不言王矣。春秋時猶嚴祭祀重聘享，而七國則無其事矣……邦無定交，士無定主，此皆變於一百三十三年之間。」（《日知錄・周末風俗》）封建禮制是否有存在價值，遂引發不同層次的思索。

第三節　儒墨道諸家不足以應世

隨宗法制度瓦解社會劇變，有志之士因救世熱忱而發表言論。對於維持封建制度之禮樂，多有批評、修正或另立新制。班固言：「諸子百家，其可觀者，九家而已。皆起於王道既微，諸侯力政，時君世主，好惡殊方，是以九家之術，蠭出並作，各引一端，崇其所善，以此馳說，取合諸侯。」（《漢書・藝文志》）所以處士橫議可說是大勢所趨。本節試圖對最具影響性的儒道墨諸家作一提綱挈領的說明，以了解各家解決社會問題的思考型態，並從法家角度說明諸家思想與時代趨勢的適應性。

一、儒家重開禮樂秩序之不足

孔子肯定禮儀象徵的生活意義，欲重開禮樂新機運。基本上，禮樂精神具正面價值。據經書記載實踐禮樂的典型是文王，〔註 65〕《詩經》中提到文王多呈現其道德的崇高面。其曰：

> 穆穆文王，於緝熙敬止。（〈大雅・文王〉）
>
> 維此文王，小心翼翼……厥德不回，以受方國。（〈大明〉）
>
> 維天之命，於穆不已，於乎不顯，文王之德之純。（〈周頌・維天之命〉）

說明文王具有光明之德。至於周天子對諸侯提出的規範，亦以愛民為務。以

〔註64〕據陳槃〈春秋列國交通〉一文，已知春秋時代交通已甚發達。收於《中國上古史待定稿》第三本，中研院史語所。
〔註65〕徐復觀已提出此論點。出處同注9，頁94。

《尚書‧康誥》爲例，據《史記‧衛康叔世家》及《春秋左氏傳‧定公四年》之記載，〈康誥〉乃康叔封衛時成王之誥辭，爲開國方針，影響力普及全國。其曰：「往敷求于殷先哲王，用保乂民。」（〈康誥〉）即勉康叔布求殷先哲王之道用治安民。周以戰勝國而沿用殷之舊，除因體制未備外，其重點更在周公仁心之體現。其曰：

> 外事汝陳時臬司，師茲殷罰有倫。（同上）

> 汝陳時臬事，罰蔽殷彝，用其義刑義殺。（同上）

是告誡康叔凡斷獄應採用殷彝合宜者，不應以私見判決。又言：

> 惟殷之迪諸臣、惟工、及湎于酒，勿庸殺之，姑惟教之，有斯民享。
> （〈酒誥〉）

〈酒誥〉乃周公以成王命告康叔之辭，其中對殷臣染紂惡俗之酗酒習慣採寬容政策。基本上，周天子以戒愼恐懼的心情整飭德性，因而由「仁心」而出發的「禮」具永恆價值。孔子著重此內涵精神，故曰：

> 周鑑於二代，郁郁乎文哉！吾從周。（《論語‧八佾篇》）

夏、殷之禮文獻不足，而鑑於夏殷二代之周制郁郁乎文哉，於是欲將西周的禮制重演於東周，希望恢復「天下有道，則禮樂征伐自天子出」（〈季氏篇〉）的盛況。是以其曰：「文王既沒，文不在茲乎！」（〈子罕篇〉）自覺衰老時則嘆道：「甚矣、吾衰矣！久矣、吾不復夢見周公！」（〈述而篇〉）可見他欲恢復周制的心意。雖然孔子曾提出禮的因革損益，然而只是就禮的外表而言，其曰：

> 林放問禮之本。子曰：「大哉問！禮，與其奢也寧儉；喪，與其易也
> 寧戚。」（〈八佾篇〉）

說明孔子重質的現象，是以禮之制在「莊敬恭順」，禮之經在「著誠去僞」（《禮記‧樂記》）是不可損益的。然周文疲敝之禮樂與儒家禮樂精神歧異，孔子曾批評此變化，譬如季氏乃魯國大夫竟用八佾於家廟，潛禮踰分，孔子憤然而言：「是可忍也，孰不可忍也！」（〈八佾篇〉）又責備管仲僭用國君之樹塞門及行反坫，其曰：「管仲而知禮，孰不知禮！」（同上），並斥魯二桓家祭採天子之雍詩，曰：「『相維辟公，天子穆穆』奚取於三家之堂。」（同上）凡此說明孔子反對不合宜之禮，所謂：「禮云禮云，玉帛云乎哉！樂云樂云，鐘鼓云乎哉！」（同上）道出內心無限感慨。因此，認爲正本清源辦法首應使君臣父子之名位各如其分，提出正名之具體主張，以重興禮樂重整周文。其曰：

子路曰：「衛君待子而爲政，子將奚先？」子曰：「必也正名乎。」
子路曰：「有是哉？子之迂也！奚其正？」子曰：「也哉！由也。君
子於其所不知，蓋闕如也。名不正，則言不順，言不順，則事不成，
事不成，則禮樂不興，禮樂不興，則刑罰不中，刑罰不中，則民無
所措手足。故君子名之必可言也，君子於其言，無所苟而已矣。」
（〈子路篇〉）

陳述「正名」與「順言」、「成事」、「興禮樂」、「中刑罰」，乃至「民有所措手
足」之間的關係。「名正言順」乃爲政必要之條件。有合理之言方可論事行事，
付諸實行。由身體力行順推下去，社會方可臻於郅治。又正名宜言行一致，
孔子曰：「君子名之必可言也，言之必可行也；君子於其言，無所苟而已矣。」
正是此意。

〈顏淵篇〉又載齊景公問政於孔子，孔子回答「君君、臣臣、父父、子
子」，此外作《春秋》亦在警戒亂臣賊子，即如《史記》所云：

夫不通禮義之旨，至於君不君、臣不臣、父不父、子不子。夫君不
君則犯，臣不臣則誅，父不父則無道，子不子則不孝。此四者行，
天下之大過也。以天下之大過予之，則受而弗敢辭。故《春秋》者，
禮義之大宗也。（〈太史公自序〉）

是《春秋》爲人倫極則寶典，叛亂者雖有不讀《春秋》，或雖讀之而見利忘義，
冒危亡而行弒逆。其或僥倖而得逞，然終難逃《春秋》斧鉞之誅。可知孔子
正君臣父子關係之態度，與《禮記》所云：「禮義以爲紀，以正君臣，以篤父
子。」（〈禮運篇〉）之意相當。大抵是從倫理著手，以正心修身。又孔子曾說：
「政者，正也。子帥以正，孰敢不正？」（〈顏淵篇〉）「正」乃從政治而發，
欲執政者由正身而正人。其政治原理基本上是以倫理思想爲基礎動力，應是
其繼承文王、周公愛民精神的發展。

「正」包含正名及正身，故徒具規範而無實際德性，規範即失去作用。
誠如孔子言：「人而不仁，如禮何？人而不仁，如樂何？」（〈八佾篇〉）因而
認爲「克己復禮」則天下歸仁。

依上述，強調名之概念與分之內涵必須配合，方可順理成章以正百事之名，
所以有名必須有實。孟子傳承孔子，雖未言及「名」，但提出「實」字。其曰：

仁之實，事親是也；義之實，從兄是也；智之實，知斯二者弗去是
也；禮之實，節文斯二者是也；樂之實，樂斯二者。（《孟子・離婁

上篇》）

以仁義智禮樂爲名，而分別定之以實，界定了道德意義的名實觀念。其後，荀子指出：

> 名無固宜，約之以命……名無固實，約之以名實。約定俗成，謂之
> 實名。（〈正名篇〉）

說明符號與所指之關係乃由約定俗成而來，並肯定人類可由感官接觸與心官徵知，而察覺事物同異。〔註66〕其論名旨趣在「上以明貴賤，下以辨同異」（同上），大抵是孔子正名思想的發展。

　　基本上，儒家是從宗法制度中發覺禮的精神而導出禮的普遍價值。此價值並不受身分限制，尤其孔子以仁爲禮的精神，是由宗法制度中外在禮的形式束縛，轉化爲人內心自覺主動的守分，可說是對人性之尊重。據此可知，儒家強調禮貴在內外純一。若此，則禮有平治人事之效。反之，若禮徒爲文飾而內心姦僞，則禮之流弊必然產生。春秋戰國時政權之攘奪，即說明此一事實，同時也可印證孔子欲將禮的形式轉化爲人內心自覺的守分，有實踐上的困難。是以有思之士，乃不得不懷疑禮的價值，而起反動之心。至於孔子應是未側重戰國時各國欲富國強兵，速致事功的急功近利心理，因而主張重開禮樂精神。

二、道家超脫禮樂制度之局限

（一）就老子學說而言

　　老子思想是由預設的「道」而開展，對道也有種種的描繪。《老子》說：

> 有物混成，先天地生。寂兮寥兮，獨立而不改，周行而不殆。（第二
> 十五章）

> 道之爲物，惟恍惟惚。惚兮恍兮，其中有象；恍兮惚兮，其中有物。
> 窈兮冥兮，其中有精；其精甚眞，其中有信。（第二十一章）

道爲天地母，形上特質是寂寥、獨立、不改、不殆，似有似無而不可指。視而不見、聽而不聞、搏之不得（十四章），又非一無所有，故「其中有精」。道爲創生萬物本源，然本身卻爲虛空無爲狀態。老子曰：

> 道沖而用之，或不盈，淵兮似萬物之宗。（四章）

〔註66〕　〈正名篇〉曰：「心有徵知。徵知，則緣耳而知聲可也，緣目而知形可也，然
　　　　　而徵知必將綜天官之當簿其類然後可也」。

　　　　天地之間，其猶橐籥乎！虛而不屈，動而愈出。（五章）

說明道柔弱，但作用無窮。道創生萬物而又不支配萬物，落於現象界是法其
虛空、柔弱，運用於政治就在無為。故曰：「我好靜，而民自正……我無欲，
而民自樸。」（五十七章）是以老子不同慎子以無知為道，而是法道之虛靜。
因此，唐君毅先生指出，道家並非棄知去己與物俱轉，〈天下篇〉評老子曰：
「人皆取先，己獨取後；人皆取實，己獨取虛；心皆求福，己獨取全。」是
有「己」而有所擇取。至莊子則更達到「與造物者游，而天地之精神相往來。」
〈天下篇〉的至人、真人、神人、聖人境界。

　　根據上述，道家以自然為法，著重人格的自由伸展，反對外在名言的束
縛，誠如《莊子・應帝王》「鑿渾沌」的著名寓言，深刻展現自然無為的重要。
事實上，老子深知文明世界存在名言規範中，誠如荀子於〈正名篇〉所謂的
「約定俗成」以分辨同異。不過，老子要求反歸無名系統中，嘗曰：「道常無
名樸」（三十二章）、「道隱無名」（四十一章）老子曰：

　　　　始制有名，夫亦將知止，知止可以不殆。（三十二章）

王弼注「始制，官長不可不立名份以定尊卑，故始制有名也。」意指「始制
有名」的名是區分尊卑名分的名，是名號亦是名位。因萬物品狀各異，名遂
產生。始制有名前，須衡定制名之標準，屬知識範疇。名定之後，物既有別，
是衍生危殆、紛爭的根源，故老子提出「知止可以不殆」，此則涉及欲念。以
下根據上述制名前後發生的關鍵性問題分析老子的態度。

　　1. 就知識範疇言：

　　名依照一定認知標準設立，老子曰：

　　　　天下皆知美之為美，斯惡矣；皆知善之為善，斯不善矣。故有無相

　　　　生，難易相成，長短相較，高下相傾，音聲相和，前後相隨。（二章）

說明美惡的事端或概念乃對待而生。判定何者為善為美時，醜陋、不善的概
念亦相對而生。有無是相對而生，難易是相較而成，長短是相形而有，高下
是相傾而立，前後是相隨而分。此意味名成於某種特定、相對的認定方式，
人是自身陷入一主觀認知的界域。老子並不肯定相對的認知，檢索《老子》
文獻，大抵可歸納其因有二：一是相對觀念無絕對性。老子說：

　　　　唯之與阿，相去幾何？美之與惡，相去若何？（二十章）

唯阿、美惡是泛指上下、貴賤、高低等概念，其形成並無準的，判定基準常
隨觀點改變而變化。其次，則是人類認識能力有限。老子說：

　　　　禍兮福之所倚，福兮禍之所伏。（五十八章）

　　　　物或損之而益，或益之而損。（四十二章）

禍福輪轉、萬物損益，人之感觀思維無法掌握。況且現象界有名實不符情況，
其曰：

　　　　信言不美，美言不信。善者不辯，辯者不善。知者不博，博者不知。

　　（八十一章）

信實之言多尚直樸，甘美之言多尚華飾；善人不巧辯，巧辯之人不良善；知
者不廣博，廣博者則不深入。無庸諱言，此說流於偏執，不過，老子暗示事
物表象與內在實質不一致的現象，基本上已透露人類認知的有限性。

　　老子對人類知識能力的懷疑不信賴態度，根源於人類力量的有限。其曰：

　　　　飄風不終期，驟雨不終日，孰爲此者？天地。天地尚不能久，而況

　　　　於人乎？（二十三章）

　　　　天下神器，不可爲也，不可執也。爲者敗之，執者失之。夫物或行

　　　　或隨，或歔或吹；或強或羸，或載或隳。（二十九章）

天地指自然界，其同義詞有「天地不仁」、「天地之間，其猶橐籥乎？」（五章）、
「天地相合，以降甘露，民莫之令而自均。」（三十二章）等句之「天地」，
至於「天長地久。天地所以能長且久者，以其不自生。」（七章）則以天地爲
道的代稱或產物，二者應加以區別。自然界威力大，仍無法使風雨長久，在
此對比下，人類力量之不足可想而知。老子並以人類資性爲例，有行、隨、
歔、吹、強、羸、載、隳等不同秉性，個人主觀能力不能使其劃一，可見天
下神器更非吾人之力所能掌握。所以老子以「物」喻人，對人實不高估。反
觀孔子嘗曰：「吾十有五而志於學，三十而立，四十而不惑，五十而知天命，
六十而耳順，七十而從心所欲不踰矩。」（《論語・爲政篇》）肯定人爲努力可
臻至一定成果。在此比較衡定下，凸顯老子的否定人爲。是以，當人類制「名」
作爲溝通媒介，老子則講「希言自然」（二十三章），無視一切的名言概念。

2. 就欲念形成言

　　前述已提及老子認爲名既有則當知止。易言之，仕循名忘樸，逐末捨本
下，將曳引人類心靈離眞樸自然之道。有關「名」的危殆，老子曾說：

　　　　不尚賢，使民不爭；不貴難得之貨，使民不爲盜；不見可欲，使民

　　　　心不亂。（三章）

甚愛必大費，多藏必厚亡。（四十四章）

換言之，心亂根源在尚賢、貴貨。賢才異能、財貨名利皆是人所賦予的「名」，是導致社會爭逐衝突，形成攘奪心念的原因。老子認爲心有「心善淵」（八章）與「心使氣」（五十五章）之別。百姓持有自然自化的心理狀態，是「心善淵」之心。人之精神局限於妄動、營謀中，是「心使氣」之心。名在心相對價值觀下制定，有一定成見，心執著於名，即是「心使氣」。老子提出斧底抽薪辦法爲「無名」。其曰：

化而欲作，吾將鎮之以無名之樸；無名之樸，夫亦將無欲。（三十七章）

所謂「化而欲作」，是與生俱來的官能欲求在物外牽引中漸自外露。然欲求之爲大患，是在名號紛立，心知起執成爲可欲後。是以，老子講無欲並非否定人類基本生理本能，而是否定名，即反對將心知加諸於自然欲望上。

老子從批判名言又不遺餘力抨擊仁義，根本理由就是洞見人類心靈對名言的執著。老子曰：

絕聖棄智，民利百倍；絕仁棄義，民復孝慈；絕巧棄利，盜賊無有。

此三者以爲文，不足。故令有所屬：見素抱樸，少私寡欲，絕學無憂。（十九章）

仁義本爲善行，一旦標舉仁義禮智，反將成眾人爭競目標，或有心機者爲剽竊仁義之名，演成「大道廢，有仁義。智慧出，有大僞。六親不和，有孝慈。國家昏亂，有忠臣。」（十八章）的諷刺。由於社會多肯定仁義、大僞、孝慈、忠臣，殊不知上述諸端只是果，是在國家昏亂、六親不和的因緣中所形成。老子所謂「夫禮者，忠信之薄而亂之首」（三十八章）是有見於禮樂之治的大流弊。儒家傳承禮樂，又往往繁飾禮樂，徒有外在俛仰周旋之禮儀而已。誠如孔子所言「人而不仁如禮何？人而不仁如樂何？」（《論語‧八佾篇》）「禮云禮云，玉帛云乎哉？樂云樂云，鐘鼓云乎哉？」（〈陽貨篇〉）禮徒具儀節虛文，而無禮之本。禮演爲繁文縟節之禮俗，反成爲矯揉造作，適足以桎梏人類生命。所以老子認爲不如絕棄仁義虛名，恢復天性自然。在此時代背景下，老子之反仁義禮樂，不如說是超世俗之仁義禮樂，即大仁大義之追求。老子並主張無知、棄智、絕學，因其認爲一切巧詐都由心智產生。嚴復、陳鼓應等學者曾據此評老子，其質疑理由：一是絕學將導致處憂不知的盲點。其次，

是忽略「智」「學」可引人向上、導人向善的趨途。﹝註67﹞人類文明不可能開絕學無文反歷史而動的倒車。不過，老子是站在批判社會執著虛僞名言概念的立場所提出的治方。因而主張無名消解心知，從一切虛妄相對的名言系統中超拔。

（二）就莊子學說而言

莊子的政治理想在「無爲」、「不爭」，這是承自老子的「道」，並進一步開展的論點。莊子對道闡述曰：

> 寂漠無形，變化無常。死與生與？天地並與？神明往與？芒乎何之？忽乎何適？萬物畢羅，莫足以歸。古之道術有在於是者，莊周聞其風而悦之。（〈天下篇〉）

> 夫道，有情有信，無爲無形，可傳而不可受，可得而不可見。自本自根，未有天地，自古以固存。神鬼神帝，生天生地。在太極之先，而不爲高；在六極之下，而不爲深。先天地生，而不爲久；長於上古，而不爲老。（〈大宗師〉）

莊子視道爲宇宙根本，是無所不在無時不有，而且至大無形。其對道的無所不在有更詳細的說明，他說：

> 東郭問於莊子曰：「所謂道惡乎在？」莊子曰：「無所不在。」東郭子曰：「期而後可。」莊子曰：「在螻蟻。」曰：「何其下邪？」曰：「在梯稗。」曰：「何其愈下邪？」曰：「在瓦甓。」曰：「何其愈甚邪？」曰：「在屎溺。」東郭子不應。莊子曰：「夫子之問也，固不及質。正獲之問於監市履狶也，每下愈況。汝唯莫必，無乎逃物。」
> （〈知北遊〉）

說明道潛存於萬物之中，無物不具有道。在道可通萬物的前提下，莊子說：

> 物固有所然，物固有所可。無物不然，無物不可，⋯⋯其分也，成也。其成也，毀也。凡物無成無毀，復通爲一。（〈齊物論〉）

其意說明萬物得道之一體以發展，但就道的觀點視萬物，則無物不然，無物不可。就物的自身而言有成有毀，但就道的觀點而言，一事物的消解，則爲另一新事物之組成。因此，若有萬物一體的看法，則能無所執，而擺脫一切

﹝註67﹞嚴復說：「絕學固無憂，顧其憂非眞無也。處憂不知，則其心等於無耳。⋯⋯」轉引自陳鼓應《老子註釋及評介》頁138。陳鼓應說：「老子主張無知、棄智，⋯⋯但是他忽略了智和學也可引人向上，導人向善的趨途。」同上書，頁47。

外在束縛。至於莊子齊萬物的理由，可就以下三點說明：〔註68〕

1. 就性分而言，萬物皆齊等。莊子說：

> 天下莫大於秋毫之末，而泰山爲小；莫壽乎殤子，而彭祖爲夭。（〈齊物論〉）

成玄英疏曰：

> 夫物之生也，形氣不同，有小有大，有夭有壽，若以性分言之，無不自足。

說明萬物之生，形氣雖有小大、夭壽之殊，若以性分言之，則無不足。毫末成爲毫末，必具備成爲毫末之條件，其性分並無不足。泰山成爲泰山，其性分亦無所餘。由此觀點視之，萬物莫不均等。

2. 就功用價值而言，萬物齊等。莊子說：

> 以道觀之，物無貴賤；以物觀之，自貴而相賤……以功觀之，因其所有而有之，則萬物莫不有；因其所無而無之，則萬物莫不無。知東西之相反，而不可以相無，則功分定矣。（〈秋水篇〉）

其意說明自物的觀點視之，則物有貴有賤；自道的觀點視之，則萬物皆得道之一端，各有其用，而無貴賤之分。

3. 就變化而言，萬物齊等。莊子說：

> 故萬物一也，是其所美者爲神奇，所惡者爲臭腐，臭腐復化爲神奇，神奇復化爲臭腐，故曰：通天下一氣耳！（〈知北遊〉）

說明今爲臭腐之物，明日化爲神奇之物；今爲神奇之物，明日則化爲臭腐，所以不應以一時之狀態而定其貴賤。萬物無時不在變化中，萬物實爲齊等無高下之分。倘若據萬物之一端以立論，或定其優劣，則易生敝障。故莊子舉例說：

> 朝菌不知晦朔，惠蛄不知春秋，此小年也。楚之南由冥靈者，以五百歲爲春，五百歲爲秋；上古也大椿者，以八千歲爲春，八千歲爲秋，此大年也。而彭祖乃今以久特聞，眾人匹之，不亦悲乎？（〈逍遙遊〉）

常人以彭祖爲壽，殤子爲夭。但以彭祖與冥靈大椿相比，則彭祖猶爲夭。以殤子與朝菌、惠蛄相比，則殤子亦爲壽。其意實說明世俗拘於時間長短或形

〔註68〕 參見韋政通《中國思想史》上冊，頁184至187。（水牛出版社，民國76年出版。）及吳豐年〈莊子思想之研究〉頁40至43。收入《國立師範大學國文研究所集刊》第十八集。

體大小之敝陋。因此，莊子認爲一切是非、大小、高下、善惡、美醜等區別，原無一客觀標準，多出自個人成見。因個人材性不同，對於一事物之感受，自然不一致。是以以個人主觀意識所定之是非，並非眞是非。莊子說：

> 民濕寢則腰疾偏死，鰌然乎哉？木處則惴慄恂懼，猨猴然乎哉？三者孰知正處？民食芻豢，麋鹿食薦，蝍且甘帶，鴟鴉耆鼠，四者孰知正味？猨猵狙以爲雌，麋與鹿交，鰌與魚游。毛嬙麗姬，人之所美也，魚見之深入，鳥見之高飛，麋鹿見之決驟，四者孰知天下之正色哉？自我觀之，仁義之端，是非之塗，樊然殽亂，吾惡能知其辯？（〈齊物論〉）

其意說明就居處而言，則人類、魚、猿猴等，各有其所安之處。就食味而言，則人類、麋鹿、鴟鴉及蝍且等，各有所好之味，可知物類之間各有差異。以此類推，則儒家言仁義，亦只是出自主觀之認定而已。

至於如何超越主觀之束縛？莊子認爲必需冥合天地萬物，與宇宙合爲一體。他說：

> 若夫乘天地之正，而御六氣之辯，以遊無窮者，彼且惡乎待哉？故曰：至人無己，神人無功，聖人無名。（〈逍遙遊〉）

說明能順應萬物的自然變化，則可無待，而至至人、神人、聖人境界。所以莊子說：

> 聖人不從事於務，不就利、不違害、不喜求、不緣道，無謂有謂，有謂無謂，而遊乎塵埃之外。（〈齊物論〉）
>
> 至人神矣，大澤焚而不能熱，河漢沍而不能寒，疾雷破山，飄風振海，而不能驚。若然者，乘雲氣，騎日月，而遊乎四海之外，死生無變於己，而況利害之端乎？（同上）

聖人順其自然，不就利、不違害、不喜求、不緣道，大澤焚而不能熱，河漢沍而不能寒，疾雷破山，飄風振海，而不能驚。即描繪至人、神人及聖人超脫一切束縛後，精神自由逍遙之狀態。

在莊子人生哲學基礎下發展的政治理想是不爭與無爲，即一切遵循自然之道，任物之自化，而不妄加干涉。莊子曾打比方說明統治者順任自然的重要，他說：

> 南海之帝爲儵，北海之帝爲忽，中央之帝爲渾沌。儵與忽時相與遇於渾沌之地，渾沌待之甚善。儵與忽謀報渾沌之德，曰：「人皆有七

竅，以視聽食息，此獨無有，嘗試鑿之。」日鑿一竅，七日而渾沌
死。（〈應帝王〉）

陳鼓應先生指出，此一寓言以渾沌比喻真樸的人民。「日鑿一竅，七日而
渾沌死」，暗示為政者設法，繁擾之政舉反將人民置於死地。故以渾沌之死，
比喻有為之統治者給人民帶來之災害。〔註69〕此外，莊子又言：

馬，蹄可以踐霜雪，毛可以禦風寒，齕草飲水，翹足而陸，此馬之
真性也。雖有義臺路寢，無所用之。及至伯樂曰：「我善治馬。」燒
之、剔之、刻之、雒之，連之以羈馽，編之以皁棧，馬之死者十二
三矣。飢之、渴之、馳之、驟之、整之、齊之，前有橛飾之患，而
後有鞭筴之威，而馬之死者已過半矣。陶者曰：「我善治埴，圓者中
規，方者中矩。」匠人曰：「我善治木，曲者中鉤，直者應繩。」夫
埴木之性，豈欲中規矩鉤繩哉？然且世世稱之曰「伯樂善治馬，而
陶匠善治埴木」，此亦治天下者之過也。（〈馬蹄篇〉）

此寓言說明馬兒齕草飲雪、隨意奔馳乃其天性。然而，遭到燒剔刻雒等規範束
縛，則馬兒喪失天性遂易死亡。其主旨實在抨擊統治者對人民之種種政教措施，
就如同馬兒所遭受「橛飾之患」及「鞭筴之威」，主張應放任自然而生活。

因此，莊子強調為政者應無為，他說：

故君子不得已而臨莅天下，莫若無為。（〈在宥篇〉）

陽子居見老聃，曰：「有人於此，嚮疾強梁，物徹疏明，明道不勌。
如是者，可比明王乎？」……老聃曰：「明王之治，功蓋天下而似不
自己，化貸萬物而民弗恃。有莫舉名，使物自喜；立乎不測，而遊
於無有者也。」（〈應帝王〉）

所謂「化貸萬物而民弗恃」，成玄英說「百姓皆謂我自然，不賴君之能」，林
希逸也說：「此朝野不知而帝力何加之意。」說明「明王」順任自然，無功名
之心，能與天地萬物冥合。因此認為：

道德不廢，安取仁義，性情不離，安用禮樂？……毀道德以為仁義，
聖人之過也。（〈馬蹄篇〉）

即說明為政者制禮樂或為仁義，多是有為之過，各種詐偽、爭奪反而不得平
息。至於莊子建構的理想社會，是沒有仁義不知忠信，而人民卻都相愛和樂。

〔註69〕 參見陳鼓應註譯《莊子今註今譯》頁232。商務印書館，民國81年出版。

他說：

> 故至德之世，其行塡塡，其視顚顚。當是時也，山無蹊隧，澤無舟
> 梁，萬物群生，連屬其鄉，禽獸成群，草木遂長，是故禽獸可係羈
> 而遊，鳥鵲之巢可攀援而闚。夫至德之世，同與禽獸居，族與萬物
> 並，惡乎知君子小人哉？同乎無知，其德不離，同乎無欲，是謂素
> 樸，素樸而民性得矣。（〈馬蹄篇〉）

> 子獨不知至德之世乎？……當是時也，民結繩而用之，甘其食，美
> 其服，樂其俗，安其居，鄰國相望雞狗之音相聞，民至老死不相往
> 來。若此之時，則至治已。（〈胠篋篇〉）

人民與鳥獸爲伍，與草木同生，萬物並生而不相害，遂無詐僞之心，而與天
地萬物合爲一體。

　　事實上，莊子言論不免有偏頗之處，汪大華先生即指出莊子學說甚至發
展爲棄世思想。〔註70〕是以莊子曾辭楚聘，不願入宦途官位，如：

> 莊子釣於濮水。楚王使大夫二人往先焉，曰：「願以竟內累矣。」莊
> 子持竿不顧，曰：「吾聞楚有神龜，死已三千歲矣，王巾笥而藏之廟
> 堂之上。此龜者，寧其死爲留骨而貴乎？寧其生而曳尾於塗中乎？」
> 二大夫曰：「寧生而曳尾塗中。」莊子曰：「往矣，吾將曳尾於塗中。」
> （〈秋水篇〉）

又如：

> 惠子相梁，莊子往見之。或謂惠子曰：「莊子來，欲代子相。」於是
> 惠子恐，搜於國中三日三夜。莊子往見之，曰：「南方有鳥，其名爲
> 鵷鶵，子知之乎？夫鵷鶵發於南海而飛於北海，非梧桐不止，非練
> 實不食，非醴泉不飲。於是鴟得腐鼠，鵷鶵過之，仰而視之，曰：『嚇！』
> 今子欲以子之梁國而嚇我耶？」（〈秋水篇〉）

可知莊子視卿相爵位如腐鼠，鄙薄世俗之功名事業。雖其是爲我而養性全身，
不諱言這也是極端的自私行爲。

　　其說與戰國時代一切新觀念、新制度紛紛產生的環境背道而馳，有實踐
上的困難。不過，舉凡針砭人爲的可能、追求絕對逍遙等，亦爲矯正社會執
著虛僞功利而發，有時代意義。

〔註70〕參見汪大華〈莊子之逃避政治思想〉一文，收入《東方雜誌》復刊第二卷第 3
　　　　期。

三、墨家反對禮樂儀文之偏頗

　　面對戰國諸侯國之攻伐兼併，禮樂文制淪爲虛文形式，墨子提出「兼愛」學說以求解決治亂問題。正如孟子所言：「墨子兼愛，摩頂放踵利天下爲之。」最能道出墨家精神。〔註71〕墨子認爲欲平天下之亂，須察亂之源。故曰：

　　　　聖人以至天下爲事者也，不可不察亂之所自起。當察亂何自起？起不相愛……子自愛，不愛父，故虧父而自利……諸侯各愛其國，不愛異國，故攻異國以利其國。」（〈兼愛上〉）

墨子認爲亂之源在不能兼愛。「兼」之義與「別」對立，故曰：「兼以易別」（〈兼愛下〉）。是欲改易人類自私自利之心，以至「老而無妻者，有所持養以終其壽；幼弱孤童之無父母者，有所放依以長其身。」（同上）此論驟視之與儒家無甚差異，其實不然。〔註72〕儒家言「親親之殺，尊賢之等」，有所謂度量分界，然墨家則強調平等，其言愛是「愛人，待周愛人，然後爲愛」（〈小取〉）主張周遍平等之愛。至於其兼愛之價值則植基於「義」。〔註73〕其曰：

　　　　萬事莫貴於義。（〈貴義〉）

　　　　義者，天下之大器也。（〈公孟〉）

　　　　天下有義則生，無義則死，有義則富，無義則貧，有義則治，無義則亂。（〈天志上〉）

將義視爲天下萬事中最爲重要者，有義則生、富、治，無義則死、貧、亂，可見其視義爲人類之價值根源。與墨子同時之人將義視爲墨子學說的特色，如〈魯問〉篇記載吳慮與墨子問答，可知義爲墨子所恆言；〔註74〕又〈貴義〉篇記載墨子故友之言，可凸出墨子孳孳爲義之形象。〔註75〕而義之意義爲「利」，所謂

〔註71〕近世如張惠言曰：「墨之本在兼愛」（見於〈書墨子經解說後〉一文，收入孫詒讓《墨子閒詁》一書之附錄。）梁啓超言：「墨家唯一之主義曰：兼愛」（見《先秦政治思想史》頁134。東大圖書公司，民國76年出版。）徐復觀言：「墨子的思想是以兼愛爲中心而展開的」（見《中國人性論史》頁318，商務印書館77年出版）

〔註72〕參見梁啓超《先秦政治思想史》頁135。東大圖書公司，民國76年出版。

〔註73〕陳拱已提出墨子學說中比兼愛更根本之理念爲「義」。參見《儒墨平議》頁200，商務印書館，民國77年出版。

〔註74〕〈魯問篇〉記載：「吳慮謂子墨子曰：『義耳義耳，焉用言之哉！』……子墨子曰：『天下匹夫徒步之士，少知義。而教天下義者，功亦多，何故弗言。若得鼓而進於義，則吾義豈不益進哉！』」

〔註75〕〈貴義篇〉記載，其故友曰：「今天下莫爲義，子獨自若而爲義，子不若已！」

「義，利也」（〈經上〉）可知。故墨子之「義」實含攝愛與利二者，〔註76〕《墨子》書中即恆以愛、利並舉。如：「兼相愛，交相利」（〈兼愛下〉），「愛利萬民」（〈尚賢中〉）等不勝枚舉。

兼愛之愛含有兼利之利的設想，所謂「天下無愛不利，子墨子之言也。」（〈大取〉）對墨子而言，兼愛有其客觀實效的功利傾向。這與儒家言仁愛，具有人性道德之自我覺醒的本質殊異。由於墨子重利，一切事情以「中不中萬民之利？」爲考量基準，〔註77〕對儒家禮樂看法亦然。墨子對禮樂之批評，集矢於厚葬久喪之傳統文制。

〈節葬下〉是專門批評厚葬久喪的言論，其揭出批判的基準，即爲天下萬民之三利：富、眾、治三者。〔註78〕能合乎此三利，則厚葬久喪有其必要，否則便應反對。其論證理由有三：一是厚葬「多埋賦財」，久喪「久禁從事」，必害於求富。墨子言：

> 細計厚葬爲多埋賦之財者也，計久喪爲久禁從事者也。財以成者，扶而埋之；復得生者，而久禁之，以此求富，此譬猶禁耕而求穫也。

二是久喪使人羸弱多病易於死亡，並且久禁男女相見，故必有害於求眾。墨子言：

> 若法若言，衍若道，苟其飢約又若此矣，是故百姓冬不仞寒，夏不仞暑，作疾病死者不可勝計也，此其爲敗男女之交多矣，以此求眾，譬猶使人負劍而求其壽也。

三是久喪使上下不能聽治，因而刑政必亂，此必害於求治。墨子曰：

> 使爲上者行此，則不能聽治；使爲下者行此，則不能從事。上不聽治，刑政必亂；下不從事，衣食之財必不足……是故盜賊眾而治者寡。夫眾盜賊而寡治者，以此求治，譬如使人三環而毋負己也。

因此，依墨子實利眼光，喪禮應修改爲薄葬短喪，其曰：

> 棺三寸，足以朽骨；衣三領，足以朽肉。掘地之深，下無菹漏，氣無發洩於上，壟足以期其所則止矣，哭往哭來反從事乎衣食之財。伴乎祭祀，以致孝於親。

墨子回答：「今天下莫爲義，則子如勸我者也，何故止我！」
〔註76〕同注73，頁138。
〔註77〕如墨子常言：「中國家百姓萬民之利」（〈非命下〉）「反中民之利」（〈非樂上〉〈非攻下〉）
〔註78〕同註73，頁53。

棺三寸，衣三領，所費不多爲節儉之喪禮，而定喪制爲「三日之喪」（〈公孟〉）百姓可在短期之內重回生產行列，對民生經濟不至影響過大。墨子以爲如此，方可成全天下之利。然而，卻不知薄葬短喪已妨害人道之體現。〔註 79〕《論語》曾載：

> 宰我問三年之喪。「期已久矣！君子三年不爲禮，禮必壞；三年不爲樂，樂必崩……期可已矣！」子曰：「食夫稻、衣夫錦，於女安乎？」……（〈陽貨篇〉）

孔子以「於女安乎？」直叩內心。面對親喪而薄之，於心必有不忍，此即人之所以爲人之「仁」。換言之，儒家厚葬久喪實爲體現孝心。墨子以現實之利爲判斷準則，所以未能進入道德層次，只落於現實之利的層面。《荀子》曰：「事生不忠厚、不敬文，謂之野；送死不忠厚、不敬文謂之瘠。君子賤野而羞瘠。」（〈禮論篇〉）用以言墨子之薄葬短喪頗爲恰當。

　　墨家視儒家禮樂是浮文無用之物，所謂「繁飾禮樂以淫人」（〈非儒下〉），故不解禮制文物之價值，此觀點於〈非樂〉篇講述的更爲明白。〈非樂〉篇開宗明義即提出以義利爲批判標準，而曰：「仁之事者，必務求興天下之利，除天下之害，將以爲法乎天下，利人乎即爲，不利人乎即止。」是其對音樂享樂之優劣以「興利除害」來衡定。

　　〈非樂〉篇舉出爲樂之害，認爲王公大人之爲樂須有樂器，造樂器又必厚斂萬民，而樂器不比舟車，對人民一無所用，勢必形成浪費民財現象。又王公大人之爲樂，以撞鐘爲例，必使年輕力壯者爲之，勢必妨害民力之生產。況且王公大人之爲樂，不能獨樂，須與人共樂，故必浪費官吏之時間，使其不得聽治。此外，王公大人爲樂須養樂工，所養樂工須食以粱肉、衣以文繡，方能悅其耳、目、心意，浪費民財、民力與民時。學者曾歸納以上所述之要點有二：一是指當時王公大人之爲樂，必浪費民財、民力與民時。二是社會上下之人爲樂，必至荒廢原有之分事。〔註 80〕墨子非樂，深信樂足以廢事，而無利天下。由於純自功利主義觀點立論，故其結論爲：「今天下士君子，請欲求興天下之利，除天下之害，當在樂之爲物將不可不禁而止也。」

　　至於儒家正樂目的在感發人性之善端。正如《禮記》所言：「夫樂者，樂也。……故人不耐（能）無樂，樂不耐（能）無形。形而不爲道，不耐無亂。

〔註79〕同註 73，頁 48 至 53。
〔註80〕同註 73，頁 75。

先王恥其亂也，教制雅、頌之聲以道之，使其聲足樂而不流，使其文足論而不息，使其曲、直繁瘠，廉、肉節奏，足以感動人之善心而已矣。」（〈樂記〉）以爲樂之功用，無論在個人修養或治理天下多不可或缺。

　　基本上，墨子以義利立場非斥儒家，故禮樂文化之意義與價值皆爲其所忽略。依其義利理論禮樂固不足治國，所以提出一套兼愛學說思以平治天下。

四、儒墨道諸家思想不足以應世

　　以上儒道墨諸家多提出一套救世理論，但多有時代的局限性，韓非亦有所批評。

（一）就儒家思想而言

　　孔子肯定禮樂精神，然而不可諱言，於禮壞樂崩時代，亦有徒飾禮樂節文，不知禮樂實質之儒者，公孟子即此類小儒。墨子於〈公孟篇〉言「公孟子載章甫、搢忽（笏）、儒服見墨子」一段及「公孟子以爲君子必古言服然後仁」一段，陳述道古言、穿古服並非踐仁工夫。足見識解不高之儒生學習禮樂，以致生命外在化。墨子並進而言：「且夫繁飾禮樂以淫人……倍本棄事而安怠傲，貪於飲食，惰於作務，陷於飢寒，危於凍餒，無以違之。」（〈非儒下篇〉）更說明儒者無力從事民生工作，呈現小儒拘於外在禮樂的社會流弊。

　　而且春秋戰國時期，貴族沒落、井田崩潰，禮不僅蛻退爲虛文，並且有所不足。誠如牟宗三先生所言「君、士、民俱得解放，實表示政治格局要向客觀化的趨勢走，在完成一個客觀化的政治格局之趨勢中，實開闢出一個領域，非禮文倫常親親尊尊所能盡。」〔註81〕

　　由於儒家思想主要從人類道德上建基，而後擴而充之，由修身齊家，而治國、平天下，以達於全人類。其對政治秩序之關懷是建立在內聖工夫與外王事業的結合上，而其表現始於倫理關係。因此，費孝通先生對我國社會曾作這樣的形容：

> 好像把一塊石頭丟在水面上所發生的一圈圈推出去的波紋……被圈
> 子的波紋所推及的就發生聯繫。〔註82〕

認爲儒家考究之人倫，即「從自己推出去的和自己發生社會關係的那一群人

〔註81〕參見牟宗三《政道與治道》第二章，頁38。學生書局，民國80年出版。
〔註82〕參見費孝通《鄉土中國》頁24。作者自印本。

裏所發生的一輪輪波紋的差序。」至於儒家關係始於家庭而不止於家庭，其特色就如梁漱溟先生《中國文化要義》所言，是「尊重對方」。因此，「中國沒有個人觀念」，「瀰天漫地是義務觀念，在西洋世界上卻活躍著權利觀念。」〔註83〕然而，在戰國瀰天漫地是富國強兵之自利觀念下，韓非學說最能吻合時代需要。儒家重倫理，由內聖而外王之訴求，難速致事功，有實踐上之困難。因此，韓非批評說：

> 國平養儒俠，難至用介士，所利非所用，所用非所利。是故服事者簡其業，而游學者日眾，是世之所以亂也。（《韓非子·五蠹篇》）

所謂「所利非所用，所用非所利」，是認為儒家明據先王，必定堯舜，是以文亂法，人主從之，則足以亂法禁而害耕戰，是不切功用，為無參驗的愚誣之學。

（二）就道家思想而言

道家之治道於個人意識與生命中或可起指導作用，然而於實際運作上，卻具有超政治之意義。《莊子·田子方》有文王寄臧丈人為政，以「其釣莫釣」之記載。主張玄默無為，而「列士壞植散群，長官者不成德，斔斛不敢入於四竟。」（〈田子方〉）其意說明無為之治則列士不立朋黨，長者不顯功德，他國之度量衡不再進入四境，呈現全國同心協力之理想。然文王於陳述時乃假托夢境以舉臧丈人，說明其境界之不可及。

基本上，道家思想超越了歷史文明的發展。卡西勒《人論》一書中，曾提出人的典型特徵在運用符號，創造「符號的宇宙」即「人類文化的世界」。以表情達意之媒介——語言文字為例，人類有與生俱來的運用能力。〔註84〕陳澧亦言：

> 蓋天下事物之象，人目見之則心有意，意欲達之則口有聲。意者，象乎事物而構之者也；聲者，象乎意而宣之者也。聲不能傳於異地、留於異時，於是乎書之為文字。文字者，所以為意與聲之跡也，未有文字，以聲為事物之名，既有文字，則文字為事物之名。（《東塾讀書記》卷十一〈子學〉）

所謂「人目見之則心有意」，大抵包括《荀子·正名篇》所言之「天官」。〔註85〕

〔註83〕參見梁漱溟《中國文化要義》頁92，里仁書局，民國71年出版。
〔註84〕詳見卡西勒著，結構群審譯《人論》頁106，結構群出版社，民國78年出版。
〔註85〕《荀子·正名篇》曰：「緣天官，凡同類同情者，其天官之意物也同，故比方

由感官之接觸及心官之徵知，可察覺事物同異。換言之，萬物之靈具有以名舉實之本能。所以對於維繫社會人類相處關係之名言，更隨文明進展與文化累積而日趨繁複。因此，在各國轉相攻伐，競於攘奪之背景下，道家超脫現實，於實際運用上有必然之困難。故韓非評道家說：

> 世之所謂烈士者，離眾獨行，取異於人，爲恬淡之學，而理恍惚之言。
> 臣以爲恬淡，無用之教也。恍惚，無法之言也；言出於無法，教出於
> 無用者，天下謂之察。臣以爲人生必事君養親。事君養親不可以恬淡；
> 人生必言論忠信法術，言論忠信法術不可以恍惚。（〈忠孝篇〉）

是認爲道家恬淡恍惚乃無法之用。

（三）就墨家思想而言

爲有效達成「興天下之利，除天下之害」的兼愛理想，墨子構想一套神權統治理論解決此一政治問題。是以墨子將天志的超越權威與人間的權威連爲一體，而曰：

> 今天下之士君子，皆明於天子之正天下也，而不明於天之正天子也。
> 是故古之聖人明以此說人曰，天子有善，天能賞之，天子有過，天
> 能罰之。（〈天志上〉）

在此前提下，下位者服從上位者乃天經地義的必然現象，所謂「上之所是，必亦是之。上之所非，必亦非之。己有善，傍薦之。上有過，規諫之。尙同義其上，而毋有下比之心。」（〈尙同中〉）即呼籲百姓，天子有「壹同天下」之任務，人民應與之配合，必須同乎上。此說事實上是建立一絕對權威的統治。在下位者同乎上，層層上升至於天子。而天子則應同乎誰？墨子以爲應服從天志，所謂「天子總天下之義以上同於天」（〈尙同下〉）即此意。墨子既以天志爲最高價值規範，故曰：

> 我有天志，譬若輪人之有規，匠人之有矩。輪匠執其規矩，以度天
> 下之方圓，曰，中者是也，不中者非也。（〈天志上〉）

至於天之意爲何？〈天志〉一文中有申述，其曰：

> 天之意不欲大國之攻小國也，大家之亂小家也。（〈天志中〉）
> 順天意者，兼相愛，交相利，必得賞。反天意者，別相惡、交相賊，

之疑似而通，是所以共其約名以相期也……心有徵知。徵知，則緣耳而知聲
可也，緣目而知形可也，然而徵知必將綜天官之當薄其類然後可也，五官薄
之而不知，心徵知而無說則人莫不然謂之不知，此所緣而以同異也」。

必得罰。(〈天志上〉)

順天之意何若？曰：兼愛天下之人。(〈天志下〉)

是由天志要求「兼愛」，進而極力抨擊當時的攻伐風氣，直斥爲盜賊行徑，所謂「今有一人，入人園圃，竊人桃李，眾聞則非之，上爲政者得則罰之。此何也？以虧人自利也。至攘人犬豕雞豚者，其不義又甚入人園圃竊桃李，是何故也？以虧人愈多，其不仁茲甚，罪益厚……當此，天下之君子皆知而非之，謂之不義。至大爲攻國，則弗知非，從而譽之，謂之義。此可謂知義與不義之別乎？」(〈非攻上〉)

基本上，由於「古者封國於天下，尚者以耳之所聞，近者以目之所見，以攻戰亡者，不可勝數。」(〈非攻中〉)所以戰爭攻伐於義不可，於利無得，乃天下大害。遂有上同於天之政治主張，且此說流於專制，應可獲得國君重視。然其非攻兼愛理論對於富國強兵並無實效，且與戰國競於攘奪，轉相攻伐之時勢杆格不入，很難獲得國君青睞。故韓非批評說：

國平養儒俠，難至用介士。(〈五蠹篇〉)

是以儒服、帶劍者眾，而耕戰之士寡。(〈問辯篇〉)

所謂俠者應是指墨家，墨家本來就有「摩頂放踵，利天下爲之」(《孟子·盡心篇上》)的救世精神，墨子也說：「士，損己而益所爲」(《墨子·經上》)，《史記》則說俠者「不愛其軀，赴士之阨困」(〈游俠列傳〉)。所以墨近於俠，當可成立。〔註86〕韓非認爲「儒服、帶劍者眾，而耕戰之士寡」，可解釋作批評墨家亂法禁而害耕戰，遂深斥之。

反觀法家則較能達到安定社會的實際功效，如李悝爲魏文侯相（西元前445年～前396年在位）作盡地力之教，富國強兵，又撰著《法經》。吳起相楚悼王（西元前401年～前381年在位），《史記》稱其「明法審令，損不急之官，廢公族疏遠者」(〈吳起傳〉)。申不害相韓昭侯（西元前362年～前333年在位），《韓非子》稱其「因任而授官，循名而責實，操殺身之柄，課群臣之能。」(〈定法篇〉)因此「國富兵強，無侵韓者」(《史記·老子韓非列傳》)。各國變法雖在方式、程度及成效上各有差異，然各國變法改革多側重法家的極權中央，充實國富、修整武備以擴張國威。

所以春秋戰國時代，明君、公子雖多養賢士，如《史記·孟嘗君列傳》、

〔註86〕參見《大專國文教師手冊》頁192，李振興、周志文、周鳳五等合編，三民書局，民國85年出版。

〈平原君虞卿列傳〉、〈信陵君列傳〉、〈春申君列傳〉記載，戰國四公子各養
士數千人，以加強政治勢力。又如賈誼所言：

> 諸侯恐懼，會盟而謀弱秦。不愛珍器重寶肥饒之地，以致天下之士；
> 合縱締交，相與爲一。當此之時，齊有孟嘗，趙有平原，楚有春申，
> 魏有信陵。此四君者，皆明智而忠信，寬厚而愛人，尊賢而重士。(〈過
> 秦論〉)

但因法家成效卓著，而且實踐法家的變法改革儼然成爲戰國時期各國的共同
趨勢。因此，難速致事功的儒道墨諸家思想多不得人君重視。

第三章　韓非尊君學說形成之先導

　　如上章所述，禮樂衰微、社會變革引發諸子的反省。其中儒墨道三家雖
爲顯學，但畢竟難速致事功。唯有法家講富強、重法治以尊君，最能適合時
代需求。先秦法家諸子中，愼子以「勢」、申子以「術」、商鞅以「法」名家，
韓非是法家集大成人物。於〈定法篇〉認同申、商學說，並論證術、法之不
可偏廢；於〈難勢篇〉則肯定愼到勢論，而爲其辯護。其主張法術勢兼備，
法布於官府，術操之於皇帝，勢則基於尊君。其擷取申、愼、商一系之法論
體系，而成就深密詳備之尊君學說。

　　此外，司馬遷寫《史記》時，不但將韓非與老子合傳，而且說：

　　　喜刑名法術之學，而其歸本於黃老。（《史記・老子韓非列傳》）

　　　原於道德之意。（同上）

韓非的刑名法術之學是承自愼到的勢、申不害的術及商鞅的法，而且又受黃
老學說影響。〔註1〕基本上，韓非擷取了不少道家精神，作爲理論基礎，強化
來自愼到、申不害及商鞅的法家學說。是以本文欲探索韓非尊君思想承自前
人處，以明其淵源。

第一節　愼到之尊君重勢說

　　愼子生卒由於文獻不詳，難徵其終始。就錢穆先生考證，約爲西元前350
年至西元前275年間人。〔註2〕當周顯王十八年至周赧王四十年，享年約七十

〔註1〕參見熊十力《韓非子評論》頁2，學生書局，民國67年出版。
〔註2〕參見錢穆《先秦諸子繫年》頁618〈先秦諸子繫年通表〉。東大圖書公司，民

六歲。〔註3〕慎到著作有《慎子》一書，《史記》記載「慎到著十二論」（〈孟荀列傳〉），《漢書》記載「慎子四十二篇」（〈藝文志〉），《隋書・經籍志》及《新唐書》《舊唐書》著錄慎子十卷。王應麟言「漢志四十二篇，今三十七篇亡，惟有威德、因循、民雜、德立、君人五篇。」（《漢書藝文志考證》）黃震亦言「始於威德，終於君人說，五篇數百字。」（《黃氏日抄》）可知慎子書至南宋已只餘五篇。

清代嚴可均言：「余所見明刻本亦皆五篇。乃從群書治要中寫出多出之知忠、君臣兩篇及威德篇多出之二百五十三字，並刺取各書引見之文，校補脫，其遺文短段不能成篇者凡四十四章，附於後。」（《鐵橋漫稿・慎子敘》）〔註4〕並云：「雖亦節本，已視陳振孫等人所見爲勝矣。」今其書不傳。

《四庫全書總目提要》著錄慎子一卷，乃少詹氏陸費墀家藏本，其言「此本雖亦五篇，而文多刪削，又非陳振孫之所見，蓋明人捃拾殘剩，重爲編次……知爲雜錄而成，失除重複矣。」

今所盛行者，乃錢熙祚守山閣叢書本，除收治要多出之篇外，並附逸文六十條，最稱完備，大行於世。晚近又發現明萬歷年間之慎懋賞本慎子。分內外篇，內篇三十六事，外篇五十事，與四庫本、守山閣本不同。繆荃孫、孫毓修諸人歎爲「驚人祕笈」，〔註5〕並刻入四部叢刊。然梁啓超、錢穆、錢基博、羅根澤及方國瑜等學者多認爲該書乃僞作。〔註6〕是以本文以錢熙祚守

國 75 年出版。

〔註3〕其時代據《漢書》記載言：「先申韓，申韓稱之」（〈藝文志〉）。不過，學者據《史記・六國年表》及〈老莊申韓列傳〉考證，申不害卒於昭侯二十二年，當齊宣王六年。然而〈田敬仲完世家〉曰：「宣王喜文學遊說之士，自如鄒衍、淳于髡、田駢、接子、慎到、環淵之徒七十六人，皆賜列第爲上大夫，不治而議論，是以齊稷下學士復盛，且數百千人。」又〈孟荀列傳〉曰：「自鄒衍與齊之稷下先生，如淳于髡、慎到、環淵、接子、田駢、鄒奭之徒，各著書，言治亂之事，以干世主。豈可勝道哉。……於是齊王嘉之，自如淳于髡以下，皆命曰列大夫。」可知慎到於齊宣王時始爲稷下學士，其輩行當在申不害之後。至於韓非卒於西元前 233 年，其在慎子之後則無疑。參見徐漢昌《慎子校注及其學說研究》甲編〈慎子傳略〉頁2。輔仁大學中研所碩士論文。嘉欣水泥公司，民國 65 年出版。

〔註4〕嚴可均《鐵橋漫稿》，世界書局，民國 53 年出版。

〔註5〕參見繆荃孫《藝風堂文漫存》卷四，文史哲出版社，民國 62 年出版。涵芬樓以繆氏本刻入《四部叢刊》附孫毓修跋，稱「慎子善本首推此也」。

〔註6〕參見梁啓超《古書眞僞及其年代》卷一，羅根澤〈辨僞〉一文，燕京學報第 6 期，方國瑜〈慎懋賞本慎子疏證〉，原刊燕京學報。本文參考鄭良樹《僞書通

山閣叢書本爲主要資料。

　　《漢書・藝文志》列愼子於法家，《莊子・天下篇》敘述則偏重其道家性格，《荀子・非十二子篇》之述評又表現其法家特性，《四庫全書總目提要》則謂愼子思想爲道法之轉關。〔註7〕梁啓超先生言：「道法二家，末流合一……就中有一人焉，其學說最可以顯出兩宗轉捩關鍵者，曰愼到。」〔註8〕此外，郭沫若、侯外廬、陳啓天等學者亦大抵認同愼到融合道法思想，並發展爲法家理論。〔註9〕愼到爲重勢派法家，重勢乃基於尊君，此觀點於《愼子》書中發展爲重要理論。

一、法道家理論爲重勢學說之張本

　　「勢」論因何而起？《管子》曾言：「凡人君之所以爲君者，勢也。故人君失勢，則臣制之矣。」（〈法法篇〉）〔註10〕重勢乃基於尊君，此觀點在《愼

　　考》下冊，頁 1542 至 1547。學生書局，民國 73 年出版。羅根澤曾舉證八條說明，條例如下：
　　（1）來歷不明。宋明之著錄甚少，何此本獨出如是之夥？
　　（2）與愼子思想矛盾。愼子不尚賢，此本則雜采墨子尚賢之文，以致愼子思想忽而尚賢，忽而非之，忽而使能，忽而詆之。
　　（3）抄襲他書。有通章抄者，有通章抄而略加修飾者，一有摘抄而加附益者。
　　（4）據意林及他書所載愼子逸文而略加附益。據意林者有九，此外有韓非子、藝文類聚、太平御覽、文選注、初學記、困學記文及淮南子等書。
　　（5）與古本不合。唐時愼子書尚完整，治要有者，明愼本無。若爲愼子舊製，不能與古本馳舛；若綴輯逸文，又不容加以附會。
　　（6）混愼子爲禽滑釐。又以許犯、田駢爲愼子之徒。
　　（7）有孟軻字。孟子之字，史漢不書，趙岐未聞，若此眞爲完本，何以未見採入？
　　（8）尚有逸文。
〔註7〕　《四庫提要》曰：「然法所不行，勢必刑以齊之，道德之爲刑名，此其轉關」。《四庫提要》第三冊，子部，頁 543。商務印書館，民國 72 年出版。
〔註8〕　參見梁啓超《先秦政治思想史》頁 132。東大圖書公司，民國 76 出版。
〔註9〕　郭沫若曰：「愼到、田駢的一派，是把道家的理論向法理一面發展了的。」參見《十批判書》頁 143，群益出版社，西元 1946 年出版。侯外廬曰：「愼子是由道到法的過渡人物，他的思想具有道法兩方面，但其法家思想卻是由道家的天道觀導出的，故他不僅言法，也兼言勢。」參見《中國思想通史》第一卷，頁 601。人民出版社，1957 年出版。陳啓天曰：「他的思想既兼有道家和法家兩部份，所以他的法家理論，也是融合道法兩種思想的。他用道家之說，做法家的哲理說明。」參見《中國法家概論》頁 61。中華書局，民國 59 年出版。
〔註10〕　勢論起於尊君，《管子》書中已提出此觀點。參見姚蒸民《法家哲學》頁 75。

子》書中發展爲重要理論。其曰：

> 使其鄰家，至南面而王，則令行禁止。由此觀之，賢不足以服不肖，而故賢而屈於不肖者，權輕也。不肖而服於賢者，位尊也。堯爲匹夫不能勢位不足以屈賢也。（〈威德篇〉）

《韓非子‧難勢篇》曾發揮此言論。愼子舉堯舜雖智若無勢則無以教民的例子，說明得勢與集權關係。而所謂「勢」，只不過是勢位而已，本身並無好壞。得之則治，失之則敗。爲使人信服，愼到分別從自然及人事中尋找例證以支持其說。自然事物與自然事物間存在勢的關係，愼子曰：

> 弱而增高者，乘於風也。（〈德威篇〉）

> 海與山爭水，海必得之。

> 河之下龍門，其流，駛如竹箭，駟馬追，弗能及。

> 行海者，坐而至越，有舟也。行陸者，立而至秦，有事也。

> 秦越遠途也，安坐而至者，械也。（以上逸文）

海乘其勢低，龍門之水乘其勢急，又人托器械勢則遠途安坐可至。自然事物乘其勢，則如騰蛇可以遊霧，飛龍可以乘雲，然一旦「雲罷霧霽」，則龍蛇不過「與蚯蚓同」（〈威德〉）。又人與外在事物也存在「勢」的關係，其曰：

> 毛嬙、西施，天下之至姣也。衣之以皮倛，則見者皆走，易之以元緆，則行者皆止。由是觀之，則元緆色之助也，姣者辭之，則色厭矣；走背跋瀶窮谷野走十里，藥也；走背辭藥則足廢。（〈威德〉）

說明美人乘色之勢而美，走背者野走十里則乘「藥」之勢。愼到反複陳述用勢好處，又曰：「離珠之明察秋毫之末於百步之外」是「勢」能見，然「下於水尺，而不能見淺深」又是「其勢難睹也」，「非目不明也」（逸文）。至於人與人間也存在「勢」的關係，其曰：

> 匠人成棺，不憎人死，利之所在，忘其醜也。（逸文）

> 家富則疏族聚，家貧則兄弟離，非不相愛，利不足相容也。（逸文）

說明人與人之間依利之勢而活動。根據上述，可知愼到特別重視外在事物規律對人的影響。因此，國君治理國家宜乘其勢，〈因循篇〉曰：

> 天道因則大，化則細。因也者，因人之情也。人莫不自爲也，化而使之爲我，莫可得而用矣。是故先王見不受祿者不臣；祿不厚者，不與入難……故用人之自爲，不用人之爲我，則莫不可得而用矣。

東大圖書公司，民國 75 年出版。

此之爲因。

此段涉及問題有二：一是爲政者必須因人情，二是提出物化的人性論。司馬遷說：「故善者因之，其次利道之，其次教誨之，其次整齊之，最下者與之爭。」〔註11〕可見「因」的重要性。有所因則政論主張自不流於虛空浮泛，或徒具形式。孟子曾說：「得天下有道，得其民，斯得天下矣。得其民有道，得其心，斯得民矣。得其心有道，所欲與之聚之，所惡勿施爾也。」（〈離婁篇〉）因人情即可得民心。〔註12〕然而，在法家自利人性觀的前提下，因人情之內涵實有所偏。他認爲人情「自爲」，好利害惡，人與人存在「自爲」的勢，故乘人情之勢就在誘之以利。

慎子之人性論有其盲點，然因天道、乘其勢，使爲我所用，是其思想的積極面。〔註13〕〈因循篇〉所謂因天道、因人情的理念，源於任自然。《莊子‧天下篇》首先即鎖定在彭蒙、田駢、慎到放任自然之觀點展開論述，開宗明義言彼等之學出於道，其曰：

> 公而不黨，易而無私。決然無主，趣物而不兩。不顧於慮，不謀於智。於物無澤，與之俱往。古之道術有在於是者，彭蒙、田駢、慎到聞其風而悦之。齊萬物以爲首，曰：「天能覆之而不能載之，地能載之而不能覆之；大道能包之而不能辯之。知萬物有所可有所不可。」
> 故曰：「選則不偏，教者不至，道則無遺者也。」

其要旨有二：一是慎到感於「萬物有所可，有所不可」，天覆地載各有所長，只有道可兼容並蓄。故彼等主張打破人爲主觀對客觀事物相對差別的界限，而「齊萬物以爲首」。二是人類達到任自然的前提在無知無己，「公而無黨，易而無私」與〈逍遙遊〉「吾自視缺然」相通。〔註14〕「決然無主」則在摒除主觀知慮主見，而直趣於物，於物無所選擇而隨其所向，故能與物俱往。所以認爲任何事物都應順任其本身具有的可能趨向去運作，不加人爲意志的干擾。

換言之，去物不兩、與物宛轉的任自然是因人情之勢的理論基礎。且《慎子》逸文曾說：

> 鳥飛於空，魚游於淵，非術也，故爲鳥爲魚者，亦不自知其能飛能

〔註11〕參見《史記‧貨殖列傳》，瀧川龜太郎《史記會注考證》頁1354。
〔註12〕徐漢昌已提出此觀點。出處參見註3。
〔註13〕王曉波已提出此論點，參見《先秦法家思想史論》頁247。聯經出版公司，民國80年出版。
〔註14〕參見顧實《莊子天下篇講疏》頁54，商務印書館，民國65年出版。

游，苟知之，立力心以爲之，則必墮其溺，猶人之足馳乎，耳聽目
視，當其馳捉聽視之際，應機自至，又不待思而施之也。苟須施之
而後可施之，則疲矣，是以任自然者得其常者濟。

夫德精微而不見，聰明而不發，是故外物不累其內。（逸文）

其意說明萬物皆自然而生，爲自然所有，但循自然法則即可生，若勞聰明，
費思慮以營生，則人爲之法生，人爲之法則每與自然法則相抵觸，而人力遠
不及自然力，是故久生唯有任自然。〔註15〕〈天下篇〉的論點爲慎到勢論尋
找了根源，有其眞知灼見，故陸長庚曰：「天下篇……列序古今道術淵源所自。」
〔註16〕不過，〈天下篇〉評慎到的任自然，是「棄知去己而緣不得已」。「不得
已」即不得不如此。如「飄風之還，若羽之旋，若磨石之隧，全而無非。」
是無所取捨，而順任物勢之轉。完全抹煞人的主觀能動性，偏重在「不待思
而施之」。然而，慎到因天道落實於人世則因人情、因法，卻是在認識客觀外
在規律之勢後，透過主觀的施爲而因之，使其爲人類運用，人類的角色由被
動成爲主動，這是〈天下篇〉未言及之處。

二、順任物勢奠定任法觀念

〈天下篇〉評慎到的結論爲「塊不失道」。〈天下篇〉笑其「非生人之行，
而至死人之理」，可見老莊之道與慎到不同。慎到的「塊不失道」是由於任自
然、齊萬物而笑聖非賢，〈天下篇〉曰：

慎到棄知去己，而緣不得已，冷汰於物以爲道理……謑髁無任而笑
天下之尚賢也，縱脫無行而非天下之大聖……夫無知之物，無見己
之患，無用知之累，動靜不離於理，是以終身無譽。故曰至於若無
知之物而已，無用賢聖，夫塊不失道。豪傑相與笑之曰：「慎到之道，
非人生之行，而至死人之理，適得怪焉。」

可知慎到無知無己之齊物，並非在自己精神中對不齊之物作平等觀照，而是
要求萬物沒有個性的齊平。〔註17〕如何均齊呢？只有賴於法。慎到任法，並
認爲人用賢智有害於法，其曰：

〔註15〕黃叔權《荀子非十二子篇詮論》，師大國研所，民國 55 年碩士論文。師大國
　　　　研所集刊第 11 期。
〔註16〕參見錢穆《莊子纂箋》頁 269。東大圖書公司，民國 74 年出版。
〔註17〕徐復觀《中國人性論史》頁 433，已提出此觀點。商務印書館，民國 77 年出版。

> 法之功，莫不使私不行，君之功，莫大使民不爭，今立法而行私，
>
> 是私與法爭，其亂甚於無法，立君而尊賢，其亂甚於無君。（逸文）

非聖賢實際上是準法而禁錮心知活動，慎到曾說：

> 古之全大體者，望天地，觀江海，因山谷。日月所照，四時所行，
>
> 雲布風動。不以知累心，不以私累己。寄治亂於法術，託是非於賞
>
> 罰。（逸文）

人有知慮、有取捨，則不能與物俱轉，自然不能緣於法。因此，強調不以智、私累己，〈天下篇〉描述慎到追求「無知之物，無建己之患，無用知之累。」的理想，結果使人無知無欲，隨外在物勢俱轉，無物我之別，以化同無知之物為道，是慎到學土塊之無知以為道。此「去己」即是把自己的精神向下壓，而成為慎到尚法的前提。

　　排除聖賢而準於法，可推斷他抹視教育功能，有愚民的企圖心。基本上，法家大抵有「反智」的現象。故〈天下篇〉評其「笑聖非賢」。儒家認為舉用賢才是當政要務，仲弓為季氏問政於孔子，孔子即曰：「先有司，赦小過，舉賢才。」（《論語・子路篇》）又荀子曰：「上好禮義，尚賢使能無貪利之心，則下亦將綦辭讓，主忠信，而謹於臣子矣。」（〈君道篇〉）荀子崇禮，故論政以賢為要，法乃末流。其謂「法者，治之端也；君子者，法之原也。」（同上）可知。因此，〈解蔽篇〉評慎子曰：「蔽於法而不知賢」，〈天論篇〉又曰：「慎子有見於後，無見於先」斥其尚法是徒知機械式的法，先物後人，下效於物。務法度而非聖賢，忽略法雖無成心、偏私，然制定及運用法律者仍在於人。此乃慎到缺失。至於老子也講「絕學無憂」，曰「古之善為道者，非以明民，將以愚之。」（六十五章）莊子亦曰：「墮肢體，黜聰明，離行去知。」（〈大宗師〉）老子體驗「大道廢，有仁義，智慧出，有大偽，六親不和有孝慈，國家昏亂，有忠臣。」（十八章）的文明毒素，而主張「絕聖棄知，民利百倍；絕仁棄義，民復孝慈；絕巧棄利，盜賊無有。」（十九章）清心寡欲，以復歸自然，其境界遠在慎到之上。

三、崇法任勢建立尊君思想之基礎

　　《慎子》書中反覆闡明法的重要。其曰：

> 法者，所以齊天下之動，至公大定之法也。故知者不得越法而肆謀；
>
> 辯者不能越法而肆議；士不能越法而有名；臣不得背法而有功。我

> 喜可抑我忿可窒，我法不可離也。骨肉可刑，親戚可滅，至法不可
> 缺也。（逸文）

對法的評價很高，至於任法態度則如《史記·太史公自序》所說的「一斷於法，親親尊尊之恩絕矣。」而法則掌握於國君手中，《慎子》逸文曾說：

> 君臣之間，猶權衡也，權左輕則右重，右重則左輕，輕重迭相橛，
> 天地之理也。

由於權力之掌握左右國君地位，爲防大權旁落，慎到有乘勢之說。其關鍵在國君握掌罰之柄，是以「法律之前，人人平等」只是假平等，故荀子斥曰：「尚法而無法」（《荀子·非十二子篇》）。又依物準法則國君能無爲，其曰：

> 君臣之道，臣事事而君無事，君逸樂而臣怨勞。臣盡智力以善其事，
> 而君無與焉。（〈民雜篇〉）

執法而治，君可逸樂無爲，與老子「聖人處無爲之事，行不言爲之教。」（二章）的層次有天淵之別，顯然其無爲是極端有爲。是以，老子講「絕學」，莊子講「心齋」、「坐忘」，反對的知乃世俗小知。而慎到無知，則人陷於魯鈍性質。所以說「老莊言『去知』，乃所以成其『大知』，慎到言其『去知』；則止於『愚』！」。〔註18〕

使民「塊不失道」而強調任法，學者多偏向負面評價，然從法家角度看，無知無慮，順物勢而轉的「道」也有意義。可試從法的作用上敘述。

（一）法可正名分

慎到曾以分未定則「一兔走，百人逐之」，分已定則「積兔滿市，行者不顧」（逸文）作喻，說明正名定分刻不容緩，其曰：

> 立天子者，不使諸侯疑焉。立諸侯者，不使大夫疑焉……（〈德立篇〉）

是正名定分、循名責實關乎國家安危。正名主張首見於孔子，子曰：「名不正則言不順」（《論語·子路篇》）強調名必稱實，以防止社會紛亂。是二家有共通之處，如何落實呢？孔子講「君君、臣臣、父父、子子」從正君臣父子倫理關係著眼，以挽救政治積弊，與《禮記·禮運篇》之「禮義以爲紀，以正君臣，以篤父子。」由正身而正人的意義相同。慎到則認爲，法乃「至公大定之制」（逸文）可確立人與人的關係，依法即可正名。不過慎到正名的前提並非爲國君個人，其曰：

〔註18〕 出處同註15。

古者，立天子而貴之者，非以立一人也……故立天子以爲天下，非
立天下以爲天子也。立國君以爲國，非立國以爲君也……。（〈威德
篇〉）

所以學者稱其具有民本思想。

（二）法具客觀性與公平性

上述法具正名功能，是因法有公平客觀的特性。其曰：

厝均石，使禹察錙銖之重，則不識也；懸於權衡，則氂髮之不可差，
則不待禹之智，中人之知，莫不足以識之矣。（逸文）

耆龜，所以立公識也；權衡，所以立公正也；書契，所以立公信也；
度量所以立公審也；法制禮籍，所以立公義也。（〈威德篇〉）

法由客觀尺寸推演而成，是賢不肖者皆能共識、共遵的權衡標準。又有公義
性，如耆歸、權衡、書契、度量之棄私，合於公平。有此體認，法所定規則
爲人所共守，「是以怨不生而上下和矣。」（〈人君篇〉）

（三）法具變動性

慎到強調的法並非一成不變，而能與時推移。其曰：

故治國無其法則亂，守法而不變則衰。有法行私，謂之不法。以力
役法者，百姓也。以死守法者，有司也。以道變法者，君長也。（逸
文）

說明法可變，改變原則在「道」。「道」得內涵則在「人心」，其曰：

法非從天下，非從地出也，發乎人間，合乎人心而已。（逸文）

據此推知變法之道在人心，而法家偏重在自利的人性觀，故其掌握的只是「自
爲」的人心。其優點是具備變古的歷史觀，與商鞅所謂：「苟可以強國，不法
其故；苟可以利民，不循其禮。」（《商君書·更法篇》）的目地相同，變古主
張是其應世的重要原則之一。

因此，以無知之物爲天下法則，具有公平、客觀及與時並進等精神，以
法治國，其目的是要建立一法治的共識作爲治國規範。人不得展其私心，臣
民各以其能受職任事，以法定其賞罰實有其時代性。基本上，慎子觀察自然
物勢而因之，更進而有效運用於政治，遂衍生其「棄知去己」、「無用聖賢」，
以無知之物爲正鵠，而懸「法」作爲標準。總而言之，慎到貴因重勢，更由
重勢而尙法，可說是極端有爲。主張以法令治國，君主無爲臣下有爲，這種

「臣事事，而君無事。」（《慎子‧民雜篇》）「明君無爲於上，群臣竦懼乎下。」（《韓非子‧主道篇》）的尊君現象，乃竊取道家無爲以成一己之有爲。

第二節　申不害之尊君用術說

　　申不害生卒年依錢穆先生考證，生年當在「周威烈之末，安王之初，年壽在六十七十之間。」約當西元前 400 年至西元前 337 年。〔註19〕其生平事蹟史書與《韓非子》有部分載述，由於史乘殊缺資料有限，以下就內修政教與外應諸侯二方面說明。〔註20〕

　　就內修政教言：申不害與先秦法家相同有重刑措施，《漢書‧刑法志》言：「陵夷至於戰國，韓任申子，秦用商鞅，連相坐之法，造參夷之誅。……加肉刑、大辟，有鑿顚、抽脅、鑊亨之刑。」可知。又《淮南子‧覽冥篇》、〈齊俗篇〉、揚雄《法言‧論道》、桓寬《鹽鐵論‧申韓篇》有相似記載。〔註21〕申子重法，韓昭侯亦守法重紀，《韓非子‧外儲說左上》記申子與昭侯論執法及爲從兄請仕一例，〔註22〕〈二柄篇〉記昭侯罪典官之事，〔註23〕及〈內儲

〔註19〕依《史記》記載：「申不害者京人也，故鄭之賤臣，學術以干韓昭侯，昭侯用爲相……十五年，終申子之身，國治兵強，無侵韓者」（〈老韓申韓列傳〉）。又記載：「八年申不害相韓，修術行道，國內以治，諸侯不來侵伐」（〈韓世家〉）。推知申不害相韓在昭侯八年至二十二年。又《史記》曰：「魏武侯二十一年，韓滅鄭，哀侯入於鄭。二十二年，晉桓公邑哀侯於鄭。韓山堅賊其君哀侯而韓若山立。〈韓世家〉《索隱》引《紀年》」「若山即懿侯」，韓滅鄭在魏武侯二十一年。申不害初任故鄭賤臣，又鄭滅於魏武侯二十一年，錢穆據此推算申子相韓（昭侯八年）拒鄭滅已二十一年。姑以韓滅鄭申子年近三十計之，則其生年在周威烈王之末，壽在六十七十之間。出處同註2，頁238及617。

〔註20〕同註13，頁196。

〔註21〕《淮南子‧覽冥篇》言：「今若夫申、韓、商鞅之爲治也，鑿五刑，爲刻削。」〈齊俗篇〉言：「使遇商鞅、申不害，刑及三族，又況身乎？」揚雄《法言‧問道篇》言：「申韓之術，不仁至矣，若何牛羊之用人也。若牛羊之用人，則狐狸螻蟻不腰蟧也與」桓寬《鹽鐵論‧申韓篇》言：「申子任法，其說與商君同符」。

〔註22〕《韓非子‧外儲說左上》記載：「韓昭侯謂申子曰：『法度甚不易行也』。申子曰：『法者見功而與賞，因能而受官，今君設法度而聽左右之請，此所以難行也。』昭侯曰：『吾自今以來知行法矣，寡人悉聽矣。』一日，申子請其從兄官，昭侯曰：『非所學於子也，聽子之謁，敗子之道乎？亡其用子之謁？』申子辟舍請罪。」

〔註23〕昭侯罪典官之事，參見註24敘述。

說上〉記昭侯「使人藏弊袴」之事可爲佐證。〔註24〕

　　就外應諸侯言：申子善於謀略，《戰國策・韓策三》曾載「執珪於魏」之措施，〔註25〕又《韓非子・內儲說下》記申不害與趙臣大成午交結，互相倚重一事。〔註26〕於人臣擇主而仕時代，可不論其忠貞與否，不過若依此軼事可推知申子精通權謀術略。基本上，申不害善於窺伺上意，〈內儲說上〉曾記申不害假藉二位辯士於昭侯前表示不同意見，而後視昭侯意向進說。〔註27〕昭侯亦受其習染，〈內儲說上〉亦記載昭侯「使騎於縣」見「南門外有黃犢食苗道左者」〔註28〕及「握爪而佯亡一者」〔註29〕說明昭侯深知「挾知而問則不知者至」，以防止人臣的姦欺專擅。

　　申不害著述有《申子》一書，《史記》記其「著書二篇，號曰申子」（〈老子韓非列傳〉）。《漢書》言「六篇」（〈藝文志〉）。劉向曾見六篇之數，其曰：

　　　　今民間所有上下二篇，又有中書六篇，皆合二篇，已備，過太史所記。（《史記・老子韓非列傳》《集解》引劉向《別錄》）

學者據此提出「司馬遷所見的是民間藏書，漢志所著錄的是內府所藏，篇

〔註24〕《韓非子・內儲說上》言：「韓召侯使人藏弊袴，侍者曰：『君亦不仁矣，弊袴不以賜左右而藏之。』昭侯曰：『非子之所知也。吾聞明主之愛，一嚬一笑，嚬有爲嚬，而笑有爲笑。今夫袴，豈特嚬笑哉，袴之與嚬笑相去遠矣，吾必待有功者，故藏之未有予也』」。

〔註25〕《戰國策・韓策三》記載：「申不害與昭釐侯執珪而見梁君，非好卑而惡尊也，非慮過而議失也。申不害之計曰：我執珪於魏，魏君必得志於韓，必外靡於天下矣。是魏敝矣。諸侯惡魏必事韓，是我俯於一人之下，而信於萬人之上也。……昭釐侯聽而行之，明君也。申不害慮事而言之，忠臣也。」

〔註26〕《韓非子・內儲說下》記載韓非與大成午交結的內容如下：「大成午從趙謂申不害於韓曰：『子以韓重我於趙，請以趙重子於韓，是子有兩韓，我有兩趙』」。

〔註27〕《韓非子・內儲說上》言：「趙令人因申子於韓請兵，將以攻魏，申子欲言之君，而恐君之疑己外市也：不，則惡於趙。乃令趙紹、韓沓嘗試君之動而後言之，內則知昭侯之意，外則有得趙之功。」

〔註28〕《韓非子・內儲說上》記載：「韓昭侯使騎於縣，使者報，昭侯問曰：『何見也？』曰：『南門之外，有黃犢食苗道左者。』昭侯謂使者：『毋敢泄吾所問於女。』乃下令曰：『當苗時，禁牛馬入人田中固有令，而吏不以爲事，牛馬甚多入人田中，亟舉其數，上之；不得，將重其罪。』於是，三鄉舉而上之，昭侯曰：『未盡也』，復往審之，乃得南門之外黃犢。吏以昭侯爲明察，皆悚懼其所而不敢爲非。」

〔註29〕《韓非子・內儲說上》記載：「韓昭侯握爪，而佯亡一爪，求之甚急；左右因割其爪而效之。昭侯以此察左右之不誠。」

數雖不同，然內容無別。」〔註30〕不論二篇或六篇之數，《隋書‧經籍志》註明其書已佚，今所知〈君臣〉、〈大體〉、〈三符〉篇名多是漢後之人所引。〔註31〕

　　探究申子思想須以古書所載錄者或輯佚之資料為主。學者已歸納《荀子‧解蔽篇》，《韓非子‧內儲說右上》〈外儲說左下〉〈難三〉，《呂氏春秋‧任數篇》，《群書治要》卷三十六，《藝文類聚》卷一、十九、二十、五十四，《太平御覽》卷六三八、六二四、四三二、四○二、四○一、三九○、三十七、二，《北堂書鈔》卷二九、四五、一四九，及《初學記》卷二、十五等或見載引或曾提及。〔註32〕輯佚本則見於清馬國翰《玉函山房輯佚書》及嚴可均《全上古三代秦漢三國六朝文》。由於原書已佚，無法得知引錄及輯佚資料於原書中所占之比例。

　　申不害學說重心在「術」，「術」是先秦法家的重要思想，不僅韓非稱申不害為「法術之士」，歷代學者亦有「申商」或「申韓」之並稱。由於「普天下莫非王土，率土之濱莫非王臣」，國家之公可說是國君之私。基本上申不害提出「術」是為國君效勞，特重君之所以為君及君之如何制臣，是以韓非言：「術者，藏之於胸中，以偶眾端，而潛御群臣者也。故法莫如顯，而術不欲見。是以明君言法，則境內卑賤莫不聞知也。用術，則親愛近習莫之得聞也。」（〈難三篇〉）事實上，學者認為從「術」的觀點分析，「法」亦是統治人民的術。〔註33〕所以吾人可綜合而言，應付群臣的術，乃不可公佈者；而駕馭百姓之術，乃公佈之法。二者是國君運用權力的要素，因此術乃國君獨有，甚至不可公諸於世，於君權維護自然有相當意義。

〔註30〕參見阮廷焯《先秦諸子考佚》第八〈申子考佚〉，頁344，民國59年師大國研所博士論文。
〔註31〕《申子》一書，今所知〈君臣〉、〈大體〉、〈三符〉篇名多是漢後之人所引。
　　　如：
　　　（1）《太平御覽》卷二二一引劉向《別錄》曰：「孝宣皇帝重申不害君臣篇」。
　　　　　《漢書‧張歐傳》注引劉向《別錄》曰：「申子學號刑名，宣帝好觀其君臣篇」。
　　　（2）《群書治要》卷三十六載錄《申子‧大體》五百餘字。
　　　（3）王充《論衡》曰：「韓用申不害，行其三符，兵不侵境」。
　　　申不害著作篇名可考者亦僅此三篇。
〔註32〕參見陳麗桂〈申慎韓的黃老思想——兼論田騈〉，《中國學術年刊》第12期，頁26。
〔註33〕同註13，頁196。

一、尊君之用術前提

　　從現存有限的《申子》殘文分析，申子理論幾乎是為君而設的政論。《群書治要》所引《申子·大體篇》篇幅較長，內容即以尊君為主。〔註34〕其言：

> 明君如身，臣如手；君若號，臣如響；君設其本，臣操其末；君治其要，臣行其詳；君操其柄，臣事其常。（〈大體篇〉）

人君為施政主體及軸心，人臣乃副體，君臣之主從地位不可移易。為維護國君權力，須嚴防人臣專君蔽明。其言：

> 夫一婦擅夫，眾婦皆亂；一臣專君，群臣皆蔽。故妒妻不難破家也，亂臣不難破國也。今人君之所以高為城郭而謹門閭之蔽者，為寇戎盜賊之至也。今夫弒君而取國者，非必踰城郭之險而犯門閭之閉也。蔽君之明，塞君聽，奪之政而專其令，有其民而取其國矣。今使烏獲、彭祖負千鈞之重，而懷琬琰之美，令孟賁成荊帶干將之劍衛之，行乎幽道，則盜猶偷之矣。今人君之力，非賢乎烏獲彭祖，而勇非賢乎孟賁成荊也。其所守者，非琬琰之美，千金之重也，而欲勿失，其可得耶。（〈大體篇〉）

按其說法，人臣對於人君權位之覬覦，猶如盜賊之伺人財物，人君需防人臣偷盜其國，以達尊君目的，維護人君統治地位。其言：

> 鼓不與於五音而為五音主，有道者不為五官之事而為治主。君知其道也，臣知其事也。（〈大體篇〉）

> 明君治國，三寸之機運而天下定，方寸之基正而天下治。（《太平御覽》卷三九〇引申子之言）

喻國君為鼓，因五官之音而能奏出美妙音樂。是以「三寸之機」、「方寸之基」係指高明之治國關鍵在以一馭萬。人君把握此原則，政事由臣下代勞使各盡職分，國君則能超然獨斷。因而有「術」論之提出，藉以強化人君獨制，保障人君至高無上統治權威。正如錢穆先生所言：

> 申子以賤臣進，其術在於微視上之所說以為言，而其所以教上者，則在使其下無以窺我之所喜悅，以為深而不可測。夫而後便群下得以各竭其誠，而在上者乃因材而器使，見功而定賞焉。〔註35〕

〔註34〕侯外盧即指出《申子》「通篇就君人之術立言」，參見《中國思想通史》第一卷頁598。北京人民出版社，西元1957年出版。

〔註35〕同註2，頁239。

所謂「使其下無以窺我之所喜悅」使「臣下得以各謁其誠」，乃「術」之精神，即人君無須躬親其事而天下治的要領。

二、法道家無為之運術原則

申子術論對象主要為人臣，其術論特色則在藏好惡與能獨斷二點。〔註36〕藏好惡可說是方法，能獨斷則是目的。就藏好惡言：申子認為國君宜防人臣窺知君意，申子說：

> 上明見，人備之；其不明見，人惑之。其知見，人飾之；其不知見，人匿之。其無欲見，人司之；其有欲見，人餌之。故曰：惟無為可以規之。（《韓非子‧外儲說右上篇》引申子之言）

> 慎而言也，人且和女；慎而行也，人且隨女；而有知見也，人且匿女；而無知見也，人且意女。女有知也，人且臧女；女無知也，人且行女。故曰：惟無為可以規之。（同上）

說明國君不宜自恣視聽、智力，宜謹言慎行，以靜制動。申子有此主張，與其本人善於把握君意有關，據《戰國策》記載：

> 魏之圍邯鄲也，申不害始合於韓王，然未知王之所欲也。恐言而未必中於王也。王問申子：「吾誰與而可？」（申子）乃微謂趙卓、韓晁曰：「子皆國之辯士也，夫為人臣者，言可必用，盡忠而已矣」。二人各進議於王以事。申子微視王之所說，以言於王，王大說之。（〈韓策一〉）

《韓非子‧內儲說上》有相似記載，說明申不害具高明微視工夫。其利用趙卓、韓晁得知昭侯心意，推以及人，身為昭侯之相即教導昭侯如何防範臣下窺伺、欺蒙。昭侯頗能領受申子之教而見諸行事，如〈內儲說上〉記載昭侯「使騎於縣」見「南門外有黃犢食苗道左者」及「握爪而佯亡一者」即可知。

藏於胸中的術為國君所必要，然申子用術原則為何呢？據申子言：

> 善為主者，倚於愚，立於不盈，設於不敢，藏於無事；竄端匿疏，示天下無為。是以近者親之，遠者懷之。示人有餘者，人奪之；示人不足者，人與之。剛者折，危者覆，動者搖，靜者安。（《群書治要》引《申子‧大體篇》）

> 至智棄智，至仁忘仁，至德不德，無言無思，靜以待時，時至而應，

〔註36〕參見姚蒸民《法家哲學》頁62至66。東大圖書公司，民國75年出版。

心暇者勝；凡應之理，清靜公素，而正始卒焉。此治紀無唱有和，無先有隨。古之王者，其所爲少，其所因多。因者，君術也；爲者，臣道也。爲則擾矣，因則靜矣。因冬爲寒，因夏爲暑，君悉事哉？故曰：君道無知無爲，而賢於有知有爲，則得之矣。（《呂氏春秋·任數篇》引申子之言）

說明「術」的運用需建立在國君無爲上，所謂「因多爲寒，因夏爲暑」即隨事定之。人之有爲乃人之有私，是以無爲應建在無知無私上。若此，才能「示天下無爲，是以近者親之，遠者懷之。」申子進而將「無私」比作「天道」，其曰：「天道無私，是以恆正。天道常正，是以清明。」（《北堂書鈔》卷一四九引申子言）是以「因者，君術也」，「因」之原則在「靜」而「不作」。換言之，即法「虛靜無爲」、「法自然」，〔註37〕所以太史公將老莊與申子同傳。

就能獨斷言：是透過藏好惡之虛己不露進而控馭臣下。誠如《韓非子》所言：「獨視者謂明，獨聽者謂聰。能獨斷者，故可以爲天下王。」（〈外儲說右上〉）此觀點與商鞅「權制獨斷於君則威」相當，其目標實欲達到國家政令一出於君，國家政事一決於主。藉藏好惡以爲高深莫測之術操縱群臣，申子言：

夫一婦擅夫，眾婦皆亂；一臣專君，群臣皆蔽。故妒妻不難破家也，亂臣不難破國也。是以使其臣並進輻湊，莫得專君焉。（《群書治要》引《申子·大體篇》）

「使其臣並進輻湊」即《淮南子》所言：「無愚智賢不肖，莫不盡其能。」（〈主術訓〉）臣民爲君所用，同時又可避免弄權，是賴群臣效力之無爲而治以成其獨治。

從申子術論之實踐，其因天道與前節所述慎到理念相當，乃假無爲以成就國君的極端有爲。基本上，是曲解老子學說而爲權謀詐術的運用。

三、藉循名責實落實術論

術之目的爲維護國君政權，然術之貫徹卻是「無爲」。爲完成「獨視」、「獨聽」及「獨斷」事實，防止臣下越權，因而有循名責實之說配合術論，以使政治運作。〔註38〕是以《韓非子·定法篇》稱申子之術曰：

〔註37〕王曉波已提出此論點。同註13，頁219。

〔註38〕姚蒸民言：「循名責實……能防止越權，亦可使臣下循分守職。」同註36，頁64至65。

> 術者，因任而授官，循名而責實，操生殺之柄，課群臣之能者也；
> 此人主之所執也。

又言申子：

> 治不逾官，雖知弗言。（同上）

其意以為人君宜由臣下才能所適授與職位，再依職分考核政績。凡侵官越權
與失職行事，皆有虧職守。若此，乃可免去主觀因素干擾，而客觀反映百官
治績。申子言：

> 昔者堯之治天下也以名，其名正則天下治；桀之治天下也亦以名，
> 其名倚而天下亂。是以聖人貴名之正也。主處其上，臣處其下。（《群
> 書治要》引《申子·大體篇》）

> 名者天地之綱，聖人之符，張天地之綱，用聖人之符，則萬物之情
> 無所逃之矣。（同上）

於「名」之統攝下，一切政治事物皆有定位，所謂「名自正也，事自定也。」
而後依「名」運作，循名考核。《韓非子》記載韓昭侯罪典官一例，其曰：

> 昔者韓昭侯醉而寢，典官者見君之寒也。故加衣於君之上，覺寢而
> 說，問左右曰：「誰加衣者？」左右對曰：「典冠」，君因兼罪典衣與
> 典冠。其罪典衣，以為失其事也。其罪典冠，以為越其職也，非為
> 惡寒也，以為侵官之害甚於寒。（〈二柄篇〉）

昭侯視臣下失職重於對己身的關愛，正是人君循名實的徹底精神。因正名則
必然重法，如申子所言：

> 君子之所以尊者令，令不行，是無君也，故明君慎令。（《藝文類聚》
> 卷五十四引《申子》）

> 君必有明法正義，若縣權衡以稱輕重，所以一群臣也。堯之治也，
> 善明法察令而已。聖君任法而不任智……黃帝之治天下，置法而不
> 變，使民安樂其法也。（同上）

因此從《韓非子·外儲說上》載申子與昭侯論執法一節，及昭侯使人藏弊褲
一事來看，可知昭侯對「見功而行賞，因能而受官」之法，重視的程度並不
亞於申子。基本上，法令乃貫徹名實的客觀標準，循法可規範人臣，亦可杜
絕主觀的人為偏失。君上因術而後循法，乃一本法家尊君傳統以保障人君至
高無上地位。

第三節 商鞅之尊君任法說

商鞅生平史書未載，近人根據商鞅經歷推測，約生於西元前 390 年。〔註39〕又據《史記‧六國年表》所載，卒於周顯王三十一年（西元前 338 年），享年五十餘歲。

太史公載商鞅爲衛之庶孽公子，〔註40〕商鞅事魏相公叔痤，以「年雖少，有奇才」深獲公叔痤賞識。〔註41〕至於商鞅入秦依《史記‧秦本紀》所載，

〔註39〕然諸說亦有差異：一是主張商鞅生年與孟子同時，約生於西元前 390 年，錢穆主之。二是主張商鞅長孟子十五至二十歲，孟子約生於西元前 372 年，陳啓天主之。據王基倫考證孔子生於周靈王二十一年，卒於敬王四十一年（西元前 551—479 年）。孟子生於周烈王四年，卒於赧王二十六年（西元前 372—289 年），距孔子約有百年。與《孟子‧盡心篇》記載「由孔子而來至於今百有餘歲」吻合。因此採第二說商鞅生於西元前 390 年，長孟子十五至二十歲。參見錢穆《先秦諸子繫年》〈商鞅考〉頁 229。陳啓天《商鞅評傳》第一章。商務印書館，民國 75 年出版。王基倫《孟子散文研究》，收錄於師大國文研究所集刊第二十九號。

〔註40〕《史記‧商君列傳》記載曰：「商君者，衛之諸庶孽公子也。名鞅，姓公孫氏，其祖本姬姓也。少好刑名之學，事魏相公叔痤，爲中庶子。」王念孫《讀書雜志‧史記雜志》考證庶孽公子應作庶孼子，公字乃後人所知。庶孼子即庶公子，可推斷商鞅爲貴族。又《呂氏春秋‧長見篇》稱商鞅乃「御庶子」，則相當《史記》本傳所稱之中庶子。司馬貞提出：中庶子於《周禮‧夏官》稱「諸子」，《禮記‧文王世子》稱「庶子」，掌公族之官名。蔣伯潛則言中庶子似爲「舍人」之類，猶藺相如爲謬賢之舍人。可得知御庶子即中庶子，指商鞅官職之性質。參見王念孫《讀書雜志‧史記雜志》傅孟眞氏藏書本，廣文書局，民國 60 年出版。莊伯潛《諸子通考》頁 215，正中書局，民國 67 年出版。

〔註41〕據《史記》本傳記載公叔痤深知商鞅賢能，適公叔痤病危，魏君問國計，因而藉機推薦以謀社稷之利。然魏王無用意，公叔痤遂請惠王殺之，但之後又令商鞅速亡。《史記‧商君列傳》記載此原文如下：「鞅事魏相公叔痤爲中庶子。公叔痤知其賢，未及進。會痤並病，魏惠王親往問病，曰：『公叔痤病有如不可諱，將奈社稷何？』公叔曰：『痤之中庶子公孫鞅，年雖少，有奇才，願王舉國而聽之。』王默然。王且去，痤屛人言曰：「王即不聽用鞅，必殺之，勿令出境。」王許諾而去。公叔痤召鞅謝曰：「今者王問可以爲相者，我言若，王色不許我。我方先君後臣，因謂王即弗用鞅，當殺之，王許我。汝可疾去矣，且見禽」。鞅曰：「彼王不能用君之言任我，又安能用君之言殺我乎？」卒不去。惠王既去，而謂左右曰：『公叔病甚，悲乎！欲令寡人以國聽公孫鞅也，豈不悖乎！』商鞅既不受魏王重用，適秦孝公招賢強秦，以尊官分土之優渥條件納才。《史記‧秦本紀》記載孝公求賢令之內容曰：「昔我穆公，自歧、雍之間，修德行武，東平晉亂，以河爲界，西霸戎翟，廣地千里，天子致伯，諸侯畢賀，爲後世開業，甚光美。會往者厲、躁、簡公、出子之不寧，國家內憂，未遑外事。三晉攻奪我先君河西地，諸侯卑秦，醜莫大焉。獻公

在秦孝公元年，爲魏惠王十年。而後孝公重用之，大肆改革，史稱作商鞅變法。〔註42〕

即位，鎮撫邊境，徙治櫟陽，且欲東伐，復穆公之故地，修穆公之政令。寡人思念先君之意，常痛於心。賓客群臣，有能出奇計彊秦者，吾且尊官與之分土。」而商鞅因不得進用於魏，遂順此機緣入秦。至於魏惠王未能知人善任而失輔弼人才，是自毀長城。誠如梁啓超所言：「魏相公孫痤疾革，勸惠王舉國以聽衛鞅，否則殺之，惠王以爲老悖，既不能用鞅，而縱之入秦……此魏之失計！」（《國史研究六篇・戰國載記》）

〔註42〕其所以能佐命定策統籌大勢，實得之於秦孝公之任才。洪邁曾言：「七國虎爭天下，莫不招致四方游士，然六國所用相，皆其宗族及國人，如齊之田忌、田嬰、田文；韓之公仲、公叔；趙之奉陽、平原君；魏王至以太子爲相，獨秦不然，其始與之謀國以開霸業者，魏之公孫鞅也；其他若樓緩趙人；張儀、魏冉、范雎皆魏人；蔡澤燕人；呂不韋韓人；李斯楚人，皆委國而聽之不疑，卒之所以兼天下者，諸人之力也。」說明秦之強霸全賴賓客，然秦開強霸途徑者爲秦孝公。商鞅即得此志業同道而展其雄才。

至於《史記・商君列傳》言商鞅爲孝公所用之始末，指出商鞅四見孝公，先說以帝道、王道、霸道，未被採納。而後以強國之術說孝公，孝公「不自知膝之前於席也，語數日不厭」。部份學者依此記載，遂以爲商鞅用彊國之術非本意。錢穆於《先秦諸子繫年・商鞅考》並據此指出商鞅曾受儒者之業，此說法有質疑之處，以下即歸納商鞅行彊國之術說明之：

第一，就商鞅游說孝公的內容分析，若他有意行儒業則應堅持理想，甚至如孔孟般，用之則行舍之則藏。唐端正認爲商鞅四見孝公主張皆有出入，明顯有牽就現實，投合孝公心理。因此，太史公曰：「跡其欲干孝公以帝王術，挾持浮說，非其質也」（《史記・商君列傳》）認爲商鞅於帝王之道並非眞知，非其意所欲爲，徒爲浮詞議說而已。

第二，就前人批評分析，蘇轍論商鞅變法令曰：「解牛之技，恥於屠狗，禦人之盜，恥於穿窬。衛鞅有帝王之術而肯以強國之事說孝公乎？蓋鞅之志本於強國而已。恐孝公之不能用，是此極言其上，以要之耳。」（《古史・商君列傳》）嚴萬里又言：「鞅安知所謂帝王之道也？僞也！彼不過假迂緩悠謬之說，姑嘗試之，而因以申其任法之說」（〈商君書新校正序〉）前人之言已說明商鞅言帝王之道，一則藉以試探孝公心意，再則爲突顯用霸之速效，而申其任法之說。

第三，就商鞅仕秦後言論分析，其曰：「前世不同教，何古之法？帝王不相復，何禮之循？」（《商君書・更法篇》）已表露不肯蹈襲虞夏舊治，不願循用文武遺教之思想。

第四，就商鞅言強國之術「難以比德殷周」一語分析，蔣禮鴻《商君書錐指》敘文中曾言：「若夫殷、周難比，語或有之，而非商君主行王道之謂也。古之立說欲以易天下者，術必有所因，而說輒有所借，荀卿子所謂持之有故是也。商君者，蓋嘗學殷道，而變本加厲，以嚴罰壹其民者也。書稱殷罰又有倫，罰蔽殷彝，荀卿言刑名從商。刑罰之起雖自遠古，要其有倫有彝，則始殷時。李斯上二世書，劉向說苑並云商君之法刑棄灰於道者，而韓非書以此爲殷法。

-110-

　　商鞅既見用，遂於孝公三年（西元前 359 年）及十二年（西元前 340 年）
卒定變法。〔註43〕在對外關係上，則致力擴張領土。〔註44〕

　　商鞅論著有《商君書》之流傳，〔註45〕《商君書》於戰國時已有傳本，《韓
非子·五蠹篇》及〈內儲說上篇〉曾引用其言論。〔註46〕太史公亦曰：「余嘗

　　　　非說為後人所不信，然觀禮表記稱殷人先罰而後賞，其民之弊，蕩而不靜，
　　　　勝而無恥，則殷罰固重，韓非之說不靖盡為誣，而商君之嚴刑當即濫觴於殷
　　　　法也。商君之說，唯在尚力，為其無所託而不見尊信，則揭湯、武以為號。
　　　　故曰：『民愚則知可以王，世知則力可以王。湯武致雖強而征，諸侯服其力也。』
　　　　（〈開塞篇〉）『今世巧而民淫，方倣湯、武之時。』（〈算地篇〉）賞刑篇又極
　　　　道湯、武，固以為不如是則不足動人聽也。所云難以比德殷周，特恐刑不極
　　　　其峻，不足以壹民，兵不極其強，不足以兼并，初非欲施仁恩教化，以儒者
　　　　之所謂也。或者乃據此以謂商君與儒同道，蓋亦左矣。」蔣禮鴻認為其要旨
　　　　有二：一是所謂「殷」指嚴罰。殷有罰《尚書》、《荀子》、《韓非子》、《禮記》
　　　　有記載。比殷道殆刑欲極其峻。二是所謂「周」指尚力，因湯武逆取天下，
　　　　故比周道是法其力爭兼併。所以「難於比德殷周」一語寓嚴刑峻法及行武尚
　　　　力之深意。因此，行窮兵黷武刻薄寡恩之彊國術，以期速致事功，乃商鞅一
　　　　貫宗旨。參見洪邁《容齋隨筆》卷二，四部叢刊廣編本，商務印書館，民國
　　　　70 年出版。唐端正〈商鞅的強國之術〉一文，收錄於《先秦諸子論叢續篇》。
　　　　蔣禮鴻《商君書錐指》，北京中華書局，西元 1986 年出版。
〔註43〕　據《史記·商君列傳》記載，其變法內容如次：
　　　　（1）令民為什伍，而相牧司連坐。不告姦者，腰斬。告姦者，與斬敵首同賞。
　　　　　　匿姦者，與降敵同罰。
　　　　（2）民有二男以上不分異者，倍其賦。
　　　　（3）大小僇力耕織，致粟帛多者，復其身，事末利及怠而貧者，舉以為收孥。
　　　　（4）有軍功者各以率受上爵。為私鬥者各以輕重被刑，宗室非有軍功，論不得
　　　　　　為屬籍。明尊卑爵秩等級，各以差次，名田宅臣妾衣服以家次。有功者顯
　　　　　　榮，無功者雖富無所芬華。
　　　　又於孝公十二年（西元前 350 年）第二次變法。內容據《史記·商君列傳》
　　　　所載如後：
　　　　（1）令民父子兄弟同室內息者為禁。
　　　　（2）集小都鄉邑聚為縣，置令丞，凡三十一縣。
　　　　（3）為田開阡陌封疆，而賦稅平。
　　　　（4）平斗桶、權衡、丈尺。
〔註44〕　據《史記》本傳記載，孝公二十二年（西元前340年），商鞅伐魏，以詐術虜
　　　　魏公子卬，大敗魏軍得河西之地。由於功不可泯，封於商十五邑，號為商君。
〔註45〕　《商君書》之名稱有變異，篇目亦有亡佚。尤其自西漢商君之說備受壓抑，
　　　　朱師轍曾考其因由，歸納其因有二：一是人主假崇儒之名，行專利之實，治
　　　　理罔遵法度。二是專恣桀君、驕奢裔胄、豐祿貴卿、貪殘蠹吏，莫不視法律
　　　　如寇讎，而痛詆鞅學。因此，是書流傳代淹，散佚錯亂。參朱師轍《商君書
　　　　解詁定本·自序》，《商君書解詁定本》世界書局，民國 64 年出版。
〔註46〕　《韓非子·五蠹篇》曰：「今境內之民皆言治，藏商管之法者家有之，而國愈

讀商君開塞耕戰書，與其人行事相類。」（《史記・商君列傳》）據此得知司馬遷撰《史記》之前已有商鞅著作。目前可見《商君書》名稱的最早可靠資料是《漢書・藝文志・諸子略》著錄「商君二十九篇」。蜀漢時始稱《商君書》，《三國志・蜀書・先主傳》裴松之註即曰：「閒暇歷觀諸子及六韜、商君書，益人意知。」唐時魏徵於《群書治要》卷三六稱商鞅書為《商君子》，《商子》之名即由此轉稱。〔註47〕於五代時，後晉劉昫《舊唐書・經籍志下》即載「商子五卷」。其後宋歐陽修《新唐書・藝文志》、王堯臣《崇文總目》、晁公武《郡齋讀書志》、陳振孫《直齋書錄解題》、元托托《宋史・藝文志》、明宋濂《諸子辨》、清《四庫全書》皆稱《商子》。至嚴萬里校正《商子》始復稱《商君書》，自此《商君書》之名再度通行，注釋家多採用是名。〔註48〕

《商君書》篇目存佚據《漢書・藝文志》載「商君二十九篇」，不分卷數。《隋書・經籍志》載「商君書五卷」，不分篇數。至宋代有亡佚。〔註49〕至元

貧，言耕者眾，執未者寡也。」所謂商管之法，即指商鞅管仲之著作而言。又〈內儲說上篇〉曾引公孫鞅之言曰：「公孫鞅曰：行刑重其輕者，輕者不至，重者不來，是為謂以刑去刑。」

〔註47〕 隋唐志及唐代注釋家徵引並作商君書，不曰商子。

〔註48〕 朱師轍《商君書解詁》、王時潤《商君書斠詮》、簡書《商君書箋正》、陳啓天《商君書校釋》，多作《商君書》。

〔註49〕 《商君書》至宋代有亡佚

（1）存二十六篇：鄭樵《通志・藝文略・諸子類》法家記載「商君書五卷。自注：秦相衛鞅撰，漢有二十九篇，今亡三篇」。晁公武《郡齋讀書志・法家類》、王應麟《漢書藝文志考證》有相同記載。晁公武《郡齋讀書志・法家類》記載：「商子五卷。自注：右秦公孫鞅撰……鞅封於商，故以名其書。本二十九篇今亡者三篇」。王應麟《漢書藝文志考證》記載：「商君書五卷，館閣書目。今是書具存，共二十六篇，三篇亡」。

（2）存二十八篇：宋陳振孫《直齋書錄解題・法家類》記載「商子五卷。自注：秦相衛公孫鞅撰，或稱商君者，其封邑也。漢志二十九篇，今二十八篇，又亡其一」。陳氏所見為二十八篇，與前數家不同。《四庫全書總目提要》認為《書錄解題》與《讀書志》所見之本不同。《四庫全書總目提要》曰：「讀書志成於紹興二十一年，既以闕三篇。書魯錄解題成於宋末，乃反較晁本多二篇。概兩家所錄，各據所見之本，故多寡不同歟？四庫全書本與馬端臨《文獻通考》卷二百十二〈經籍考三十九〉記載相同，可能據此而來。然而據詹秀惠考證得知今所見陳氏《書錄解題》為二十六篇，故與晁氏本為同本，而陳氏所見又亡一篇。詹秀惠考證指出：「……今本書錄解題稱『今二十六篇，又亡其一』……依今本直齋書錄解題，則陳氏所見本與鄭氏、晁氏同為二十六篇，不同者為鄭、晁二氏所見二十六篇為全本，而陳氏所見本已缺其一，得二十五篇……」此處遂採詹氏之說。（3）存二十四篇：至元代又比宋代晁公武本亡佚二篇。清嚴萬里《商君書・總目》言

代又比宋代亡佚二篇，僅存二十四篇。自元至今篇數未再亡佚，至於唐魏徵《群書治要》節錄《商君書》數篇，於〈修權篇〉前節錄〈六反篇〉，爲今本二十四篇所無者，註釋家將其附錄於〈定分篇〉之後。

歷來有關《商君書》作者之考辨，各家說法歧異互見。〔註50〕大抵而言，

「得元鐫本，始更始止定分，爲篇二十六，中間亡篇二⋯⋯實二十四篇，與今所行范欽本正同」。所謂范本即明代四明范欽天一閣藏本。自〈更法〉至〈定分〉凡二十六篇，第十六篇存目無文，第二十一篇則全佚，僅二十四篇。嚴萬里所云明代范欽天一閣藏本，其有總目，轉引如下：第一卷：更法第一，墾令第二，農戰第三，去彊第四。第二卷：說民第五，算地第六，開塞第七。第三卷：壹言第八，錯法第九，戰法第十，立法第十一，兵守第十二，勒令第十三，修權第十四。第四卷：徠民第十五，刑約第十六（篇亡），賞刑第十七，畫策第十八。第五卷：境內第十九，弱民第二十，□□第二十一（篇亡），外內第二十二，君臣第二十三，禁使第二十四，慎法第二十五，定分第二十六。

〔註50〕《商君書》的作者，歸納學者考證可分三派：第一派主《商君書》爲商鞅自撰，多見諸史志著錄。例如司馬遷《史記·商君列傳》、《漢書·藝文志》法家類、歐陽修《新唐書·藝文志》、王堯臣《崇文總目》、鄭樵《通志》、晁公武《郡齋讀書志》、陳振孫《直齋書錄解題》等皆是。
第二派主《商君書》非商鞅自撰，首先質疑者爲黃震。黃氏因是書文煩碎不可句，遂疑其眞僞。稍後之《周氏涉筆》、《四庫全書總目提要》及民國以後學者胡適、黃雲眉、錢穆、羅根澤、郭沫若、熊公哲等學者，進而搜羅全書疑點，力證《商君書》之僞。黃震《黃氏日抄》卷五十五記載曰：「商子者，公孫鞅之書也。始於墾草，督民耕戰。其文繁碎，不可以句。⋯⋯或疑鞅亦法吏之有才者，其書不應繁亂若此，眞僞殊未可知」。又《周氏涉筆》之說參見馬端臨《文獻通考》卷二百十二。胡適之說參見《中國古代哲學史》冊三第十二篇第二章。黃眉雲之說參見《古今僞書考補證·子類》。錢穆之說參見《先秦諸子繫年·商鞅考》。羅根澤之說參見〈商君書探源〉，收錄於《古史辨》第六冊。郭沫若之說參見張心澂《僞書通考·子部》法家類。熊公哲之說參見〈商君書眞僞辨〉，收錄於《政大學報》第9期。
第三派主《商君書》部份爲商鞅自撰，顧實於〈重考古今僞書考〉中，對《商君書》出自傳學者之手的說法有所補充。認爲是書縱有後人撰作之處，但不宜就此推斷全書出自僞託。劉咸炘、陳啓天、高亨、詹秀惠、鄭良樹等學者從之。顧實〈重考古今僞書考〉曰：「今商君書當猶漢志法家之舊，而有殘缺。凡子書多非自著，身後有官學師事者或賓客爲之綴輯成書，故往往時代不符。商君書徠民弱民二篇，皆有及商君身後事，讀者分別觀之可耳。周氏之語，殊不足據。」參見陳啓天《商鞅評傳》頁119。劉咸炘說參見《子疏》卷八。高亨之說參見〈商君書作者考〉一文，收錄於《商君書注釋》一書。詹秀惠之說參見〈釋商君書並論其眞僞〉一文，收錄於《淡江學報》第12期。鄭良樹之說參見《商鞅及其學派》前編〈商君書作成時代的研究〉。
第二派學者所持論據繁多，大抵可歸納爲徵引商鞅身後史實及抄引他書二項。由於第二派論證多出自數篇，第三派學者認爲若據此論斷全書之僞，則

今存二十四篇有商鞅自撰者，有徒屬追述者，非一時一人之作。〔註51〕是以，於運用《商君書》資料時，以商鞅親撰，或疑似商鞅所撰之〈更法〉、〈墾令〉、〈算地〉、〈開塞〉、〈修權〉、〈賞刑〉、〈境內〉等篇爲主。其他各篇與商鞅思想相同者爲輔，作爲探討商鞅思想的依據。

商鞅論著《商君書》《漢書・藝文志》列爲法家要籍。《韓非子》言：「今境內之民皆言治，藏商、管之法者家有之。」（〈五蠹篇〉）不難想見《商君書》於秦皇統一六國前盛極一時的概況。近代學者研究商鞅學說，大抵多能重視其法治上的成效。梁啓超先生主編之《中國六大政治家》，列商君爲第二編，由麥夢華先生撰述，多肯定其政績。〔註52〕陳啓天先生《商鞅評傳》於商鞅之政治實效亦予以極高評價。〔註53〕商鞅是重法派法家代表，朱師轍說：

> 而鞅之言曰，有道之國，治不聽君，民不從官，蓋其立法之旨，實君民同納於軌物，上下胥以法律爲衡，非獨官吏弗能行其私，人主弗能肆其志。〔註54〕

說明「緣法而治」的特色。然法之特性在主權者下達命令，強制人民遵守，違者即承擔義務責任，形成尊君抑民現象。誠如胡樸安所言：「國家對於人民，有無上之權威。以此之故，所以務在嚴刑以臨民。此固由於商君天資之刻薄，亦學說之結果必至於如是也。特是國家與君主不分，刑罰太峻，君權必尊。極其流弊，法律將失效力，此君主之意思，強使人民之必從，造成君主專制之政治。」（《商君書解詁》序）〔註55〕因而任法往往導致君權獨大，法治與尊君往往互爲因果。以下即針對商鞅學說之尊君任法現象作一說明。

一、性惡論之任法前提

商鞅重法欲「以刑去刑」（〈開塞篇〉），並視詩書禮樂爲六蝨，提出「以法爲體，以刑爲用」的法治理想。凸出法治而摒斥禮治，呈現其政治思想不

有失公允。第三派學者以中庸態度考核《商君書》，以「不得全謂鞅作，亦不得謂全無鞅作」觀點備考全書，本文採此說。

〔註51〕 參見賀凌虛〈商君書及其基本思想析論〉一文，收錄於《商君書今註今釋》頁222，商務印書館，民國77年出版。

〔註52〕 梁啓超《中國六大政治家》正中書局，民國52年出版。

〔註53〕 同註39。

〔註54〕 參見朱師轍《商君書解詁定本》自序，《商君書解詁定本》世界書局，民國64年出版。

〔註55〕 同上註。

能植根於人類道德心靈的自覺。基本上，是在人性觀下產生的逆轉。由於純然從經驗立場觀察人性，對法之內涵起相當作用。

商鞅肯定人性自利的劣根性，可從以下四點得知：

（一）就好惡之情的表現而言。其曰：

　　民之有欲有惡也，欲有六淫，惡有四難。（〈說民篇〉）

　　民之生，饑而求食，勞而求佚，苦則索樂，辱則求榮，此民之情也。
　　（〈算地篇〉）

　　羞辱勞苦者，民之所惡也；顯榮佚樂者，民之所務也。夫人性好爵
　　祿而惡刑罰。（〈錯法篇〉）

正視人性之好惡，且論及人性的內容可分作求生求食、求安求樂、求顯求榮三層次。指出：「民之欲富貴也，共闔棺而後止。」（〈賞刑篇〉）明示人性對最高層次之追求最強烈。且「民之於利也，若水於下也。」（〈君臣篇〉）人性自利罕能知足知止。

（二）就計慮之知的表現而言。好其所好、惡其所惡，正是計慮心在好惡之情上的作用。其曰：

　　民生則計利，死則慮名……民之性，度而取長，稱而取量，權而索
　　利。（〈算地篇〉）

其意說明計慮之知即利之中取大，害之中取小。並舉上世之士及盜賊之例說明「今夫盜賊上犯君上之所禁，下失臣子之禮，故名辱而身危。猶不止者，利也。其上世之士，衣不煖膚，食不滿腸，苦其志意，勞其四肢，傷其五臟，而益裕廣耳，非性之常，而為之者，名也。」（同上）一則名辱身危，一則志苦身勞，實為權衡利害後為求利不惜失禮犯禁，為求名不惜忍饑苦身之強求者，明示人性求利現象。

（三）就強弱之意的表現而言。強弱之意即所謂「勇怯之性」，人性有勇怯之異，為政者可透過刑賞，使怯民勇，勇民為國死戰，其曰：

　　怯民使以刑必勇，勇民使以賞則死。怯民勇，勇民死，國無敵者彊，
　　彊必王。（〈去彊篇〉）

〈說民篇〉亦有相同記載，〔註56〕多強調人性趨利避害之自利表現。

〔註56〕《商君書・說民篇》曰：「民勇，則賞之以其所欲；民怯，則刑之以其所惡。
　　　故怯民使之以刑，則勇；勇民使之以賞，則死。怯民勇，勇民死，國無敵者
　　　必亡。」

（四）就人性古愚今知的變遷而言。從歷史觀點探討人性有古愚今智的現象，他說：

> 古之民，樸以厚，今之民，巧以僞。（〈開塞篇〉）

而變遷原委在人口激增，又講求區別人我，所謂：「親親而愛私。親親則別，愛私則險；民眾而以別險爲務，則民亂。」（同上）爲求自保生存，於是「不知而學」，從「樸厚」而變爲「巧僞」。

商鞅觀察人性自利的一面，根本緣由在物化人性，強調執政者唯有透過外在賞罰才能控制人民。以下就商鞅於法治、經濟、軍事範疇的執法實況作一說明。

（一）就法治方面言

1. 重刑制度

商鞅受李悝《法經》相秦，並「改法爲律」。然秦律多已散佚，因此根據史籍輯得的有限資料，來說明其任法的實踐。

> 令民爲什伍而相牧司連坐。不告奸者腰斬，告姦者與斬敵首同賞。
> （《史記・商君列傳》）
>
> 爲私鬥者，各以輕重被刑。（同上）
>
> 事末利及怠而貧者，舉以爲收孥。（同上）
>
> 令民父子兄弟同室內息者爲禁。（同上）
>
> 舍人無驗者，坐之。（同上）
>
> 步過六尺者有罰。（同上，裴駰《集解》）
>
> 棄灰於道者黥。（《漢書・五行志》）

由上述所引商鞅制定的法令條文有刑重且繁的現象。在刑重方面，以「刑棄灰於道」爲例，太史公評其：「夫棄灰，薄罪也；而被刑，重罰也。」（《史記・李斯列傳》）說明商鞅輕罪重罰的情形。《韓非子・內儲說上篇》亦批評商鞅之法是「重輕罪」。在刑繁方面，由於輕罪重罰則其法必然嚴密、罪多，故有「秦法繁於秋荼，而網密於凝脂。」（《鹽鐵論・刑德篇》）之說。且睡虎地秦墓竹簡記載之法律，有〈田律〉、〈廄苑律〉、〈倉律〉、〈金布律〉、〈關市〉、〈工律〉、〈工人程〉、〈均工〉、〈徭律〉、〈司空〉、〈置吏律〉、〈效〉、〈軍爵律〉、〈傳食律〉、〈行書〉、〈內史雜〉、〈衛雜〉、〈屬邦〉、〈除吏律〉、〈游士律〉、〈除

弟子律〉、〈中勞律〉、〈藏律〉、〈公車司馬獵律〉、〈牛羊課〉、〈傅律〉、〈屯表律〉、〈捕盜律〉、〈戍律〉等二十餘種。其中雖有部分條文乃商鞅死後所累增，然而並不能否定商鞅遺法的影響。換言之，此乃商鞅刑繁的延伸與證明。就刑名種類而言：據《史記·商君列傳》及《漢書·刑法志》記載，商鞅制定之刑名總類至少有連坐、腰斬、參夷、鑿顛、抽脅、鑊烹、車裂、黥、劓、遷、收等十一種，大多有刑罰酷烈現象，如抽脅、鑊烹、腰斬之刑，由刑名釋義不難推知是極端不合人道。又連坐法株連廣泛，誠如裴駰所言：「一日臨渭而論囚七百餘人，渭水盡赤。號哭之聲動於天地。」（《史記·商君列傳》之《集解》）可揣測其中無辜而株連者定不在少數。以上表示其濫肆刑殺、草菅人命的一般情形。

2. 連坐制度

獎告姦之連坐制度，就太史公所記可推知其大略，太史公曰：

> 令民爲什伍，而相牧司連坐，不告姦者腰斬；告姦者，與斬敵首同賞；匿姦者，與降敵同罰。（《史記·商君列傳》）

商鞅新法的戶口編制採什伍制度，使民互相糾察監視，告發姦人予以重賞，反之則行重罰。且同什伍中，一人有罪則他人連帶有罪，誠如司馬貞所言：「一家有罪而九家連舉發，若不糾舉，則十家連坐。恐變令不行，故設重禁。」（《史記·商君列傳》之《索隱》）《商君書》中亦有連坐制的記載，其曰：

> 守法守職之吏有不行王法者，罪死不赦，刑及三族。同官之人，知而訐之上者，自免于罪，無貴賤，尸襲其官長之官爵田祿。（〈賞刑篇〉）

說明連坐制不分官吏人民一律施行，且有三族連坐的規定。此外，商鞅又曰：

> 其戰也，五人束薄爲伍，一人死而剄其四人。（〈境內篇〉）
>
> 行間之治，連以五。（〈畫策篇〉）

連坐法在軍隊中亦施行，徐復觀先生指出：「這一方面是軍事組織、軍事控制，同時又是刑罰組織、刑法控制。」〔註57〕基本上，連坐制屬重刑制度，具有刑重、殘酷之特色。此乃出自商鞅對人性計利之了解，利用人畏威畏法心理，而以苛刑重法方式控制人民，而忽略道德無形之潛在，誠如馬端臨所言：

> 秦人所行什伍之法，與成周一也。然周之法，則欲其出入相友，守

〔註57〕參見徐復觀《兩漢思想史》卷一，頁122，學生書局，民國74年出版。

望相助，疾病相扶持。是教其相率而爲仁厚輯睦之君子也。秦之法，一人有姦，鄰里告之，一人犯罪，鄰里坐之。是教其相率而爲暴戾刻核之小人也。（《文獻通考・職役考》）

（二）就經濟方面言

1. 獎農功

商鞅獎勵農功的實踐，據太史公記載：「僇力本業，耕織致粟帛多者復其身。」（《史記・商君列傳》）「復其身」是致粟帛多者的鼓勵，其內涵有三說：

（1）相對於「事末利及怠而貧者，舉以爲收孥。」而言，所以復其身指從奴隸恢復爲自由身分。

（2）指免除賦役，所謂「能入得一首則復」（〈境內篇〉）之意。

（3）指免除兵役，所謂「令使復之三世，無知軍事。」（〈徠民篇〉）之意。

因商鞅第二次變法方實行廢井田開阡陌的制度，在此之前井田未廢，公田仍存在，農民多是助耕奴隸，據王曉波先生分析：

「復其身」何義？歷來有不同說法，但相對於「事末利及怠而貧者，舉以爲收孥」而言，當是指收孥的反面。我們知道當時除了公田之外，已有私田的存在，農民雖有自己開闢出來的私田，但其身份還是公田的農民，要受到一些約束，來鼓勵「致粟帛多者」。鼓勵的反面就是處罰，對那些已經游離出農村而「事末利」的工商之人，若其「怠而貧」就給予「收孥」的處罰。「收孥」來的人做何用呢？當然不會白白的奉養他們，我們推斷當是賞給有功者作家奴，或去從事公田的生產。商君這項政策實行的結果，當是「致粟帛多」和「復其身」。關於前者就是「富國」，關於後者便是正式承認自耕農或私有地主的存在了。〔註58〕

故採第一說。

由於我國自古以農立國，人民與農業關係密切，所謂「民，國之本也；穀，民之天也。」（《四庫全書總目提要・子部總敘》）在民賴農維生情況下，商鞅獎農功自然有其正面價值。誠如章炳麟所言：

功堅其心，糾其民於農牧，使鄉之游惰無所業者，轉而傅井畝。是

〔註58〕 參見王曉波〈商君與商君書的思想分析〉一文，出處同註13，頁148至149。

故蓋藏有餘，而賦税亦不至於缺乏。其始也穀，其終也交足。異乎
其屬民以鞭箠，而務充君之左藏也。（《迂書·商鞅》）

於「訾粟而税，上壹而民平」（〈墾令篇〉）原則下，對男耕女織生產特多者予以
優待，可鼓勵人民為國所用。然而，商鞅重農目的是在富國，且其富國並非富
民，從其提倡納粟任爵的理論，可知他並不關心人民的貧富，只是關心民貧或
民富之後對國家有無利益。其欲貧者富並非樂見人民富足，而是以富足為誘餌，
迫使人民為君主賣命效力。出發點是藉法令的強制力驅策人民成為生產機器，
其運作則是配合人性的理解，不出以利誘民、以名誘民的方式。

2. 抑商賈

商鞅抑制商業發展的法令，整理《商君書》之記載其條文有四：

使商無得糴，農無得糶。農無得糶，則窳惰之農勉疾。商不得糴，
則多歲不加樂。多歲不加樂，則饑歲無裕利。無裕利則商怯，商怯
則欲農，窳惰之農勉疾，商欲農，則草必墾矣。（〈墾令篇〉）

貴酒肉之價，重其租，令十倍其樸。然則商賈少，農不得喜酣奭，
大臣不為荒飽。商賈少，則上不費粟。農不能喜酣奭，則農不慢。
大臣不荒，則國事不稽，主無過舉。上不費粟，民不慢農，則草必
墾矣。（同上）

重關市之賦，則農惡商，商有疑惰之心。農惡商，商疑惰，則草必
墾矣。（同上）

以商之口數使商，令之廝、輿徒重者必當名，則農逸而商勞。農逸
則良田不荒，商勞則去來費送之禮，無通於百縣，則農民不饑，行
不飾。農民不饑，行不飾，則公作必疾而私作不荒，則農事必勝，
草必墾矣。（同上）

觀其言，商鞅用不得買賣穀物及實行重租、重税、重勞役等方式壓抑商賈，
阻礙商人出現，不外是人情趨避的掌握，亦是受人性觀的支配。

由於人性趨利避害，因而主張以賞罰御民。其曰：「人情好爵祿而惡刑罰，
人君設二者以御民之志，而立所欲焉。」（〈錯法篇〉）而賞罰著重於獎耕戰，而
主張「上利從一空出」。商鞅認為：「見言談游士事君之可以尊身也，商賈之可
以富家也，技藝之足以餬口也，民見此三者之便且利也，則必避農，避農則民
輕其居，輕其居則必不為上守戰也。」（〈農戰篇〉）言談、商賈、技藝、農戰四

者皆可穫利，則人恆取易去難，以便利之道求生、求富、求榮，必然導致避農戰的現象，而與國家富強政策相悖。商鞅因而主張「塞私道以窮其志，啓一門以致其欲。」（〈説民篇〉）換言之，即斷絕一切倖進機會，而啓農戰一途。

此外，又人性趨利而不知止，遂主張納粟任爵，既滿足個人欲望，且國君亦可穫利，其曰：

> 民貧則力富，民富則淫，淫則有蝨。故民富而不用，則使民以食出爵，爵必以其力，則農不偷。農不偷，六蝨無萌，故國富而民治。（〈弱民篇〉）

說明人民因貧困饑寒而勞苦力農，待力農致富後輒生淫逸。行納粟任爵之法，民富將爲國富，民既不流於奢淫，且失其糧食又必務農，往復循環國必多力。

以上所述可推知商鞅否定人之向上心，以賞罰役民，只視人貪得樂進一面，認定人無爲善可能。因此斥學，尤其是儒學，有關斥學之法令條文有二：

> 無以外權爵任與官，則民不貴學問，又不賤農。民不貴學問則愚，愚則無外交，無外交則民勉農而不偷。民不賤農，則國安不殆。國安不殆，勉農而不偷，則草必墾矣。（〈墾令篇〉）

> 國之大臣、諸大夫，博聞、辯慧、游居之事皆無得爲。無得居游於百縣，則農民無所聞變見方。農民無所聞變見方，則知農無從離其故事，而愚農不知，不好學問。愚農不知，不好學問，則務疾農。知農不離其故事，則草必墾矣。（同上）

除藉法令禁止學問傳播外，《韓非子》甚至記載商鞅有焚書的行爲，其曰：

> 商鞅焚詩書，明法令，塞私門之請，以遂公家之勞，禁游宦之民，以顯耕戰之士。（〈和氏篇〉）

所以前人認爲李斯諫焚書應受商鞅成法遺規的影響，蘇轍曾說：

> 至於偶語詩書者棄市，以古非今者族，其端皆自鞅發之。（《古史・商君列傳》）〔註59〕

宋濂也說：

> 不貴學問以愚民，不令豪傑務學詩、書，其流毒至嬴政，遂大焚詩、書、百家語，以愚天下黔首，鞅實啓之，非特李斯過也。（《諸子辨・商子》）〔註60〕

〔註59〕蘇轍《古史》，四庫全書本，商務印書館，民國72年出版。
〔註60〕宋濂《諸子辨》明少城子編。收入《叢書堂雜鈔》明叢書堂朱格鈔本。

秦始皇焚書商鞅難辭其咎，其依法而廢禮，法治與道德分道揚鑣，形成立法上的偏執。

（三）就軍事方面言

商鞅於軍事上的表現最具有特色的是提出了尚首功制度，其曰：「有軍功者，各以率受上爵……宗室非有軍功論，不得爲屬籍。明尊卑爵秩各以差次，名田宅臣妾衣服以家次。有功者顯榮，無功者雖富無所芬華。」（《史記・商君列傳》）其欲建立一「尊卑爵秩」分明的社會，凡爵位、田宅大小、衣服樣式、臣妾數量皆依軍功大小而定。以軍功大小重訂社會地位，打破封建制度中爵位爲貴族獨有的現象。因重軍功，所以作爲賞賜爵祿的標準，即建立在殺敵多寡的人數上。其曰：

> 軍爵，自一級以下至小夫，命曰校徒操士。公爵，自二級以上至不更，命曰卒……五人一屯長，百人一將。其戰，百將屯長必得斬首。得三十三首以上，盈論，百將屯長賜爵一級……能攻城圍邑斬首八千以上，則盈論；野戰斬首二千，則盈論。吏自操及校以上大將，盡賞行間之吏也。故爵公士也，就爲上造也。故爵上造，就爲簪裊。故爵簪裊，就爲不更。故爵不更，就爲大夫。爵吏而爲縣尉，則賜虜，六加五千六百。爵大夫而爲國尉，就爲官大夫。故爵官大夫，就爲公大夫。故爵公大夫，就爲公乘。故爵公乘，就爲五大夫，則稅邑三百家。故爵五大夫，就爲庶長；故爵庶長，就爲左更；故爵三更也，就爲大良造，皆有賜邑三百家，有賜稅三百家。爵五大夫有稅邑六百家者，受客……誓由丞尉，能得甲首一者，賞爵一級，益田一頃，益宅九畝。級除庶子一人，乃得入兵官之吏。（〈境內篇〉）

商鞅以爵賞有功，〈境內篇〉所載之爵名有一級至十六級，與《漢書・百官公卿表》言秦有二十爵略有不同。〔註61〕大抵二十爵於商鞅時未形成，然其基本體系成於此時。

商鞅爵制如上述，而其晉爵關鍵在論功行賞的方法。誠如韓非所言：「商

君之法曰：『斬一首者爵一級，欲爲官者爲五十石之官；斬二首者爵二級，欲爲官者爲百石之官』。官爵之遷與斬首之功相稱也。」（〈定法篇〉）歷來言商鞅晉爵之法多針對韓非之言敷衍鋪陳。據杜正勝先生研究，〔註62〕斬一首者爵一級則秦爵無法消化無盡之首功，且將導致人人優官、戶戶高爵的現象。因此，認爲韓非所引商君之法，只是爵制中的一條或少數法令，不可作唯一原則。並進而據〈境內篇〉分析提出商鞅軍功授爵的辦法，其說如下：

1. 一級公士不必有軍功，是秦軍之恩賜。
2. 二級上造、三級簪裊和四級不更，便全憑個人戰功而晉升，原則上是依照韓非所述商君之法斬一首爵一級。
3. 第四級以後則不能按此方法晉升，須擔任屯長或百將，而所率領之部隊在一次戰役中獲得三十三首，才得以晉爵。
4. 又有得甲首一者賞爵一級，並益以田宅、庶子的辦法。此因「甲首」與一般斬首不同，由於是行伍首腦，斬獲困難故得厚賞。

說明商鞅軍功授爵制度的複雜，非「斬一首者爵一級」所能涵蓋。就統治者立場而言，尚首功不外是欲民致力殺敵而強國。但商鞅強國並非強民衛民，相反的，商鞅認爲強國與強民對立，可從其獎農功並非關心人民富足推知，其曰：「不勝而王，不敗而亡，自古及今，未嘗有也。」（〈畫策篇〉）是以其尚首功只欲鼓勵人民爭戰。就人民立場而言，商鞅以首功重劃社會地位，庶人可由戰場上的努力改變自己身份，必然導致戰鬥力的增強。從徐復觀先生記載秦每次戰役斬首無數的情形判斷，秦士卒簡直趕盡殺絕。〔註63〕此現象應絕大部分來自士卒的邀功心理。換言之，統治者視人民爲強國工具，而人民則淪爲計利心的奴隸。

二、進化歷史觀之任法立場

據《史記·商君列傳》與《商君書》分析，商鞅所持者是進化歷史觀，

〔註62〕 參見杜正勝〈從爵制論商鞅變法所形成的社會〉一文，《中研院歷史語言研究所集刊》第五十六本第三分。

〔註63〕 徐復觀《秦會要訂補》卷十八言曰：「秦尚首功，見於史者，如獻公二十一年與晉戰，斬首六萬，孝公八年與魏戰，斬首七千，惠文王八年與魏戰，斬首四萬五千。後七年，與韓、趙戰，斬首八萬⋯⋯計共一百六十六萬八千人。而史所缺略不書者，尚不知凡幾。從古殺人之多，未有無道如秦者也。」鼎文書局，民國67年出版。

或稱演變不復的歷史觀。商鞅肯定歷史的變嬗，認為制度在歷史的變動中必然要與時推移，於是衍生變古與反古措施，根據〈開塞篇〉記載：

> 天地設而民生之，當此之時也，民知其母而不知其父，其道親親而愛私，親親則別，愛私則險，民眾而以別險為務，則民亂，當此時也，民務勝而力征，務勝則爭，力征則訟，訟而無正，則莫得其性也。故賢者立中正，設無私，而民說仁，當此時也，親親廢，上賢立矣。凡仁者以愛為務，而賢者以相出為道，民眾而無制，久而相出為道，則有亂。故聖人承之，作為土地貨財男女之分，分定而無制不可，故立禁，禁立而莫之司不可，故立官，官設莫之一不可，故立君，既立君，則上賢廢，而貴貴立矣。

商鞅就其對歷史的理解，將其分作上世、中世、下世三階段。造成歷史變動的因素或「民眾而以別險為務」，或「民眾而無制」。換言之，由於亂遂由上世轉入中世、中世轉入下世。因時變制度亦隨之而異，從親親而尚賢而貴貴尊官。又〈畫策篇〉記載昊英之世、神農之世、黃帝之世，世異則事異之現象，可與三世之說的觀點相發明。

　　了解三世之說的大要，三世遞變的真確性，亦引發學者的探究。基本上，三世之說與史實的確切關係已無法考見，而且將三世之說與歷史現象比照，審視其真實性，應非探討三世之說的重點。因商鞅是從「世事變而行道異」的目的出發，挑選過去時間中，無限經驗事實的部分，建構其理論體系，大抵在揭櫫歷史的演化與制度的因時制宜。因此，所言之三世是否與史實相符，實屬次要問題。

　　商鞅持進化歷史觀，認為人君不宜墨守成規，遂提出變古與反古的主張。《商君書‧更法篇》與《史記‧商君列傳》記載了秦孝公欲變法以治，與商鞅、甘龍、杜摯三大夫商討策畫的內容。其間甘龍、杜摯主張依循舊日法度，而商鞅力倡變古，其重要言論摘錄如下：

> 三代不同禮而王，五霸不同法而霸……前世不同教，何古之法？帝王不相復，何禮之循？伏羲、神農，教而不誅，黃帝、堯、舜，誅而不怒。及至文、武，各當時而立法，因事而制禮，禮法以時而定，制令各順其宜，兵甲器備，各便其用。臣故曰：治世不一道，便國不必法古。湯武之王也，不循古而興，殷夏之滅也，不易禮而亡。然則反古者未可必非，循禮者未足多是也。（〈更法篇〉）

商鞅根據歷史例證，伏羲、神農時無刑罰，黃帝、堯、舜時有刑罰，進至文、武時則立法制禮，得出「治世不一道，便國不必法古」的結論。並以湯武之王、殷夏之滅，說明「循禮者未足多是」，支持他「禮法以時而定，制令各順其宜」之說。

至於商鞅變古原因，可歸納爲兩端：

（一）因時勢不同，若因襲不合時宜之舊制度必窒礙難行，故曰：

> 今世巧而民淫，方倣湯武之時，而行神農之事，以隨世禁，故千乘惑亂。（〈算地篇〉）

說明人主不行湯武致彊之道，卻欲以神農教化方法服民，必導致混亂。

（二）制度不與時推移，則不能適應時代需要，故曰：

> 上法古而得其塞，下修今而不時移，而不明世俗之變，不察治民之情。（〈壹言篇〉）

可見法古則跟不上時代需求，脩今則拘泥成法跟不上時勢發展。因此，鄭良樹先生指出，此言不僅斥責了「法古」的社會分子，且斥責「安其故而不闚於時」的法家。〔註64〕總而言之，一國法制應隨時勢變遷而修改，誠如其所言：「苟可以彊國，不法其故；苟可以利民，不循其禮。」（〈更法篇〉）的變古主張，是其應世的重要原則。

變古主張延展則有反古言論，其曰：

> 古之民樸以厚，今之民巧以僞。故效於古者，先德而治，效於今者，前刑而法。（〈開塞篇〉）

由於順應今民巧僞的時勢，商鞅主張以刑治代替德治，顯然法家刑治與儒家衝突，因而對儒家思想有強烈排拒意識，遂衍生反德治即反古的原則。這可從《商君書》多處貶抑儒家禮樂窺其端倪，故曰：

> 辯慧，亂之贊也；禮樂，淫佚之徵也；慈仁，過之母也；任譽，姦之鼠也。（〈說民篇〉）

其變古與反古，認爲外在儀文制度須因事制宜，避免流於僵化，所以斥周文疲敝後極奢靡荒淫之禮樂，而主張法治。其說本有正面價值，然而後人多持負面評價，以下從二方面說明商鞅「變古」說法不被認同的可能原因：

（一）將周文疲敝後之禮樂等同儒家禮樂精神，並加以否定。據《論語‧八佾篇》記載，季氏爲魯國大夫竟用八佾於家廟，僭禮踰分。孔子憤然而言：

〔註64〕參見鄭良樹《商鞅及其學派》後編第二章。學生書局，民國76年出版。

「是可忍也，孰不可忍也！」並斥管仲之樹塞門、行反坫及仲孫、叔孫、季孫蹭禮，家祭用孔子祭祀之雍詩，所謂「禮云禮云，玉帛云乎哉！樂云樂云，鐘鼓云乎哉！」（同上）道出內心無限感慨。孔子否定不合時宜的禮樂，態度與商鞅一致。不過孔子並未否定禮樂眞精神，而欲重開禮樂新機運。其轉化之禮樂已注入仁的精神，非淫佚的禮樂。而商鞅斥荒淫之禮，並進而貶抑儒家禮樂，否定禮樂之教的德治。不了解二者層次不同，乃至有意扭曲禮樂價值。

（二）斥禮立法只看到歷史演進表象，實則拋棄歷史根源。其曰：「三代不同禮而王，五霸不同法而霸。」（〈更法篇〉）事實上，三代之禮制是因革損益、依時制宜，所以儒家肯定歷史本源法度，誠如孟子所言：「原泉沌沌，不舍晝夜，盈科而後進，放乎四海，有本者如是。是之取爾！苟爲無本，七八月之間雨集，溝澮皆盈，其固也，可立而待也。」（〈離婁下篇〉）。其本意指君子之學應有本源，亦說明歷史根源乃一脈相傳。任法廢禮則斬斷歷史，抹殺了人的價值。

三、尊君與任法之本末關係

根據上述商鞅所謂的法，廣義的說是統治者強調人民盡片面義務的命令，狹義的說只是一種刑法。與儒家人治主張「禮者禁於將然之前，而法者禁於已然之後。」（《漢書・賈誼傳》）不同，認爲緣法而治是治國唯一手段。

商鞅緣法而治，然而法治中最高權威並非法律，而是人君，其曰：「權者，君之所獨制，人主失守，則危……權制獨斷於君，則威。」（〈修權篇〉）誠如梁啟超先生及殷海光先生所謂「專制時代的權原在皇帝」。〔註65〕由於法之制定權在人君，所謂「法律之前，人人平等」只是假平等，人君具有崇高地位，法只是人君統治人民的工具。可見其法治觀具有尊君抑民現象，以下從法是人君絕對化保障及法與富國強兵意識結合二點論述。

（一）就法是人君絕對化保障而言。商鞅認爲君主首應明法去私，其理由是：「凡人臣之事君也，多以主所好事君。君好法，則臣以法事君；君好言，則臣以言事君。」（〈修權篇〉）人臣以國君之好惡爲好惡，商鞅遂強調人君應

〔註65〕參見梁啟超《先秦政治思想史》第十六章，東大圖書公司，民國 76 年出版。參見殷海光〈治亂的關鍵〉一文，收入徐復觀《學術與政治之間》，學生書局，民國 74 年出版。

以法爲準，故曰：

> 言不中法者，不聽也；行不中法者，不高也；事不中法者，不爲也。
>
> 言中法，則聽之；行中法，則高之；事中法，則爲之。（〈君臣篇〉）

「任法去私」不以私意亂法，即「錯法而民無邪者，法明而民利之也。」（〈錯法篇〉）然而，商鞅之法出自人君，依〈修權篇〉所言執政者擁有法、信、權三者。而「權」指權力，是制定政令、推行政令之依據。國君握賞罰之柄，其目的是：「貧者使以刑，則富；富者使以賞，則貧。治國能令貧者富，富者貧，則國多力，多力者王。」（〈去彊篇〉）換言之，執政者視民如充實國力的機器。因此，嚴刑峻法是商鞅法治觀的必然總歸結。韓非言：

> 公孫鞅之法也重輕罪。重罪者人之所難犯也；而小過者人之所易去也。使人去其所易，無離其所難，此治之道也。夫小過不生，大罪不至，是人無罪而亂不生也。一曰：公孫鞅曰：行刑重其輕者，輕者不至，重者不來，是謂以刑去刑。（〈內儲說上篇〉）

輕罪重罰的重刑政策其目的在「以刑去刑」，以刑去刑理論亦見於《尚書‧大禹謨》所謂「刑期於無刑」。有關商鞅重刑政策散見於《商君書》，如〈開塞篇〉提出重刑的必要，其曰：

> 故以刑治則民威，民威則無姦，無姦則民安其所樂。以義教則民縱，民縱則亂，亂則民傷其所惡……立君之道，莫廣於勝法；勝法之務，莫急於去姦；去姦之本，莫深於嚴刑。故王者以賞禁，以刑勸，求過不求善，藉刑以去刑。

商鞅將嚴刑與義刑比對，以明重刑的必要。事實上除商鞅外，墨子曾言：「罰嚴足畏」（〈備城門篇〉）荀子亦言：「刑稱罪則治，不稱罪則亂，故治則刑重，亂則刑輕。」（〈正論篇〉）然而荀子強調罪刑相當，商鞅則言輕罪重罰，其曰：

> 行刑重其輕者，輕者不生，則重者無從至矣……行刑重其重者，輕其輕者，輕者不止，則重者無從止矣。（〈說民篇〉）

認爲重罪科以重刑，輕罪科以輕刑，則刑至事生。若輕罪重刑，即刑去事成。其利用人情趨避及畏懼心理，而至「以刑去刑」之目標。至於商鞅實行重刑的原則有二：

1. 刑無等級，其曰：

> 所謂壹刑者，刑無等級。自卿相將軍以至大夫庶人，有不從王令、

犯國禁、亂上制者，罪死不赦。有功於前，有敗於後，不爲損刑。
有害於前，有過於後，不爲虧法。忠臣孝子有過，必以其數斷。守
法守職之吏，有不行王法者，罪死不赦，刑及三族。周官之人，知
而訐之上者，自免於罪。無貴賤，尸襲其官長之官爵田祿。（〈賞刑
篇〉）

所謂刑無等級即壹刑，正說明其執法如山，打破傳統「刑不上大夫，禮不下
庶人」的差別待遇。又舉晉文公殺寵臣顚頡而大治一例（〈賞刑篇〉），說明刑
罰不失疏遠、不違親近的原則。

　　2. 防犯未然，其曰：

重刑連其罪，則民不敢試。民不敢試，故無刑也。夫先王之禁刺殺，
斷人之足，黥人之面，非求傷民也，以禁姦止過也。故禁姦止過，
莫若重刑。（〈賞刑篇〉）

說明重刑目的不在事後的懲罰，而在防犯未然。透過計利慮害心理，運用輕
罪重罰禁姦止過，並藉重罰犯人，達到殺一儆百效果。人君制勝人民的關鍵
在法，其曰：「凡人主德行非出人也，知非出人也，勇力非過人也。然民雖有
聖知弗敢我謀，勇力弗敢我殺，雖眾不敢勝其主；雖民至億萬之數，縣重賞
而民不敢爭，行罰而民不敢怨者，法也。」（〈畫策篇〉）國君德行、智慧、勇
力不一定超越別人。然而，若持法治國則民服從。換言之，法之賞罰既出自
人君，人民遂以君主之好惡爲好惡，似乎人民是爲人君而存在。又法律與人
民相對，其曰：「昔之能制天下者，必先制其民者也；能勝強敵者，必先勝其
民者也。故勝民之本在制民，若冶於金，陶於土也。本不堅，則民如飛鳥走
獸，其孰能制之？民本，法也。故善治者，塞民以法，而名地作矣。」（同上）
也就是說，法是人君陶冶人民的工具，是人君絕對化的保障。

　　（二）就法與富國強兵意識結合而言。商鞅強調賞罰需以實際客觀事實
爲標準，務使「賞隨功，罰隨罪」（〈禁使篇〉），其曰：

授官予爵，不以其勞，則忠臣不進。行賞賦祿，不稱其功，則戰士
不用。（〈修權篇〉）

所謂「功」指耕戰而言，其曰：「國之所以興者，農戰也。……國待農戰而安，
主待農戰而尊。」（〈農戰篇〉）重農之因不外是：〔註66〕在經濟上，藉重農以

────────────
〔註66〕商鞅重農理由：在經濟上藉重農以富國。可由「明君修政作壹，去無用，
　　　止浮學事淫之民，壹於農，然後國家可富，而民力可專也……其民農者寡，

富國，農業爲財力來源，民務耕織「生粟於境內，則金粟兩生，倉府兩實。」
（〈去彊篇〉）國可富。在政治上，藉重農使民樸易治。在軍事上，則藉重農
而強兵。至於重戰理由，其曰：「戰事兵用曰彊，戰亂兵息而國削。」（同上）
說明重戰意義在免於亡國，積極意義則在強國。由於立國政策在致力農戰，
所以說：「國務壹，則民應用，事本專，則民喜農而樂戰。」（〈壹言篇〉）因
此，商鞅擬定使民歸心於「壹」的策略，而制定「壹賞」、「壹刑」之法，即
是結合農戰與刑法的富國尊君方法，其曰：

> 國之所以重，主之所以尊者，力也。耕戰二者，力本。（〈愼法篇〉）

欲國重主尊而要之以功、戒之以刑。法治與富國強兵的意識結合，所以法治
目的並非保障個人權利與自由，反成爲殘酷工具。以富國強兵藉以鞏固君上
權威，相對的也就犧牲和削弱人權的重要性。前人對此主張多有批評，《魏鄭
公諫錄》卷三記載一段對話，其曰：

> 太宗曰：「周孔儒教非亂代之所行，商韓刑法，實淸平之秕政。道旣
> 不同，固不可一概也。」公對曰：「商鞅、韓非、申不害等，以戰國
> 縱橫，間諜交錯，禍亂易起，譎詐難防，務深法峻刑，以遏其患，
> 所以權救於當時，固非致化之通軌」。〔註67〕

嚴萬里亦言及：

> 蓋以力服人，力竭而變生；以德服人，德成而化盛。（〈商君書新校
> 正序〉）〔註68〕

說明商鞅以重刑箝制人民，使民俯首臣服以尊君實非長久之計。此種藉重法
以尊君，君本法末的主從關係與今日法制內涵截然不同。

而游食者眾，眾則農者殆，農者殆則土地荒……此貧國之敎也。」（〈農戰
篇〉）推知。在政治上藉重農使民樸易治。可由「爲國之道，務在墾草……
私利塞於外，則民務屬於農，屬於農則樸，樸則畏令。」（〈算地篇〉）「聖
人知治國之要，故令民歸心於農，歸心於農，則民樸而可正也。紛紛，則
不易使也。」（〈農戰篇〉）推知。在軍事上藉重農而強兵。可由「百人農一
人居者王，十人農一人居者彊，半農半居者危。故治國者欲民之農也。國
不農則與諸侯爭權不能自恃也，則眾力不足。」（〈農戰篇〉）推知。重戰理
由，消極意義在免於亡國，積極意義在彊國。可由「名尊地廣以至於王者，
何故？戰勝者也。名卑地削以至於亡者，何故？戰霸者也。」（〈畫策篇〉）
得知。

〔註67〕 參見宋洪邁《容齋隨筆》卷三。商務印書館，民國70年出版。
〔註68〕 嚴萬里《商君書新校正本》收於王雲五主編之萬有文庫簡編第三十冊。商務
　　　　印書館。民國28年出版。

第四節　《黃老帛書》之尊君重道說

　　司馬遷說韓非：「喜刑名法術之學，而其歸本於黃老。」（《史記‧老子韓非列傳》）黃老是戰國秦漢間道家後期的思想。司馬談說道家思想特質是：

> 採儒墨之善，撮名法之要，與時遷移，應物變化，……指約而易操，事少而功多。……去健羨、黜聰明……而任術，……無爲……無不爲。……其術以虛無爲本，以因循爲用，無成勢，無常形，……不爲物先，不爲物後，……因時爲業，……因物爲合。……虛者道之常，因者君之綱，……神大用則竭，形大勞則敝，形神離則死，……故聖人重之。（《史記‧太史公自序》）

其中理論和老莊道家精神契合，但已有轉化的傾向。由於《漢書‧藝文志》所載黃老著作已亡佚，無法得知漢初的黃老形態。至西元 1973 年長沙馬王堆三號漢墓帛書的出土，才爲黃老學說研究帶來珍貴資料。

　　在馬王堆三號漢墓出土隸篆雙體《老子》附抄古佚書，其中篆體《老子》文後附抄古佚書原有四部分，都無篇題。第一部分稱之爲〈五行〉，第二部分稱之爲〈伊尹九主〉，第三部分稱之爲〈明君〉，第四部分稱之爲〈德聖〉。〔註69〕隸書《老子》文前也有四部分附抄卷，各有篇題，依次是〈經法〉、〈十六經〉、〈稱〉、〈道原〉。出土以來，學者對其說多有相當討論，〔註70〕研究成果則多偏重在隸體《老子》文前古佚書的研究上。有關《黃老帛書》的作者考證有數種說法：一是〈經法〉等四篇思想一致，應爲一書，是鄭隱者所著，二是四篇非一書，也非一時一人之作，三是南國黃帝學派所作，四是作者非一人，且未能確定爲黃老著作。〔註71〕就其著作時代而言，也有多種說法，遠可推至春秋末，近至西漢初，以主戰國末到秦漢之際者爲多。〔註72〕帛書小組所整理的文字內容，多肯定其所呈現的是戰國秦漢之際的道法思想體系。以下

〔註69〕參見《馬王堆漢墓帛書（壹）》頁 17，文物出版社 1980 年出版。以下〈九主〉、〈明君〉、〈德聖〉之稱見於該書。

〔註70〕參見朱曉海《黃帝四經考辨》（民國 66 年台大中文研究所碩士論文）、高祥《戰國末秦漢之際黃老學說之探討》（民國 77 年師大國文研究所碩士論文）及吳賢俊《黃老評議》（民國 77 年師大國文研究所碩士論文）。

〔註71〕參見唐蘭《黃帝四經初探》，《文物》西元 1973 年第 10 期，頁 48。龍晦《馬王堆出土老子乙本卷前古佚書探源》，《考古學報》西元 1975 年第 2 期。魏撰《黃帝四經思想探源》，《中國哲學》第四輯，西元 1980 年 10 月出版。

〔註72〕參見注 71 及祝瑞開《先秦社會和諸子思想新探》第十二章。福建人民出版社。

就其內容作一說明，以了解對韓非尊君學說的影響。

一、以天道爲治道基礎

《黃老帛書》中〈道原〉、〈經法〉、〈十六經〉及〈稱〉中，對道多有詳細論述，其曰：

> 道……虛無形，其裻（督）冥冥，萬物之所從生。（〈經法·道法〉）
> 恆先之初，迥同大虛，虛同爲一，恆一而止。濕濕夢夢，未有明晦，……
> 是故上道高而不可察，深而不可則（測）也。顯明弗能爲名，廣大
> 弗能爲刑（形），獨立不偶，萬物莫之能令。天地陰陽，（四）時日
> 月，星辰雲氣，規（蚑）行僥（蟯）重（動），戴根之徒皆取生，道
> 弗爲益少，皆反焉，道弗爲益多。堅強而無撌，柔弱而不可化，精
> 微之所不能至，稽極之所不能過。……聖王用此，天下服。（〈道原〉）

說明道是萬物生成之源，虛而無形不可知見，但又有類似原始物質的「濕濕
夢夢」狀態。道是無限存在，充滿於天地之間，高深廣大又堅強柔弱。

《黃老帛書》論道，是爲執政者取得一合理的依據，認爲刑名是道在政
治上的體現。他說：

> 執道者之觀於天下也，必審觀事之所始起，審其刑名。刑名已定，
> 逆順有立（位），死生有分，存亡興壞有處，然後參之天地之恆道，
> 乃定禍福死生存亡興壞之所在。是故，萬舉不失理，論天下而無遺
> 策，故能立天子、置三公，而天下化之，之胃（謂）有道。（〈經法·
> 論約〉）

明白說法天地以施政，取法自然之道，使各居其位各盡其職，這可說是《黃
老帛書》論道的眞正目的。其又曰：

> 規內曰員（圓），柜（矩）之內曰（方），□之下曰正，水之□曰平，
> 尺寸之度曰大小短長，權衡之稱曰輕重不爽，斗石之量曰小多有數。
> 八度者用之稽也。日月星辰之期，四度之度，□□之立（位），外內
> 之處，天之稽也。高（下）不蔽（蔽）其刑（形），美亞（惡）不匿
> 其請（情），地之稽也。君臣不失其立（位），士不失其處，任能毋
> 過其長，去私而立公，人之稽也。美亞（惡）有名，逆順有刑（形），
> 請（情）僞有實，王公執□以爲天下正。（〈經法·四度〉）

從自然器物之度到政治施政之度，透過名、分、度、位的觀點，將天道與治

道統合，爲人事制度尋得理論依據，他說：

> 人主者，天地之□也，號令之所出也。……不天天則失其神，不重
> 地則失其根，不順（四時之度）而民疾。不處外內之立（位），不應
> 動靜之化，則事窘於內，而舉窘於外。……八正不失，則與天地總
> 矣。（〈論〉）

更是明白的將天地運作與政治措施緊密的結合。此外，又說：

> 始於文而卒於武，天地之道也。四時有度，天地之李（理）也。日
> 月星晨（辰）有數，天地紀也。三時成功，一時刑殺，天地之道也。
> 四時時而定，不爽不代，常有法式，□□□□。一立不廢，一生一
> 殺，四時代正，冬（終）而復始，（人）事之理也。逆順是守，功溫
> （溢）於天，故有死刑；功不及天，退而無名；功合於天，名爲大
> 成。人事之理也，順則生，理則成，逆則死。失□□名，（信）天之
> 道，國乃無主。無主之國，逆順相功（攻）。……不循天常，不節民
> 力，周遷而無功。養死伐生，命曰逆成，不有人僇（戮），必有天刑。
> 逆節始生，愼毋□正，皮（彼）且自氐（抵）其刑。（〈經法・論約〉）

說明人事上的建功立名與禍福死生和天道是息息相關的，此說法已爲人事治
道尋得了理論上的基礎。

二、法天道無爲之治術

《老子》講無爲，其曰：

> 道常無爲而無不爲，侯王若能守之，萬物將自化，……無欲以靜，
> 天下將自定。（三十七章）

透過「虛靜」以達到萬物自定、自化的無爲效果，即《老子》所說「我好靜
而民自正」（五十七章）的意思。《黃老帛書》在治術上也主張無爲，其曰：

> 天有明而不憂民之晦也。（百）姓（闢）其戶牖而各取其昭焉，天無
> 事焉。地有（財）而不憂民之貧也，百姓斬木艾新（薪）而各取富
> 焉，地亦無事焉。（〈稱〉）

文中所說的「自取」，就是達到無爲的境界。他又說：「上虛下靜而道得其正」
（〈道原〉）「聖人正以待天，靜以須人」（〈十六經・正亂〉）「安徐正靜，柔節
先定」（〈十六經・順道〉）即是取自《老子》的虛靜主張。不過，《黃老帛書》
對虛靜的理解已是老子學說的歧出，這可從二方面推知：

（一）由虛靜而強調刑名，其曰：

> 君臣易立（位）胃（謂）之逆，賢不宵（肖）並立胃（謂）之亂。……
> 君臣當立（位）胃（謂）之靜，賢不宵（肖）當立胃（謂）之正。（〈經
> 法・四度〉）

在治術上名實相稱是爲「靜」，所以靜是刑名之術。刑名相當則可無爲而治，
說明講求刑名是人君最重要的工夫，是無爲之術，又說：

> 欲知得失，請必審名察刑（形），刑（形）恆自定，是我俞（愈）靜，
> 事恆自危（施），是我無爲。靜翳不動，來自至，去自往，……萬物
> 群至，我無不能應。我不臧（藏）故，不挾陳，鄉（向）者已去，
> 至者乃新，新故不翏，我有所周。（〈十六經〉）

> 無好無亞（惡），……上虛下靜而道得其正，……分之以其分而萬民
> 不爭，授之以其名而萬物自定。……握少以知多，……抱道執度，
> 天下可一也。（〈道原〉）

文中說明審名察刑、定分授名可以無爲而應萬變，是人君重要的虛靜工夫。

（二）由虛靜而強調因時，他說：

> 首變昔凶……聖人不爲始，不剺（專）己，不豫謀，不爲得，不辭
> 福，因天之則。（〈稱〉）

> 不陰謀，不擅斷疑，不謀削人之野，不謀劫人之宇，不擅作事。（〈十
> 六經・順道〉）

文中說「不擅」、「不謀」其意是強調順應時機的自然成熟，而不要冒然搶先，
所以提出「因天之則」的重要，要「無先天成」（〈稱〉）。這是老子學說「欲
先民，必以身後之。」（六十六章）反對爭先逞智的轉化。其強調「因」，就
順應外在物勢與慎到所說的「因」，以及韓非所說的「因自然」（〈大體篇〉）
意義相當。所以表面上是主張無爲的黃老學說，其內涵有無不爲的作用。

三、因道全法以尊君

《黃老帛書》以天道作爲治道的基礎，所以治道上的法及刑名亦源自道，
其曰：

> 道生法……執道者，生法而弗敢犯虵（也），法立而弗敢廢虵（也）。
> □能自引以繩，然後見知天下而不惑矣。（〈經法・道法〉）

說明法的產生是由道而來，執道者依道立法，不可妄訂，且人君制法後，也要奉法而行，國君亦納入法的制約範圍內。所以《黃老帛書》中談及法的言論，多強調法的公正無私觀念。他說：

> 公者明，至明者有功。至正者靜，至靜者聖；無私者智，至智者爲
> 天下稽。稱以權衡，參以天當。……法者，引得失以繩而明曲直者
> 也。(〈經法‧道法〉)

> 世恆不可擇（釋）法而用我，用我不可，是以生禍。(〈稱〉)

所以法的設立是爲使事物具有客觀的標準，因此又說：

> 法度者正（政）之至也，而以法度治者不可亂也，而生法度者不可
> 亂也。精公無私而賞罰信，所以治也。(〈經法‧君正〉)

上述說明法是由道而生，由於法是道的體現，所以「生法度者不可亂也」，法也就能擔負起政治功能。至於刑名的產生，黃老學者認爲和法一樣，也是由「道」而生。其重點在源於自然，他說：

> 物自正也，名自命也，事自定也。(〈經法‧論〉)

說明一切事物的名實自然相符。此外，並提出「三名」的說法，其曰：

> 三名：一曰正名，立（位）而偃，二曰倚名，法而亂，三曰強生（滅）
> 而（乃）無名，三名察則事有應矣。(〈經法‧論〉)

所謂正名就是名當其位、名實相符，即「正名不奇，奇名不立（位）」(〈十六經‧前道〉)之意。治大卜就在講求刑名，使名實相符。循名以究實則可以以簡御繁，所以從審合刑名之中，可以求得成敗之理，故曰：

> 欲知得失，請必審名察刑（形），刑（形）恆自定，是我俞（愈）靜，
> 事恆自苞（施），是我無爲。(〈十六經〉)

> 分之以其分，而萬民不爭，授之以其名，而萬物自治。(〈道原〉)

其意說明每一事物應授名定分，在各自名分下，而各有其位。使一切紛爭自然消失，一切干預也成爲多餘。

基本上，《黃老帛書》提出法及刑名的重點，是爲了維持一上尊下卑的倫理。他說：

> 君臣易立（位）胃（謂）之逆，賢不宵（肖）並立（位）胃（謂）
> 之亂，動靜不時胃（謂）之逆，生殺不當胃（謂）之暴。逆則失本，
> 亂則失職；逆則失天，（暴）則失人。失本則□，失職則侵，失天則
> 幾（饑），失人則疾。(〈經法‧四度〉)

> 臣有兩位者，其國必危；國若不危，君曳存也。失君必危，臣故（佐）
> 也。子有兩位者家必亂，家若不亂，親曳存也。（失親必）危，失親
> 不亂，子故毗（佐）也。（〈稱〉）

說明君臣父子角色若失次序，如子似父、君臣易位、賢不肖顛倒，凡此名實
失宜現象，往往是形成國家動亂的根源。因此，更明白的說：

> 其子父、其臣主，雖強大不王，其□謀臣在外立（位）者其國不安，
> 其主不畜（御）則社稷殘。其主失立（位）則國無本，……主失立
> （位）則國芒（荒），臣失處則令不行，此之胃頸（類）國。主兩則
> 失其明，男女掙（爭）戚……此謂亡國。（〈經法・大分〉）

> 一曰適（嫡）子父，二曰大臣主，三曰謀臣□其志，四曰聽諸侯之
> 所廢置，五曰左右比周以雍（壅）塞，六曰父兄黨以償。（〈經法・
> 亡論〉）

此即國之六危，說明主失權威則以下陵上，臣侵其君則為國家敗亂根源。由
此可知，《黃老帛書》講刑名，要求職責分明，是在維護君權的鞏固。基本上，
根源於天道的治道，是重視君權的統治方法。

　　總上所述，慎到、申不害及商鞅分別有重勢以尊君、重術以尊君及重法
以尊君的學說，韓非對其說有所取捨，並進一步發展。就慎到而言：韓非曾
設儒者之難批評說：

> 夫有盛雲醲霧之勢，而能乘遊之者，龍蛇之材美也。夫雲盛而蚓弗
> 能乘也，霧醲而螾不能遊也。夫有乘雲醲霧之勢，而不能乘遊者，
> 蚓螾之材薄也。……夫勢者，非能使賢者用己，而不肖者不用己也。
> 賢者用之，則天下治；不肖者用之，則天下亂。人之情性，賢者寡，
> 而不肖者眾。而以威勢之利，濟亂世之不肖人，則是以勢亂天下者
> 多矣，以勢治天下者寡矣。夫勢者，便治而不利亂者也。（〈難勢篇〉）

說明儒者並不否定雲霧之勢的必要性，但僅恃勢位仍有所不足，更重要的是
要有龍蛇之美材。唯有材美的龍蛇才能乘此雲霧，蚓螾之材薄，即使有盛雲
醲霧之勢亦不能乘之。由於人世間賢者寡而不肖者眾，賢者乘勢則治天下，
然而不肖者乘之則亂天下。所以只言自然之勢，實不足以治天下。所以韓非
轉而由人設之勢，取代自然之勢，他說：

> 勢必於自然，則無為言於勢矣，吾所為言勢者，言人之所設也。（〈難
> 勢篇〉）

至於人爲之勢，其內涵爲何呢？韓非說：

> 世之治者，不絕於中，吾所以爲言勢者，中也。中者，上不及堯舜，而下亦不爲桀紂，抱法處勢則治，背法去勢則亂。（〈難勢篇〉）

韓非認爲賢者寡，不肖者亦寡，大多數是中人，故其人設之勢專爲中人之主而設計。其關鍵在「抱法處勢」，使勢與法結合，可藉法以輔助君主之智，而不必待君主之賢，中人亦可爲治。否則不知抱法處勢而待賢人，則形成「千世亂而一治」（〈難勢篇〉）的現象。可見愼到尚未將勢與法密切的結合，所以韓非進一步將自然之勢與法結合，成爲人設之勢，使君勢能掌握賞罰二柄鞏固權力，同時又可藉法指導君主的智能以制衡君權，扭轉君王有勢而無法的流弊。

就申不害而言：韓非對申不害的術有二點批評：第一是：

> 申不害，韓昭侯之佐也。韓者，晉之別國也。晉之故法未息，而韓之新法又生；先君之令未收，而後君之令又下。申不害不擅其法，不一其憲令，則姦多。故利在故法前令，則道之；利在新法後令，則道之。新故相反，前後相悖，則申不害雖十使昭侯用術，而姦臣猶有所譎其辭矣。故託萬乘之勁韓，十七年而不至於霸王者，雖用術於上，法不勤飾於官之患也。（〈定法篇〉）

說明申不害任術，卻不統一韓國法令，由於前令後令牴觸，所以徒有其術，亦無法開創韓的霸業。韓非對申不害的第二點批評是：

> 申子言：治不踰官，雖知弗言。治不踰官，謂之守職也可；知而弗言，是不謂過也。人主以一國目視，故視莫明焉；以一國耳聽，故聽莫聰焉。今知而弗言，則人主尚安假藉矣。（〈定法篇〉）

說明有官職之名應盡官職之實，故治不踰官是其優點。但雖知弗言則人主將無法知臣下忠姦，則爲其缺失。所以韓非的術結合法，並重視術的督責考核功能。

就商鞅而言：韓非對商鞅的批評有兩點，第一是：

> 然而無術以知姦，則以其富強也資人臣而已矣。……故戰勝則大臣尊，益地則私封立，主無術以知姦也。商君雖十飾其法，人臣反用其資。故乘強秦之資，數十年而不至於帝王者，法雖勤飾於官，主無術於上之患也。（〈定法篇〉）

說明商君任法治國，國富兵強，但無術以知姦，故國之富強反而助長了權臣

的封地。韓非對商鞅的第二點批評是：

> 商君之法，曰：斬一首者爵一級，欲為官者，為五十石之官；斬二
> 首者爵二級，欲為官者，為百石之官。官爵之遷，與斬首之功相稱
> 也。今有法曰：斬首者，令為醫匠，則屋不成，而病不已。夫匠者
> 手巧也，而醫者劑也。而以斬首之功為之，則不當其能。今治官者，
> 智能也；今斬首者，勇力也。以勇力之所加，而治智能之官，是以
> 斬首之功為醫匠也。（〈定法篇〉）

批評商鞅以官職之遷作為斬首之功的獎賞是不當其能。此段文章中韓非用譬喻法強調以斬首之勇力治理國家政事，如同以具有勇敢及力氣的斬首之功作醫生工匠般，是不當其能。因此，韓非任法亦重術，而戰功的獎賞則強調功當其能的重要性。

由上所述，韓非對慎到、申不害及商鞅的勢、術、法有所接受與補足，以致力於強國尊君的實際成效。此外，韓非又吸取黃老思想作為其學說之依據，以強化來自申不害的術、慎到的勢及商鞅的法。韓非運用黃老學說之處，主要在〈主道〉、〈揚權〉、〈解老〉、〈喻老〉及〈大體〉等篇。其詮釋《老子》的「道可道非常道」說：

> 與天地之剖判也俱生，至天地之消散也不死不衰者謂之常，而常者
> 無攸易、無定理，⋯⋯聖人觀其玄虛，用其周行，強字之曰道。（〈解
> 老篇〉）

> 道者，萬物之始，是非之紀。（〈主道篇〉）

說明道與天地俱生而又較天地長久，且本身無一定形體。他說：

> 天得之以高，地得之以藏，維斗得之，以成其威；日月得之，以恒
> 其光；五常得之，以常及位；列星得之，以端其行；四時得之，以
> 御其變氣；軒轅得之，以擅四方⋯⋯。（〈解老篇〉）

是以道為一切事物成敗的關鍵，他又說：

> 夫能有其國，保其身者，必且體道，體道則其智深，其智深則其會
> 遠，其會遠，眾人莫能見其所極。（〈解老篇〉）

> 緣道理以從事者無不能成，⋯⋯無不能成者，大能成天子之勢尊，
> 而小易得卿相將軍之賞祿。（〈解老篇〉）

韓非認為人應體道，據上述引言他認定道的作用，又偏重於政治。至於老子的道是：「視之不見，名曰夷；聽之不聞，名曰希；搏之不可得，名曰微。」

（〈十四章〉）的虛無境界。韓非認爲人主也應虛靜，而人主虛靜在不逞個人有限才智，所以他說：「去智而有明，去賢而有功，去勇而有強，群臣守職，百官有常。」（〈主道篇〉）去國君個人之智，而用百官之智，即是將道家無爲轉化於政治上，國君效法道家無爲而成就治國的極端有爲。

第四章　韓非尊君學說研析

　　根據上章所論商鞅、申不害、慎到分別從法、術、勢提出尊君要領，至於管子也不例外，曾說：

　　　　所謂治國者，主道明也；所謂亂國者，臣術勝也。夫尊君卑臣，非
　　　　親也，以勢勝也。（〈明法篇〉）

所謂「勢」，據〈明法解〉的說明係法令出自國君。〔註1〕君主控制法令即掌握法令權制，具有相當優勢。類此尊君方式、要領，於韓非學說中體現的更為明白。韓非曾說：「臣事君，子事父，妻事夫，三者順則天下治，三者違則天下亂，此天下之常道。」（〈忠孝篇〉）常道既立，臣僚便不可侵犯君主，是認為「主威之重，主勢之隆」（〈愛臣篇〉）無與倫比。此言可說是「君為臣綱，父為子綱，夫為婦綱」之先驅。〔註2〕強調君主以絕對權威治民，君臣為上下相對關係，此觀點於法家諸子已獲得共識。

　　由於韓非集法家學說大成，尊君觀念更為徹底。加以尊君觀念適合時代趨勢，由於「春秋弒君三十六，亡國五十二，諸侯奔走不得保其社稷者，不可勝數。」（《史記‧太史公自序》）在許多弒君、逐君之事件中，總結之歷史經驗是：「并后、匹嫡、兩政、耦國，亂之本也。」（《左傳‧桓公十八年》）換言之，宗室大臣的富強不能超過君主，是以軍權、祭祀權、賞罰權應由君

〔註1〕　《管子‧明法解》曰：「明主在上位，有必治之勢，則群臣不敢為非。是故群
　　　　臣之不敢欺主，非愛主也，以畏主之威勢也。百姓之爭用，非以愛主也，以
　　　　畏主之法令也。故明主操必勝之數，以治必用之民；處必尊之勢，以治必服
　　　　之臣。故令行禁止，主尊而臣卑。」
〔註2〕　余英時已提出此論點，參見《歷史與思想》頁40。聯經文化事業公司，民國
　　　　79年出版。

主掌握，避免大權旁落。〔註3〕這段歷史經驗是歷來政治家、思想家觀照的重點，其中尤以法家人物韓非對於尊君觀念有深刻體認。因此，本文嘗試從《韓非子》書中爬梳有關尊君的言論，歸納尊君的主張，並分析其理論內涵。

第一節　韓非尊君理論之前提

一、預設國君符合中人之道

專制時代君主位居國家權力中樞，群臣無法與其抗衡，一般統治者亦視天下為個人產業，享受無窮。在此情況下權力易淪於腐化，誠如黃宗羲所言：

> 古者以天下為主，君為客；凡君之所畢世而經營者，為天下也。今也以君為主，天下為客；凡天下之無地而得安寧者，為君也；是以其未得之也，屠毒天下肝腦，離散天下之子女，以博我一人之產業，曾不慘然！曰：「我固為子孫創業也！」其既得之也，敲剝天下之骨髓，離散之子女，以奉我一人之淫樂，視為當然，曰：「此我產業之花息也！」然則天下之大害者，君而已矣！（《明夷待訪錄‧原君》）

便是說明君主強迫天下人民為他一人服務，主客關係顛倒。於是在未得天下時「荼毒天下之肝腦」，既得之後，則「敲剝天下之骨髓」，生活荒淫，實際上君主反成為天下人民的大害。是以黃宗羲嚴厲排斥專治政治君權至上的理念。因此，於〈原臣〉一文中認為「緣夫天下之大，非一人所能治，而分治之以群工。故我之出而仕也，為天下，非為君也，為萬民，非為一姓也。」（同上）提出官吏應為民服務，而反對天下為君主一家的產業。黃宗羲所言君主的驕奢淫佚，乃一般人對國君認知的普遍現象。不過，與韓非所預設的君主立場卻有差異。

據〈安危篇〉所論，韓非所尊之「君」乃「能立道於古往，而垂德於萬世」的明主，是預設所尊之君為賢君。又〈難勢〉一篇中論述韓非認同堯舜乃治世之賢者。不過，堯舜千世而一出，若待堯舜之賢，而治當世之民，是「猶待梁肉而救餓」、「待越人之善游者，以救中國之溺人」，所以他提出中人「抱法處世則治」的說法。然此說仍須有「中人」在位，不幸遇桀紂則行其暴政。可是堯

〔註 3〕　參見尹振環〈從王侯繼承和弒君看君主專制理論的逐步形成〉一文，收入《中國史研究》西元 1987 年第 4 期。

舜、桀紂畢竟在歷史上很少出現，韓非的考慮是最符合現實狀況的。由此可推知韓非反對仁義治國，但不代表排斥統治者具有道德修爲。〔註4〕歸納《韓非子》論及君主應具備的德行修爲，可分作明是非、能守法及能正己三項，提出說明如下。

（一）就明是非言：韓非言：

> 安術：一曰賞罰隨是非。二曰禍福隨善惡。三曰生死隨法度。四曰有賢不肖而無愛惡。五曰有愚智而無非譽。六曰有尺寸而無意度。七曰有信而無詐。危道：一曰斷削於繩之內。二曰斷割於法之外。三曰利人之所害。四曰樂人之所禍。五曰危人之所安。六曰所愛不親，所惡不疏。（〈安危篇〉）

由安術七項看，是要求國君是非分明，不用愛惡意度及非譽詐譎。所以於〈難四篇〉曾以衛靈公「侏儒夢見竈」喻君主爲人臣阻塞，如一人煬竈則後人無從見，其害足以亡國。由危道六項看，是暗示國君重利民，爲大眾求福利，誠如韓非所言：「今使人饑寒而去衣食，雖賁育不能行。」（同上）故其安危之道，大體在要求國君不可危害大眾。不過，王靜芝先生指出：韓非所提出的是消極性的限制國君，並未指引國君如何積極造福大眾。〔註5〕

〈十過〉及〈亡徵〉二篇，曾提出君主必不可犯的過失。〔註6〕〈十過篇〉甚至引史實爲例具體說明，其中關於明是非之例，如：

1. 顧小利則大利之殘：韓非引《左傳‧僖公二年》虞師晉師滅下陽事。藉晉獻公假道於虞以伐虢之史事，說明虞圖屈產之乘，乘棘之璧的小利而至於滅亡。殆戒國君不可受小惠、不可圖小利。

2. 不務聽治，而好五音則國衰：韓非敘述衛靈公前往晉國，行至濮水之上，夜間鼓琴爲新聲。召師涓聽而記其樂，鼓於晉平公之前，師曠以爲亡國之音。而平公好音，又強令師曠鼓清徵、清角之音，至於風雨暴至，平公癃病，晉國大旱。雖韓非引事荒誕，但用意爲誡國君沉迷

〔註4〕王靜芝稱作韓非之「君德論」，參見〈韓非法學中的君德論〉一文。收於《東吳法律學報》第二卷第1期。文中分別從立法守法用法、安術與危道、取長補短、防私、任臣、十過六方面論述。本文就《韓非子》原典爬梳有關君德之修養言論，歸納爲三點，並參考王靜芝之說法立論。

〔註5〕出處同上。

〔註6〕本文第一章《韓非子》篇章眞僞考證得知〈十過篇〉非韓非所作，但與韓非思想不相抵牾，故配合運用。

五音之不當。

3. 貪愎喜利為亡國之徵：韓非引魯悼公十四年韓趙魏敗智伯瑤於晉陽之始末。指出智伯瑤貪愎，吝惜封韓魏謀臣段規、魏蘧萬家之縣，因而敗亡。實為貪愎之故，只顧一己利益，不顧他人利害。〈亡徵篇〉言：「饕貪而無厭，近利而好得。」「很剛而不和，愎諫而好勝，不顧社稷，而輕為自信。」「變而心急，輕急而易動發，心惛恨而不前後。」皆亡國之徵，乃屬此類。

4. 離內遠遊而忽於諫士則不利於國：韓非引齊國田成子之事。田成子遊於海上而樂不思歸。號令諸大夫，言歸者處死。顏涿聚冒死而諫，田成子操戈殺顏涿聚。聚延頸而前，田成子感動而不殺。趣駕而歸，聞國內已有不納田成子之謀。田成子則因納諫而保其國。

5. 過而不聽於忠臣，而獨行其意多不利於國：韓非舉齊桓公不聽管仲之遺言，不用隰朋，而用豎刁。豎刁乘桓公南遊堂阜，率易牙、開方等為亂。桓公渴餒而死，屍三月而不收，屍蟲出於戶。此乃過而不聽忠臣之實例。

（二）就能守法而言：欲君主明是非、無愛惡的基本條件在守法。他說：「明主之道忠法。」（〈安危篇〉）忠法即依法為據，一切行事不離於法。其言「人主離法失人，則免於伯夷不妄取，而不免於田成盜跖之禍。」（〈守道篇〉）君主離法失人，伯夷一類的清廉之人雖不至為非作歹，然而不能避免田成盜跖一類人的禍亂。何況「今天下無一伯夷，而姦人不絕世。」（同上）故立法度量，不僅伯夷不失為是，更重要的是盜跖不得為非。換言之，國君守法可能影響全國的價值觀，其言：「託天下於堯之法，則貞士不失分，姦人不僥倖。」（〈守道篇〉）即凸顯國君守法德性的重要。

〈十過〉及〈亡徵〉二篇，其中有關於國君不能守法而亡國之例，如：

1. 行僻自用，無禮諸侯：韓非引《左傳‧昭公四年》楚靈王會諸侯於申之史事。楚會諸侯於申，宋太子後至。楚靈王無禮，執而囚之。又狃徐君及拘齊大夫慶封。中射士諫而不聽。未一年楚王南遊，群臣從而劫之，迫其去位，楚王餓死乾溪之上。因楚靈王無禮於諸侯，而導致此禍。擴而充之，不僅對外應有禮，對內亦不可侮慢大臣。故〈亡徵篇〉指出「挫辱大臣而獨其身，刑戮小民而逆其使，懷怒司恥而專習。」「簡侮大臣，無禮父兄，勞苦百姓，殺戮不辜。」皆亡國之道。

2. 耽於女樂，不顧國政：韓非舉秦穆公時，戎王使由余聘於秦，爲穆公所賞識。謂內使廖曰：「鄰國有聖人，敵國之憂也。今由余，聖人也。」遂用內使廖主張，贈送戎王十六位女樂。戎王悅女樂而不顧政事，由余諫戎王而不聽，由余乃去之而至秦。秦穆公拜爲上卿，用由伐西戎，兼國十二，開地千里。〈亡徵篇〉言：「好宮室臺榭陂池，事軍服器玩，好罷露百姓，煎靡貨財。」爲亡國之徵，可歸於此類。

3. 不從法度：〈亡徵篇〉言：「婢妾之言聽，愛玩之智用，外內悲惋，而數行不法。」「私門之官用，馬府之世絀，鄉曲之善舉，官職之勞廢，貴私行而賤公功。」「辭辯而不法，心智而無術，主多能而不以法度從事。」以上爲亡國之徵。

（三）就能正己而言：韓非言：

> 古之人目短於自見，故以鏡觀面；智短於自知，故以道正己……故
> 以有餘補不足，以長續短，以謂明主。（〈觀行篇〉）

便是說明君主以道正己，如同以鏡觀面般刻不容緩。〈十過篇〉之例多舉歷史事實說明國君不符正道行事的下場，這可說是韓非要求國君應以歷史之道爲誡鏡以正己的證明。

以上《韓非子・十過篇》列舉史實作爲國君之誡鑑多屬消極性，並非積極的如何爲善。可推測韓非不求國君爲仁人，但求國君不爲暴人。其理由是「仁人在位，下肆而輕犯禁法，偷幸而望於上。暴人在位，則法令妄而臣主乖，民怨而亂心生。故曰：仁、暴者，皆亡國者也。」（〈八說篇〉）因此，楊樹藩先生指出：韓非對君主德性之要求，是介於仁暴之間，〔註7〕即前述「中人」之意。

二、尊君卑臣的理論基礎

根據周代早期文獻，君臣之分初不甚嚴，人主敬禮大臣，彼此尊重。如《詩經・小雅・鹿鳴》說：

> 呦呦鹿鳴，食野之苹。我有嘉賓，鼓瑟吹笙。
> 吹笙鼓簧，承筐是將。人之好我，示我周行。（一章）
> 呦呦鹿鳴，食野之蒿。我有嘉賓，德音孔昭。

視民不恌，君子是則是傚。我有旨酒，嘉賓式燕以敖。（二章）

呦呦鹿鳴，食野之芩。我有嘉賓，鼓瑟鼓琴。

鼓琴鼓琴，和樂且湛。我有旨酒，以燕樂嘉賓之心。（三章）

裴普賢先生評注說「嘉賓，即指所宴之群臣。」〔註8〕國君待群臣如待大賓，是以禮待臣，臣亦盡心以事君。由詩文可推見周初君權臣權是相對的，倘若國君無道，人臣亦無須對國君盡效死之責，《左傳》記載晉師曠言論：

> 師曠侍於晉侯。晉侯曰：「衛人出其君，不亦甚乎？」對曰：「或者其君實甚。良君將賞善而刑淫，養民如子，蓋之如天，容之如地。民奉其君，愛之如父母，仰之如日月，敬之如神明，畏之如雷霆，其可出乎？夫君，神之主，而民之望也。若困民之主，匱神乏祀，百姓絕望，社稷無主，將安用之，弗去何為！」（〈襄公十四年〉）

換言之，臣事君乃以國家利益為前提，誠如魯國武叔所謂：「所以事君，封疆社稷是以。」（《左傳・定公十年》）因此，學者指出《左傳》界定「忠」之定義，舉凡「慮利民，忠也。」「無私，忠也。」（〈成公九年〉）「臨患不忘國，忠也。」（〈昭公元年〉）多側重為社稷盡力，人臣並非國君專屬。〔註9〕

　　至於尊君卑臣觀念的形成，其關鍵有二：一是私臣的擴張，二是儒家聖王理念的助長。就私臣之擴張而言：春秋時期君臣關係可分為兩個系統：一是根據封建禮法與社稷意識建立的君臣關係，另一則是建立在君臣之間的個人關係，是私有性的君臣關係，稱作「私臣」。〔註10〕私臣只管主人之家事，與國君無直接關係，未能與聞國政，並未正式化。秦漢一統前之君臣關係，大抵指前者而言。封建崩潰，私家國家化，私臣亦正式化、官僚化。〔註11〕由於私臣透過「策名委質」儀式依附諸侯，〔註12〕所謂「事君不二，是為臣。」

〔註 8〕 參見裴普賢《詩經評註讀本》下冊頁2。三民書局，民國74年出版。

〔註 9〕 參見劉紀曜〈公與私──忠的倫理內涵〉一文，收錄於《中國文化新論》思想篇二〈天道與人道〉頁178，聯經出版公司，民國71年出版。

〔註10〕 同上註，頁182。

〔註11〕 所謂私家國家化，如韓趙魏齊四國，由大夫私家擴張而來，原有私臣集團亦正式化，擴張成新的官僚組織。君尊臣卑形成與私臣擴張有關，可參考劉紀曜說法，出處同上。

〔註12〕 所謂「策名策質」的奉獻儀式，《史記索隱》引服虔注曰：「古者始仕，必先書其名於策，委死之質於君，然後為臣，祕死節於其君也。」《白虎通・瑞贄篇》曰：「士以雉為質者，取其不可誘之以食、懾之以威，必死不可生畜。士行威介，守節死義，不當移轉也。」私臣與其君主建立關係，是透

（《國語‧晉語》）規範私臣標準已非社稷之利，而是爲君主私家之利，誠如晉國荀息所言：

> 吾聞事君者，竭力以役事，不聞違命，君主臣從，何貳之有。（同上）

按此，春秋戰國時代君臣尊卑的形成與私臣擴張有關。

就儒家絕對聖王理念助長尊君卑臣專制思想之形成而言。〔註13〕儒家神化君主能力，首先是孔子認爲政治領導者的個人德性，與其社會秩序的維繫不可分割。《論語》記載：「子爲政，焉用殺？子欲善，而民善矣。君子之德，風。小人之德，草。草上之風，必偃。」（〈顏淵篇〉）又言：「無爲而治者，其舜也與！夫何爲哉？恭己正南面而已矣。」（〈衛靈公篇〉）甚至提出爲政者善盡道德，社會、人民自然歸趨於善的現象，因此有絕對聖王的理念。所謂聖，其評價在「仁」之上。由孔子回答子貢之言可知：

> 子貢曰：「如有博施於民，而能濟眾，何如？可謂仁乎？」子曰「何事於仁？必也聖乎？堯舜其猶病諸。夫仁者，己欲立而立人，己欲達而達人。能近取譬，可謂仁之方也已。」（〈論語‧雍也篇〉）

陳弱水先生分析指出：孔子所謂「仁人」是「己欲立而立人，己欲達而達人」，即〈憲問篇〉所言「修己以敬」「修己以安人」的境界。「聖者」則是「博施於民，而能濟眾」，爲堯舜不易獲致的成就，相當於「修己以安百姓」的層次。〔註14〕

孟子承孔了仁人的觀念，進而彰顯人內在之善，落實於政治理論則不出「內聖外王」的模式，他說：

> 聖人治天下，使有菽粟如水火而民焉有不仁者乎？（〈盡心上篇〉）

孟子預設爲政者乃有德的君主，使民不虞衣食，並端正人民行爲及社會秩序。此「內聖外王」觀念，〈大學〉表達的最爲完整：

> 古之欲明明德於天下者，先治其國。欲治其國者，先齊其家。欲齊其家者，先修其身。欲修其身者，先正其心。欲正其心者，先誠其意。……意誠而后心正，心正后身修，身修而后家齊，家齊而后國

過奉獻儀式的說法，參見劉紀曜〈公與私——忠的倫理內涵〉一文，出處同注9。

〔註13〕參見劉紀曜〈公與私——忠的倫理內涵〉一文，收錄於《中國文化新論》思想篇二〈天道與人道〉頁188至189。出處同注7。

〔註14〕參見陳弱水〈內聖外王觀念的原始糾結與儒家政治思想的根本疑難〉一文，收錄於《史學評論》第3期。

治，國治而后天下平。自天子以至庶人，壹是皆以修身爲本。其本
亂而末治者否矣。

肯定個人道德修養與政治秩序的關聯。儒家發展至戰國末期的荀子，對聖君
要求即爲勢位與道德的合一，其言：

天子者，勢位而尊，無敵於天下，道德純備，智惠甚明。南面而聽
天下，生民之屬莫不振動從服以化順之。天下無隱士，無遺善，同
焉者，是也。異焉者，非也。（《荀子·正論篇》）

荀子並從名份觀點強調君主的必要性，從性惡論強化君主的重要性與功能。
〔註15〕認爲「百姓之力待之而後功，百姓之群得之而後和，百姓之財待之
而後聚，百姓之勢待之而後安，百姓之壽待之而後長。」（〈富國篇〉）相反
則「今當試去君上之勢，無禮義之化；去法政之治，無刑罰之禁；倚而觀天
下民人之相與也，若是則夫彊者害弱而奪之，眾者暴寡而譁之，天下之悖亂
而相亡，不得頃矣。」（〈性惡論〉）按其言可見國君身繫國家安危，地位崇
高。

從歷史經驗觀察，君主具有深厚道德修養的可能性極低。而且不可諱言，
君主位居國家權力中樞，其所掌握權利及既得利益，易使其傾向腐化、短視。
然儒家理想式絕對聖王的理念，卻神化君主能力，對樹立君尊臣卑意識有助
長作用。

值得注意的是：先秦儒家所持者乃「以道事君」的出仕原則，其所認同
的君臣關係乃相對性而非絕對性，所謂「君使臣以禮，臣事君以忠。」（《論
語·八佾篇》）臣下服從君主前提爲君禮而臣忠。故曰：「上好禮，則民莫敢
不敬；上好義，則民莫敢不服；上好信，則民莫敢不用情。」（〈子路篇〉）
說明藉勢位以發揮德化的風行草偃作用。然而，無德則勢位反成爲德化阻
力。若君不君，孔子採取「犯上」「離去」態度，〔註16〕實踐其「以道事君，
不可則止」的原則（〈先進篇〉）。

君臣相對關係至孟子更加確立，在尊重民意前提下，認爲君不賢，則諫

〔註15〕《荀子·富國篇》言：「人之生不能無群，群而無分則爭，爭則亂，亂則窮矣。
故無分者，人之大害也。有分者天下之本利也。而人君者，所以管分之樞要
也。」又言：「無君以制臣，無上以制下，天下害生縱欲。」（同上）

〔註16〕《論語·憲問篇》記載：「子路問事君。子曰：『勿欺也，而犯之』」，犯即犯
言直諫。〈微子篇〉言：「微子去之」，是孔子言其贊成微子因紂之無道，不可
共事而離去。

則爭，諫而不聽，異姓之臣可棄君而去之，貴戚之臣可將君易位，〔註17〕對於昏君、暴君甚至可以放逐可以誅伐，不必負道德責任。〔註18〕是認定民心向背為政權轉移基礎。本民貴之旨，臣子為人民公僕並非國君專屬。臣以「以道事君」，君臣各有尊貴，其曰：

> 君之視臣如手足，則臣視君如腹心；君視臣如犬馬，則臣視君如國
> 人；君之視臣如土芥，則臣視君如寇讎。(《孟子・離婁下篇》)

此乃君臣倫理相對觀的最好說明，君臣地位並不懸隔，各種身份皆有定位、本份，對待以禮規範，此外，孟子曾述「昔者大王」故事，其曰：

> 昔者大王居邠，狄人侵之，事之以皮幣，不得免焉，事之以犬馬，
> 不得免焉，事之以珠玉，不得免焉。乃屬其耆老而告之曰：狄人之
> 所欲者，吾土地也，吾聞之也，君子不以其所以養人者害人，二三
> 子何患乎無君，我將去之。去邠，踰梁山，是於岐山之下居焉。(〈梁
> 惠王下篇〉)

表明政治主體是人民，若為土地、君位而害及人民，大王寧可自行引退，不肯害及百姓，即「民之所好好之，民之所惡惡之」的態度。

至於韓非學說則具有濃厚尊君意識，於〈外儲說左下〉一文中二度強調君冠臣履的看法。〔註19〕並用孔子御坐魯哀公「先飯黍後啗桃」事例，藉黍乃上等祭品，桃為下品果蓏，以孔子之口評以黍拭桃毛猶如「以貴雪賤」的不當。殊不論其所引孔子事蹟的正確與否，其所體現者，則為君臣上下的從屬關係。〈忠孝篇〉文中即反對舜放父、湯武弒君的犯上作亂舉措，〔註20〕強調君主掌握絕對權威，成為政治主體及核心，他說：

> 父之所以欲有賢子者，家貧則富之，父苦則樂之。君之所以欲有賢

〔註17〕孟子回答齊宣王之問卿，即將卿分為貴戚之卿與異姓之卿。貴戚之卿之行動
原則是：「君有大過則諫，反覆之不聽，則易位。」而異姓之卿行動原則是：
「君有過則諫，反覆之而不聽，則去。」(《孟子・萬章下篇》)

〔註18〕《孟子・梁惠王下篇》曰：「賊仁者謂之賊，賊義者謂之殘，殘賊之士謂之一
夫。聞誅一夫紂矣，未聞弒君也。」

〔註19〕〈外儲說左下篇〉記載：「趙簡子謂左右曰：『車席泰美。夫冠雖賤，頭必戴
之；履雖貴，足必履之。今車席如此，太美，吾將何以履之？夫美下而耗
上，妨義之本也。』」又曰：「冠雖穿弊，必戴於頭，履雖五采，必踐之於地。」

〔註20〕〈忠孝篇〉曰：「今舜以賢取君之國，而湯武以義放弒其君，此皆以賢而危主
者也，而天下賢之。……故人臣勿稱堯舜之賢，勿譽湯武之伐……盡力守法，
專心於事主者為忠臣。」

　　臣者，國亂則治之，主卑則尊之。（〈忠孝篇〉）

　　先王之法曰：「臣毋或作威，毋或作利，從王之指；毋或作惡，從王
　　之路。」古者世治之民，奉公法，廢私術，專意一行，具以待任。（〈有
　　度篇〉）

主張臣下完全聽任君主指揮，誠如《商君書》所言：「權制獨斷於君則威」（〈修
權篇〉）。欲人臣「北面委質，無有二心。」「順上之為，從者之法，虛心以待
令而無是非。」（〈有度篇〉）換言之，人臣俯首貼耳輔佐國君，甚至認為臣子
無是非判斷能力更佳。因此，其對忠臣定義為：

　　人臣毋稱堯舜之賢，毋譽湯武之伐，毋言烈士之高，盡力守法，專
　　心於事主者為忠臣。（〈忠孝篇〉）

對賢臣定義為：

　　能明法辟，治官職，以戴其君者也。（同上）

　　以其主為高天泰山之尊，而以其身為壑谷隔洧之卑。主有明名廣譽
　　於國，而身不離受壑谷隔洧之卑。（〈說疑篇〉）

認為理想的君臣關係是順從、竭力為上，奉其主若高天泰山之尊，賤己身若
壑谷隔洧之卑。如同〈說疑篇〉所列之后稷、皋陶、伊尹、周公旦、太公望、
管仲、隰朋、百里奚、蹇叔等賢臣，「皆夙興夜寐，卑身賤體」、「明刑辟，治
官職」以事其君。進善言，則「不敢矜其善」；立事功，而「不敢伐其勞」，
可稱作賢臣。至於許由、卞隨、務光、伯夷、叔齊之類，「見利不善，臨難不
恐」，不慕厚賞，乃不畏嚴刑之不令之民，並非賢臣。若關龍逢、王子比干、
吳子胥等，「疾爭諫以勝其君」、「陵其主以語」，乃死諫之臣。又齊田恆、宋
子罕、魯季孫意如等，朋黨比周，乃「上逼君，下亂治」之亂臣。加上若周
滑伯、豎刁、易牙、鄭公孫申等，乃「思小利而忘法義」、「擁蔽賢良以陰闇
其主」的諂諛之臣，韓非多不能認同。〔註21〕認為有臣若此，雖遇勝主尚可
奪之，何況昏君。

　　然而，遇不肖之君，韓非以為賢臣因應之策是：「君有過則諫，諫不聽則
輕爵祿以待之，此人臣之禮義也。」（〈難一篇〉）換言之，認為人臣對君主的
懲罰，只不過在勸諫。倘諫而不聽，亦只可輕爵祿遠其身而已。可推知類似
孟子誅暴君如誅獨夫之說，則視為不肖，是以〈難一篇〉評師曠搖琴撞晉平

────────────────

〔註21〕參見陳麗桂〈申、慎、韓的黃老思想──兼論田駢〉一文，亦作此說明。中
　　　　國學術年刊第 12 期。

公一事乃大逆之術，〔註 22〕充份顯示韓非的尊君意識。甚至推廣國君權威，裁抑臣權，完成中央集權的政治理論。

　　韓非爲何不同於儒家，特別強調君臣的絕對關係呢？除第一、二章所述的外緣問題外，以下就其學說理論說明：

（一）以自利人性論爲基礎強化君臣異利理念

　　「君臣異利」理念出自〈飾邪篇〉及〈內儲說下篇〉，他說：

> 故君臣異心，君以計畜臣，臣以計事君。君臣之交計也；害身而利國，臣弗爲也；害國而利臣，君不行也。臣之情，害身無利；君之情，害國無親。君臣也者，以計合者也。至於臨難必死，盡智竭力，爲法爲之。（〈飾邪篇〉）

> 君臣之利異，故人臣莫忠。故臣利立，而主利滅。是以姦臣者，召敵兵以內除，舉外事以眩主；苟成其私利，不顧國患。（〈內儲說下篇〉）

基本上在傳達君臣交計，君之利在國，臣之利在己的對壘立場。〈內儲說下篇〉進而舉孟孫、叔孫、季孫、以及公叔、翟璜、大成午、司馬喜、呂倉、宋石、白圭諸重臣，或相勠力威迫國君，或暗中勾結強敵，以鞏固一己地位，說明了「臣利立，而主利滅」的利害關係。〔註 23〕由於君臣皆爲政治運作者，必須有主從之分。韓非所建立的君尊臣卑意識以維護君主地位，「君臣利異」理念即強調君重臣輕的君臣模式有存在的必要性。韓非曾於〈難二篇〉透過晉平公與叔向、師曠之問答，評論九合諸侯、一匡天下，既非如叔向所言「君之力」，亦非師曠所言「臣之力」，五霸勳業乃君臣共同營造而成，說明君臣互相配合的成效。反此，人君權威則受考驗，他說：

> 及孝公商君死，惠王即位，秦法未敗也，而張儀以秦殉韓、魏。惠王死，武王即位，甘茂以秦殉周。武王死，昭襄王即位，穰侯越韓魏而東攻齊，五年而秦不益一尺之地，乃成其陶邑之封。應侯攻韓

〔註 22〕〈難一篇〉曰：「晉平公與群臣飲，飲酣，乃喟然嘆曰：『莫樂爲人君！唯其言而莫之違。』師曠侍坐於前，援琴撞之，公披衽而避，琴壞於壁。公曰：『寡人也』師曠曰：『啞、是非君人者之言也！』左右請塗之，公曰：『釋之，以爲寡人戒。』……今師曠非平公之行，不陳人臣之諫，而行人主之誅，舉琴而親其體，是逆上下之位，而失人臣之禮也」。

〔註 23〕王邦雄《韓非子哲學》第四章論述人性觀時，曾提出君臣、父子、夫妻、兄弟主傭之間的異利現象。（東大圖書公司，民國 66 年出版）本文則進一步說明君臣異利現象對統治者的尊君理念有助長作用。

八年，成其汝南之封。自是以來，諸用秦者，皆應、穰之類也。故
戰勝則大臣尊，益地則私封立，主無術以知姦也。商君雖十飾其法，
人臣反用其資。（〈定法篇〉）

說明張儀犧牲秦國的利益，以討好韓國及魏國；甘茂犧牲秦國力量，以經營
周地；穰侯向東攻打齊國，前後五年以增加陶邑的封地；應侯攻打韓國八年，
成就個人汝河南面封地。此段事例雖重在傳達君主須以術知姦，然而同時亦
說明君臣利異的現象。〈亡徵篇〉列舉國家招致滅亡的徵象有四十七種，其中
關於臣權太重，君權相對削弱的亡國徵象達七種之多。〔註24〕〈愛臣篇〉更
明白說明君上大害，在於諸侯博大及官吏殷富。其曰：

愛臣太親，必危其身。大臣太貴，必易主位。主妾無等，必危嫡子。
兄弟不服，必危社稷。臣聞千乘之君無備，必有百乘之臣在側，以徙
其民而傾其國。萬乘之君無備，必有千乘之家在其側，以徙其威而傾
其國。是以姦臣蕃息，主道衰亡。是故諸侯之博大，天子之害也；群
臣之太富，君主之敗也。將相之後主而隆家，此君人者所外也。

強調君主宜疏遠廢斥不積極為君主效力，而積極發展自己勢力的將相。所謂
「知臣主之異利者王，以為同者劫，與共事者殺。」（〈八經篇〉）所以他要抑
臣權，否則國富兵強只是「資人臣」而已。又如〈孤憤篇〉所言：「國地削而
私家富，主上卑而大臣重。故主失勢而臣得國，主更稱蕃臣，而相室剖符，
此人臣之所以譎主便私也。」換言之，聽任權臣而錄秩過功、專制擅命，以
致壅塞主斷或內黨外援，必將動搖國家及君主利益。

　　至於君如何使令臣？臣何以聽命於君？韓非掌握關鍵在君臣間之「計合」
態勢。因此，韓非提出各取所需，兩得其利之說。其言：

臣盡死之力以與君市，君垂爵祿以與臣市。君臣之計，非父子之親
也，計數之所出也。君有道，則臣盡力，而姦不生；無道，則臣上
塞主明，而下成私。（〈難一篇〉）

〔註24〕 歸納〈亡徵篇〉言及權臣太重，君權相對削弱而亡國的徵象達七種之多。條
列如下：「國小而家大者，權輕而臣重者，可亡也。」「聽以爵，不以眾言參
驗，用一人為門戶者，可亡也。」「大臣兩重，父兄眾強，內黨外援，以爭是
勢者，可亡也。」「貴人相妒，大臣隆盛，外藉敵國，內困百姓，以供怨讎，
而人主弗誅者，可亡也。」「大臣其貴，偏黨眾強，壅塞主斷，而重擅國者，
可亡也。」「父兄大臣，祿秩過功，章服侵等，宮室供養太侈，而人主弗禁，
則臣心無窮，臣心無窮者，可亡也。」

強調君臣關係非有父子之親，臣盡力端在「君垂爵祿以與臣市」。此觀念的基礎在人性論的體悟，韓非對人性理解與儒家肯定人性光明面殊異。孔子首先開啓我國的心性之學，雖其談論心性的文字不多，但他提出仁的精神，已是心性學說的最初形態。孔子說：

　　爲仁由己，而由人乎哉？（〈顏淵篇〉）

　　仁遠乎哉？我欲仁，斯仁至矣。（〈述而篇〉）

便是說明仁即在每個人的內心，不須向外追求。禮之本爲仁，仁又根源於人心。因此，錢穆先生認爲孔子禮的本原不在外部，而在創禮與守禮者的內心，此乃孔子之心學。〔註25〕而後孟子承孔子的仁心，於〈公孫丑上篇〉提出人心有仁、義、禮、智諸善端；於〈告子上篇〉又從心善處說性善，〔註26〕將心與性合一，完成了性善論。而後荀子從「欲」探討人所以爲惡的原因，他在人「生而有好利焉」、「生而有疾惡焉」、「生而有耳目之欲有好聲色焉」（〈性惡篇〉）等欲求上言人之性，因欲求的無限制發展而形成惡，他說：

　　人之性惡，其善者僞也。（〈性惡篇〉）

雖然如此，荀子仍肯定人有向上心，他說：

　　生之所以然者謂之性……性之好惡喜怒哀樂謂之情，情然而心爲之擇謂之慮，心慮而能爲之動謂之僞。慮積焉，能習焉，而後成謂之僞。（〈正名篇〉）

是荀子將心獨立於性之外，透過心知仍可化性起僞，積僞成聖。

　　孟子之性與心統合爲一，心善故所發之情亦善，故曰：「乃若其情，則

〔註25〕參見錢穆〈孔子之史學與心學〉一文，收入《孔子與論語》，聯經文化事業公司，民國77年出版。

〔註26〕《孟子・公孫丑上篇》說：「今人乍見孺子將入於井，皆有怵惕惻隱之心，非所以内交於孺子之父母也，非所以要譽於鄉黨朋友也，非惡其聲而然也。由是觀之，無惻隱之心，非人也，無羞惡之心，非人也，無辭讓之心，非人也，無是非之心，非人也。惻隱之心，仁之端也，羞惡之心，義之端也，辭讓之心，禮之端也，是非之心，智之端也。人之有四端也，猶其有四體也。」《孟子・告子上篇》記載公都子與孟子的對話。公都子曰：「告子曰：『性無善無不善也。』或曰：『性可以爲善，可以爲不善。是故文武興則民好善，幽厲興則民好暴。』……今曰性善，然則彼皆非與？」孟子曰：「乃若其情，則可以爲善矣，乃所謂善也。若夫爲不善，非才之罪也。惻隱之心，人皆有之。羞惡之心，人皆有之。恭敬之心，人皆有之。是非之心，人皆有之。惻隱之心，仁也。羞惡之心，義也。恭敬之心，禮也。是非之心，智也。仁義禮智，非由外鑠我也，我固有之也，弗思耳矣。故曰，求則得之，舍則失之。」

可以爲善矣，乃所謂善也。」荀子之心，則非道德之自覺心而爲認知虛靜心，
與性相離爲二。情來自性，其外發則爲欲，故曰：「從人之性，順人之情，
必出於爭奪。」（〈性惡篇〉）其性惡之論斷來自生理的需要，且可透過師法
節制。

　　韓非的人性論師承荀子，從人之欲求上立說。韓非對人性之考察即從此角
度切入。於〈備內〉、〈六反〉、〈二柄〉、〈內儲說上〉、〈內儲說下〉、〈外儲說左
上〉諸篇，屢次言及人心自利現象。〔註27〕並透過醫者、輿人、匠人、君臣、
父母各層面，強調自利人性的普遍存在。以〈外儲說左上〉爲例，他說：

> 人爲嬰兒也，父母養之簡，子長而怨，子盛壯成人，其供養薄，父母
> 怨而誚之。子父至親也，而或譙或怨者，皆挾相爲，而不周於爲己也。
> 夫買庸而播耕者，主人費家而美食，調錢布而求易者，非愛庸客也，
> 曰：如是，耕者且深，耨者且熟云也。庸容致力而疾耘耕，盡功而正
> 畦陌者，非愛主人也，曰：如是，羹且美，錢布且易云也。此其養功
> 力，有父子之澤矣，而必周於用者，皆挾自爲心也。故人之行事施予，
> 以利之爲心，則越人易和；以害之爲心，則父子離且怨。

此爲韓非對實際生活的觀察，主客之間絕無情感存在，而相待之厚乃因雙方
挾自爲之心使然。至於父子之親，則因利而相背。此外，〈備內篇〉又言及政
爭之下，自爲心極端醜惡。他說：

> 爲人主而大信其妻，則姦臣得乘於妻以成其私，故優施傅麗姬，殺
> 申生而立奚齊。夫以妻之近與子之親，而猶不可信，則其餘無可信
> 者矣。且萬乘之主，千乘之君，后妃夫人，適子爲太子者，或有欲
> 其君之蚤死者……夫妻者，非有骨肉之親者，愛則親，不愛則疏……

〔註27〕例如〈備內篇〉曰：「醫善吮人之傷，含人之血，非骨肉之親也，利所加也。
　　　　輿人乘輿，則欲人之富貴；匠人成棺，則欲人之夭死也。非輿人仁，而匠人賊
　　　　也。人無貴則輿不售；人不死則棺不買。情非憎人也，利在人之死也。」〈二
　　　　柄篇〉曰：「人臣之情，非必能愛其君也，爲重利之故也。」又〈六反篇〉曰：
　　　　「父母之於子也，產男則相賀，產女則殺之。此俱出父母之懷衽，然男子受賀，
　　　　女子殺之者，慮其後便，計之長利也。故父母之於子也，猶用計算心相待也，
　　　　而況無父子之澤乎。」又〈內儲說下篇〉曰：「君臣之利異，故人臣莫忠。故
　　　　臣利立，而主利滅。是以姦臣者，召敵兵以內除，舉外事以眩主。苟成其私利，
　　　　不顧國患。」〈內儲說下篇〉曰：「衛人有夫妻禱者，而祝曰：『使我無故，得
　　　　百束布！』其夫曰：『何少也？』對曰：『益是，子將以買妾。』」又張素貞曾
　　　　從人民、君臣、父子、夫妻等各角度歸納韓非所論及的人性之惡。參見《韓非
　　　　子思想體系》，頁 51 至 59。黎明文化事業公司，民國 63 年出版。

　　此后妃夫人之所以冀其君之死者也，唯母爲后，而子爲主，則令無
　　不行，禁無不止，男女之樂，不減於先君，而擅萬乘不疑，此鴆毒
　　扼昧之所以用也……。

君王之尊於政權之爭下，成爲家人謀之而後快的對象，可見是非善惡於自爲
心的爭逐下喪失殆盡。在此前提下，君主、父子、夫妻、兄弟等相對身份，
形成不同的利害關係，暴露人性無父子之愛、夫妻之情及君臣之義的悲哀。

　　韓非順此人性弱點以規範臣民。因此，「君臣異利」理念不僅憑藉其人性
論得以成立，且循人性論得其操作方式，故曰：

　　設民所欲，以求其功，故爲爵祿以勸之；設民所惡，以禁其姦，故
　　爲刑罰以威之。慶賞信而刑罰必，故君舉功於臣，而姦不用於上。〈難
　　一篇〉

換言之，韓非不但不杜絕自爲心，甚至因勢利導，藉刑罰滿足君臣交計心理，
並轉化而爲完成公利的動力。換言之，韓非挾自利人性，並不思改造，反順
此惡而運用。誠如唐君毅先生所言：

　　然韓非於此人之自爲心或爲自己利害計慮之私，則指視如一客觀事
　　實而視之；由此而于君與臣民之恆在窺伺中，以各爲其利、各爭其
　　權等，亦指視爲一客觀事實而觀之，更未嘗爲之感嘆，或謀有所以
　　爲此人心之教化之道。〔註28〕

所以由君臣異利現象，凸顯君臣對待之理的重要，亦警戒君臣鞏固君尊臣卑
的必要性。

（二）因現實價值觀而強調君尊臣卑的關係

　　人類行爲在自計其利害的共同心理下，父子之愛、夫妻之情及君臣之義
成爲不可能的理想，唯一能實現的是外在功利。落實於政治上，遂認爲國家
的現實生存問題重於理想性的問題，而國富兵強是維持國家生存的首要條
件。韓非認爲國家的目的及功能就在尚力，以內求統一，外求發展，他說：

　　夫仁義辯智，非所以持國也。去偃王之仁，息子貢之智，循徐魯之
　　力，使敵萬乘，則齊荊之欲，不得行於二國矣。（〈五蠹篇〉）

　　君人者，國小則事大國，兵弱則畏強兵。大國之所索，小國必聽，

〔註28〕參見唐君毅《中國哲學原論・原道篇》頁 524 至 525。學生書局，民國 67 年
　　　　出版。

> 強兵之所加，弱兵必服。（〈八姦篇〉）

> 敵國之君王，雖說吾義，吾弗入貢而臣；關內之侯，雖非吾行，吾必使執禽而朝。是故，力多則人朝，力寡則朝於人。故明君務力。（〈顯學篇〉）

韓非尙力的觀念就在維護國家的富強，至於「力」的涵義則在耕戰，他曾說：

> 今境內之民皆言治，藏商、管之法者家有之，而國愈貧，言耕者眾，執耒者寡也。境內皆言兵，藏孫、吳之書者家有之，而兵愈弱，言戰者多，被甲者少也。……是以百人事智，而一人用力。事智者眾則法敗，用力者寡則國貧。此世之所以亂也。（〈五蠹篇〉）

由韓非認爲「務爲辯而不因於用」（〈五蠹篇〉），使耕戰之士少而動搖國力的言論，可得知力的內涵就在耕戰。換言之，韓非現實價值觀在功利，國家功利在耕戰，也就是富國強兵的根基在耕戰。所以韓非批評世俗毀譽與國家價值觀顛倒，國君是有責任的。他說：

> 義不入危城，不處軍旅，不以天下大利，易其脛一毛，世主必從而禮之，貴其智而高其行，以爲輕物重生之士也。夫上陳良田大宅，設爵祿，所以易民死命也，今上尊輕物重生之士，而索民之出死而重殉上事，不可得也。（〈顯學篇〉）

又如習談說之士尊顯爲「賢士」，立節好私鬥之士尊爲「自好之士」（〈顯學篇〉），欲人民疾耕屬戰將不可得。所以韓非又說：

> 斬敵首受賞，而高慈惠之行；拔城者受爵祿，而信兼愛之說；堅甲屬兵以備難，而美薦紳之飾；富國以農，距敵恃卒，而貴文學之士。舉行如此，治強不可得也。（〈五蠹篇〉）

是要求君主應建立以耕戰爲主的價值觀，故凡有損於農戰者，都應將以否定。所以韓非在〈五蠹篇〉中視儒家之「學者」、縱橫家之「言談者」、墨家之「帶劍者」、游仕之「患御者」以及浮萌之「工商之民」稱爲五蠹，都在禁止之列。

　　人性自利下，如何使全民致力於國家公利的實現呢？韓非強調尊君，透過國君權力整合個人之私利，他說：

> 明主之所道制其臣者，二柄而已矣。……爲人臣者，畏誅罰而利慶賞，故人主自用其刑德，則群臣畏其威而歸其利矣。（〈二柄篇〉）

　　說明國君應掌握刑賞之權力，以強制臣民服從，「則群臣畏其威而歸其利」，乃可完成富國強兵的目標。

（三）因演化歷史觀而鞏固君尊臣卑的論點

韓非認為人性自利，所以人世的一切現實問題，都是因外在物質生活的改變而變遷，他說：

> 古者，丈夫不耕，草木之實足食也；婦人不織，禽獸之皮足衣也；不事力而養足，人民少而財有餘，故民不爭。是以厚賞不行，重罰不用，而民自治。今人有五子不為多，子又有五子，大父未死而有二十五孫。是以人民眾而貨財寡，事力勞而供養薄，故民爭。雖倍賞累罰，而不免於亂。（〈五蠹篇〉）

> 夫山居而汲谷者，腶臘而相遺以水。澤居苦水者，買庸而決竇。故饑歲之春，幼弟不饟；穰歲之秋，疏客必食，非疏骨肉愛過客也，多少之心異也。是以古之易財，非仁也，財多也；今之爭奪，非鄙也，財寡也。（同上）

以上兩段說明各時代生活條件不同，而其不同主要是在人口多寡導致財物之缺盈上。韓非將上述論點落實於政治社會上，建立了演化的歷史觀，他說：

> 不知治者，必曰：「無變古，無易常。」變與不變，聖人不聽，正治而已。然則古之無變，常之無易，在常古之可與不可。伊尹毋變殷，太公毋變周，則湯武不王矣。管仲毋易齊，郭偃毋更晉，則桓文不霸矣。（〈南面篇〉）

說明聖人不隨便聽從眾人議論，政治辦理的適當與否，才是變與不變的前提。不過韓非偏向變的史觀，遂舉變而富強的史實說明。此外，他又說：

> 凡人難變古者，憚易民之安也。夫不變古者，襲亂之跡；適民心者，恣姦之行也。民愚而不知亂，上懦而不能更，是治之失也。人主者，明能知治，嚴必行之。故雖拂於民心，必立其治。（〈南面篇〉）

說明統治者顧慮民眾對舊法的熟習，而因襲沿用前人留下的事物，上位者儒弱不知變革，是政治失敗的原因。所以認為變與不變應以國家的需要為出發點。

韓非由變古的歷史觀而提出法治，並指出儒墨的言論與國家所需背道而馳。認為儒墨二家「明據先王，必定堯舜者，非愚則誣也。」（〈顯學篇〉）「不言今之所以為治，而語已治之功；不審官法之事，不察姦邪之情，而皆道上古之傳譽，先王之成功。」（〈顯學篇〉）這種因襲不變，以先王之治為標準的觀念多不合實際。韓非說：

> 古人亟於德，中世逐於智，當今爭於力。……處多事之時，用寡事
> 之器，非智者之備也。當大爭之世，而循揖讓之軌，非聖人之治也。
> （〈八說篇〉）

認為古人重視道德，中世逐於智謀，而當今爭於氣力，即是明顯的道德退化
論。所以在「當今爭於力」的歷史觀下，韓非認為仁義辯智不足用，而主張
以法度賞罰為治國標準。而法度賞罰的確立實踐，就依靠君勢的鞏固。

　　總上所述，韓非認為人性自利，人心又只計算一己之私，所以為避免人
人異利，遂強調透過國君將個人之利統合而落於君國之利上。又因人性自利，
所以人的行為為外在物質的充裕與否所決定，所以韓非歷史觀已無視人的道
德自覺。其所建構的實際政治，完全不重視人內心道德自覺的可能，而透過
法術勢的外在規範，奠定尊君臣卑的理念，作為治理政事的根基。

第二節　韓非尊君學說要義

　　前述曾討論韓非藉自為心說明人多用計算心相待，以強化君臣異利現
象，並指出君主臣僚關係本來就是一種交易性質。〔註29〕韓非引田鮪之言說：
「主賣官爵，臣賣智力。」又說：「臣盡死力以與君市，君重爵祿以與臣市。
君臣之際，非父子之親也，計數之所出也。」（〈難一篇〉）「市」就買賣交易
而言。是以國君應使臣為其服務，同時臣所欲者乃「爵」，所以也應避免大臣
與其爭權。換言之，君主集權政治須作有效統治乃可掌握政權，誠如馮友蘭
先生所提出的：「統治者這個對立面只有一個人，而被統治者這個對立面卻包
括有成千上萬的人。如果沒有一套完整的統治術，統治者進行統治是很困難
的。」〔註30〕是以如何維護君主權力，乃專制政體下刻不容緩的問題。以下
歸納韓非的論述，分六點說明。

一、用人公平，嚴防權臣

　　韓非對人才的重視是受士人階級興起的大時代環境影響。春秋戰國之
世，士人大量崛起已成普遍社會現象，社會不同階層之間的上下流動屢見不

〔註29〕馮友蘭已提出此說。參見《中國哲學史新編》第二冊，頁454。藍燈文化事業
　　　　公司，民國80年出版。
〔註30〕同上註，頁453。

鮮，如《戰國策》言：

> 故蘇秦相於趙而關不通。當此之時，天下之大，萬民之眾，王侯之
> 威，謀臣之權，皆欲決蘇秦之策。……且夫蘇秦時窮巷掘門桑戶捲
> 樞之士耳，伏軾銜橫歷天下，延說諸侯之王，杜左右之口，天下莫
> 之能伉。(〈秦一〉)

蘇秦本為「窮巷掘門桑戶捲樞之士」，經過一番苦學自修，亦能躍為公卿，佩
六國相印。時人對國君尚賢現象多有深刻體會，如樂毅言：

> 臣聞賢聖之君不以祿私其親，功多者，授之；不以官隨其愛，能當
> 之者，處之；故窮能而授官者，成功之君也，論行而結交者，立名
> 之士也。(《戰國策・燕二》)

此外，再配合前述第二章列國宰相出自眾庶之比例，已可察覺用人唯才的社
會現象。基本上，尚賢成為政治安定的必要前提，當時一般思想家多能體認
到尚賢的重要，例如荀子言：

> 請問為政，曰：「賢能不待次而舉，罷不能不待須而廢，元惡不待教
> 而誅，中庸民不待政而化。分未定也，則有昭穆。雖王公士大夫之
> 子孫，不能屬於禮儀，則歸之庶人。雖庶人之子孫也，積文學，正
> 身行，能屬於禮儀，則歸之卿相士大夫。」(《荀子・王制篇》)

《呂氏春秋》曰：

> 觀於春秋，自魯隱公以至哀公，十有二世，其所以得之，所以失之，
> 其術一也。得賢人，國無不安，名無不榮；失賢人，國無不危，名
> 無不辱。(〈慎行篇〉)

法家諸子，尤其是集大成的韓非子，對尚賢亦有認識，提出用人任官應以能
力為斷，而不應計較其出身背景或血緣關係，他說：

> 明主之為官職爵祿也，所以進賢材，勸有功也。故曰：賢材者處厚
> 祿，任大官，功大者有尊爵，受重賞。官賢者量其能，賦祿者稱其
> 功。是以賢者不誣能以事其主，有功者樂進其業，故事成功立。(《韓
> 非子・八姦篇》)

> 內舉不避親，外舉不避讎，是在焉，從而舉之，非在焉，從而罰之。
> 是以賢良遂進而姦邪并退，故一舉而能服諸侯。……五王之所誅者，
> 皆父兄子弟之親也，而所殺亡其身，殘破其家者，何也？以其害國
> 傷民，敗法類也。觀其所舉，或在山林藪澤巖穴之間，或在囹圄縲

　　　　絏縲索之中，或在割烹芻牧飯牛之事，然明主不羞卑賤也，以其能

　　　　爲可以明法，便國利民，從而舉之，身安名尊。(〈說疑篇〉)

根據上述，可知韓非對人才的重視是受士人階級興起的大時代環境影響。不
過，韓非本身也能洞察權臣之害，《韓非子》書中曾根據歷史經驗多次舉例說
明權臣之害。〈難一篇〉曾言：同時重用二人則爭事而外交，如「魏兩用樓、
翟而亡西河」、「楚兩用昭、景而亡鄢郢」。重用一人則易流於專制而被劫殺，
如「淖王一用淖齒，而身死乎東廟」、「主父一用李兌，滅食而死」。此外，〈難
三篇〉又陳述燕子噲賢子之，夫差智太宰嚭，則或死或滅而爲天下笑。〔註31〕
因而指出：「不知其臣之意行，而任之以國。故小之名卑地削，大之國亡身死，
不明於用臣也。」(〈說疑篇〉)然而，國不能無臣，臣之權力大小及階級高低
亦須有所區別，他說：

　　　　明主之國，遷官襲級，官爵授功，故以貴臣。言不度行，而有僞必

　　　　誅，故無重臣。(〈八說篇〉)

說明國宜有「貴臣」，而當抑「重臣」，遂涉及用人任職的問題。

　　　關於選用人才的權力問題，其主張人主宜愼執用舍任免之柄。強調用人
大權不可旁落，以免內爲姦臣所挾制，外爲敵國所廢置。其言：

　　　　敵之所務，在淫察而就靡；人主不察，則敵廢置矣。(〈內儲說下篇〉)

同篇又舉周文王輔置費仲於紂旁，以亂其心；吳攻楚，而吳子胥用計使楚人
廢子期，因而戰勝；鄭桓公欲襲鄶，而誘鄶君殺良臣，遂取鄶。說明我國官
吏之任用廢置若操於外國則亂，故言：「因任而授官……此人主之所執也。」
(〈定法篇〉)

　　　有關選用人才的態度，韓非認爲不能聽私門之請謁，其禍在「患御者，
積於私門，盡貨賂，而用重人之謁，退汗馬之勞。」(〈五蠹篇〉)以及「姦臣
得乘信幸之勢，以毀譽進退群臣。」(〈姦劫弒臣篇〉)使臣下離上比周，成爲
入仕升遷捷徑，故曰：

　　　　今若以譽進能，則臣離上，而下比周；若以黨舉官，則民務交，而

<hr>

〔註31〕〈難三篇〉曰：「燕子噲賢子之而非孫卿，故身死爲僇。夫差智太宰嚭而愚子
　　　　胥，故滅於越。」〈說疑篇〉有詳細說明如下：「燕君子噲，召公奭之後也，
　　　　地方數千里，持戟數十萬，不安子女之樂，不聽鐘石之聲，内不湮污池臺榭，
　　　　外不畢弋田獵，又親操耒耨以收畎畝。子噲之苦身以憂民，如此其甚也。雖
　　　　古之所調聖王明君者，其動身而憂世，不甚於此矣。然而子噲身死國亡，奪
　　　　於子之，而天下笑之，此其故何也？不明乎所任臣也。」

不求用於法。(〈有度篇〉)

事實上，此問題孟子早已注意，認為國君拔取賢才須以審慎態度多方聽取臣民意見，以免有所偏聽，他說：

> 孟子見齊宣王曰：「所謂故國者，非謂有喬木之謂也，有世臣之謂也。王無親臣矣，昔者所進，今日不知其亡也。」王曰：「吾何以識其不才而舍之？」曰：「國君進賢，如不得已，將使卑踰尊，疏踰戚，可不慎與？左人昭昭。」(《孟子‧盡心下篇》)

以審慎態度選用人才的觀點，韓非與孟子不謀而合，至於因應之策則二人有所不同。孟子提出賢才當政之前應受若干訓練加以考驗，其引述堯訓練舜的故事說：

> 堯之於舜也，使其子九男事之，二女女焉，百官牛羊倉廩備，以養舜於畎畝之中，後舉而加諸上位。故曰：王公之尊賢者也。(《孟子‧萬章下篇》)

說明賢才應由訓練中選拔，而韓非則是落實在「內舉不避親，外舉不避仇」上。因此使臣互相薦進，苟薦得其人，則薦與所薦者必獲利；反之，則俱必害。是以群臣多進賢良，薦舉公正而不私其父兄。他說：

> 明君不自舉臣，臣相進也；不自賢功，功相徇也。論之於任，試之於事，課之於功，故群臣公正而無私，不隱賢，不進不肖，然則人主奚勞於選賢？(〈難三篇〉)

> 明主之道，取於任，賢於官，賞於功。言程、言喜，俱必利；不當、主怒，俱必害；則人不私父兄，而進其讎仇。(〈八經篇〉)

更有甚者是上窮碧落下黃泉，舉凡「山林藪澤巖穴之間，或在圉圄縲絏縲索之中，或在割烹芻牧飯牛之事……以其為能可以明法便國利民，從而舉之。」(〈說疑篇〉)並且雖為私仇嫌疑，或高明者，亦薦之以代己。〈外儲說左下篇〉即記趙武薦其讎邢伯子為中牟令，又記載趙之少室周以中牟徐子自代。故在仕者不尸位素餐，在野者亦無遺賢。則「內舉不避親，外舉不避仇。是在焉，從而舉之；非在焉，從而罰之。是以賢良遂進，而姦邪並退。」(〈說疑篇〉)

關於人臣的任用原則，人主當試之官職，別以愚智，他說：

> 夫視鍛錫而察青黃，區冶不能以必劍。水擊鵠鴈，陸斷駒馬，則臧獲不疑鈍利。發齒吻，相形容，伯樂不能以必馬。授車就駕，而觀其末塗，則臧獲不疑駑良。觀容服，聽言辭，則仲尼不能以必士。

　　試之官職，課其功伐，則庸人不疑於愚智。(〈顯學篇〉)

即所謂「論之於任，試之於事，課之於功。」(〈難三篇〉)〈六反篇〉亦有類似言論。〔註32〕說明任之以事，則不能者不得掩飾。其次又當因能授官，使得勝任稱職，所謂：「程能而授事」(〈八說篇〉)，使各處其宜即是此意。

　　此觀點荀子以及《呂氏春秋》已提出，荀子認為國君的職責要知人善任，依各人能力而任其適當官職，其言：

> 材人，愿愨拘錄，計數纖嗇，而無敢遺喪，是官人使吏之材也，修飭端正，尊法敬分，而無傾側之心，守職循業，不敢損益，可傳世也，而不可使侵奪，是士大夫官師之材也。知隆禮義之為尊君也，知好士之為美名也，知愛民之為安國也，知有常法之為一俗也，知尚賢使能之為長功也，知務本禁末之為多材也，知無與下爭小利之為便於事也，知明制度權物稱用之為不泥也，是卿相輔佐之材也，未及君道也。能論官此三材者，而無失其次，是謂人主之道也。若是，則身佚而國治，功大而名美，上可以王，下可以霸，是人主之要守也。(《荀子‧君道篇》)

所以戰國時代思想家已能注意到任用官吏應以其能力之大小而定。又《呂氏春秋》言：

> 有能以家聽者，祿之以家；以里聽者，祿之以里；以鄉聽者，祿之以鄉；以邑聽者，祿之以邑；以國聽者，祿之以國。故克其國不及其民，獨誅所誅而已矣。舉其秀士而封侯之，選其賢良而尊顯之。(〈懷寵篇〉)

韓非也能認同此態度，他說：

> 明主者，推功而爵祿，稱能而官事，所舉者必有賢，所用者必有能，賢能之士進，則私門之請止矣。(〈人主篇〉)

若此，則「物者有所宜，材者有所施。各處其宜，故上乃無為。使雞司夜，令狸執鼠，皆用其能，上乃無事。」(〈揚攉篇〉)也就是說官事稱能，則不能誣能事主或索官犯上。倘所任不當其能，則如〈定法篇〉所言以斬首之功為

〔註32〕〈六反篇〉言：「不任其身也，則不肖者不知。……任其身而責其功，則……不肖者窮矣。夫欲得力士，而聽其自言，雖庸人與烏獲不可別也。授之以鼎，則罷，健效矣。故官職者，能士之鼎也，任之以事，而愚智分矣。故無術者得於不用，不肖者得於不任。」

醫者、匠者的不倫不類，〔註33〕故韓非深斥其不當。

　　關於人臣的職權問題，韓非認爲須克盡職責，嚴守份際不得越權，亦不得越俎代庖，他說：

　　　　臣不得越官而有功，……越官則死。（〈二柄篇〉）

韓非並舉典冠侵權之例說明：

　　　　昔者韓昭侯醉而寢，典官者見君之寒也。故加衣於君之上，覺寢而說，問左右曰：「誰加衣者？」左右對曰：「典冠」，君因兼罪典衣與典冠。其罪典衣，以爲失其事也；其罪典冠，以爲越其職也。非爲惡寒也，以爲侵官之害甚於寒。（〈二柄篇〉）

強調典冠關心韓昭侯，用心良善，但越職侵官而罪之。至於一官職不得由二人兼任，方可職有專守，而不得爭權諉過，故韓非言：

　　　　韓宣王謂摎留曰：「吾欲兩用公仲、公叔，其可乎？」對曰：「不可。晉用六卿而國分。簡公兩用田成、闞止而簡公殺，魏兩用犀首、張儀而西河之外亡。今王兩用之，其多力者樹其黨，寡力者借外權。群臣有內樹黨以驕主，有外爲交以列地，則王之國危矣。」（〈說林上〉）

　　有關人臣的升遷問題，韓非認爲考課進退以功罪爲準，使群臣不得倖進，他說：

　　　　卑賤不待尊貴而進，大臣不因左右而見。……有賞者君見其功，罰者君知其罪。見知不悖於前，賞罰不弊於後。（〈難一篇〉）

　　　　計功而行賞，程能而授事，察端而觀失，有過者罪，有能者得，故愚不得任事。（〈八說篇〉）

　　　　因能而授祿，錄功而與官。（〈外儲說左下〉）

　　　　賢材者，處厚祿，任大官；功大者，有尊爵，受重賞。官賢者量其能，賦祿者稱其功。（〈八姦篇〉）

而且人臣升遷應試以低級官職，然後逐級升遷。〈問田篇〉記載韓非認同墨者田鳩的看法，認爲大官宜從小官作起，而不同意徐渠所言的「智士不襲下而

〔註33〕《韓非子·定法篇》曰：「商君之法，曰：斬一首者爵一級，欲爲官者，爲五十石之官。斬二首者爵二級，欲爲官者爲百石之官。官爵之遷，與斬首之功相稱也。今有法曰：斬首者，令爲醫、匠，則屋不成，而病不已。夫匠者，手巧也，而醫者，劑藥也。而以斬首之功爲之，則不當其能。今治官者，智能也。今斬首者，勇力也。以勇力之所加，而治智能之官，是以斬首之功爲醫匠也。」

－161－

遇君，聖人不見功而接上。」認爲「不試於屯伯，不關乎州部，故有失政亡國之患。」韓非此種：

> 明主之吏，宰相必起於州部，猛將必發起於卒伍。（〈顯學篇〉）

以及「官讓節而進，以至大任」（〈八經篇〉）的態度，主張根據實務經驗，逐級升遷。所以臣下有功即遷官襲級，無能則放官收璽，故言：

> 明主之國，遷官襲級，官爵授功。（〈八説篇〉）

> 任事者知不足以治職，則放官收璽。（〈八經篇〉）

根據上述可知韓非於任免官吏上，採取公平客觀標準，故可避免權臣犯上而維護君主地位。

　　韓非用人唯才，嚴防權臣的態度，是順應時代趨勢。因爲春秋戰國之世，封建瓦解、王官失守，知識散落民間。尤其孔子有教無類更加強教育的普及，平民雖無憑藉，但以其所擁有的知識卻可大獲國君的賞識，由寒庶一躍而爲公卿，使舊有的社會逐漸瓦解。韓非重用人才可適應當時社會階層的大變動，造成社會流動性的活潑化。而且春秋戰國時代各國競相重視人材，促使平民崛起，參與國政。而這批新興士人與國君多無親緣關係，完全以一己之力取得高位。而士人與貴族間也處於對立的立場，所以往往成爲國君用以制衡貴族勢力的工具。在此種「主賣官爵，臣賣智力」的環境下，形成了人才較血緣更爲重要的用人考量。韓非即坦承言：

> 智術之士，明察、聽用，且燭重人之陰情；能法之士，勁直、聽用，
>
> 且矯重人之姦行，故智術能法之士用，則貴重之臣必在繩之外矣。
>
> 是智法之士與當塗之人，不可兩存之仇也。（〈孤憤篇〉）

所謂「當塗之人」即指世襲的封建宗室及當道的「重人」，〔註34〕二者是法家剷除特權的對象。因此，韓非學說有助於廢除封建制度，開出君主專制的政治格局，誠如牟宗三先生所言：「這步工作直接地打擊貴族，把元首從貴族的束縛中解放出來，取得超然的客觀地位。」〔註35〕是以首當其衝者是貴族，以商鞅變法爲例，《史記》曾載：「宗室非有軍功，論不得爲屬籍。……有功者顯榮，無功者雖富無所芬華。」（〈商君列傳〉）換言之，雖爲皇親國戚，若無軍功，亦無法博取利益。是以其與貴族蓄恨日深。《戰國策・秦策一》即記

〔註34〕　參見王曉波〈法在韓非思想中之意義〉一文，收入《儒法思想論集》頁180，時報文化公司，民國75年出版。

〔註35〕　參見牟宗三《中國哲學十九講》頁178。學生書局，民國72年出版。

商鞅因仇讎而車裂，〔註36〕說明了貴族面臨的威脅與掙扎。

二、虛靜無為，潛御群臣

　　韓非對用人唯才並不是無條件的認同，認為應以「術」加以限制，這是
綰合申不害重術學說而成君主統御臣下的方法，韓非說：

> 術者，藏之於胸中，以偶眾端，而潛御群臣者也。故法莫如顯，而
> 術不欲見。……用術，則親愛近習，莫之得聞也。（〈難三篇〉）

> 術者，因任而授官，循名而責實，操殺生之柄，課群臣之能者也。
> 此人主之所執也。（〈定法篇〉）

是韓非論術：消極方面欲「潛御群臣」（〈難三篇〉）察姦止亂，積極方面則欲
「課群臣之能」（〈定法篇〉），以增進行政功效。至於術的性質則是暗運於胸
中，深藏不露。用術的前提是韓非認為人性自利，君臣各以計數出，君之權
位，臣所覬覦，他說：

> 國者，君之車也。勢者，君之馬也。無術以御之，身雖勞，猶不免
> 亂，有術以御之，身處佚樂之地，又致帝王之功也。（〈外儲說右下
> 篇〉）

> 有術而御之，身坐廟堂之上，有處女子之色，無害於治；無術而御
> 之，身雖瘁臞，猶未有益。（〈外儲說左上篇〉）

為察姦防亂確保勢位，人主不得不用術。至於國君如何用術以知臣呢？韓非
說：

> 道者萬物之始，是非之紀，是以明君守始以知萬物之源，治紀以知
> 善敗之端，故虛靜以待令，……虛則知實之情，靜則知動者正。（〈主
> 道篇〉）

認為人君應保持內心的虛靜方可洞悉外在人事的真象，韓非又說：

> 人主之道靜退以為寶，不自操事而知拙與巧，不自計慮而知福與
> 咎，……不言而善應，不約而善增。（〈揚權篇〉）

此段說明人君用術的關鍵在虛靜，正如《老子》所說的：「致虛極，守靜篤，
萬物並作，吾以觀其復。」（十六章）以「靜退以為寶」，就能洞察人事的是

〔註36〕商君車裂有三種說法，此理由較為合理。參見拙著《商鞅反人文觀》頁13至
　　　　14。東吳大學中文研究所，民國81年碩士論文。

非，這原是道家所說的無為，所以趙海金先生曾為二者的無為作一區分，他說：

> 韓非以「無為」為術，……韓非欲以無為為術，鞏固君權，使「有功，則君有其賢，有過，則臣任其罪」（〈主道篇〉）。而老子無為之治，則在縮減政府之職權至最小限度，擴張人民自由至最大限度，以實現「小國寡民」之理想社會。故二者所循之途徑不同，而鵠的名殊，不可相提並論。〔註37〕

國君何以無為就能潛御群臣呢？韓非曾說：

> 人主者非目若離婁乃為明也；非耳若師曠乃為聰也；……不任其數而待目以為明，所見者少矣。……不因其勢而待耳以為聰，所聞者寡矣。明主者使天下不得不為己視，天下不得不為己聽，故身在深宮之中而明照四海之內。……善任勢者國安，不知因其勢者國危。
>
> （〈姦劫弒臣篇〉）

韓非認為國君不需竭盡個人有限耳目的聰明，要因國君之勢就能「身在深宮之中而明照四海之內」。換言之，國君掩藏其智能而因其勢，則能無為而無所不為，是說明國君因勢就可御臣。至於國君權力、地位獨一無二，故可因之條件很多，尤其可因眾臣的才智。所以國君無為首先就是因臣之智，韓非說：

> 有智而不以慮，使萬物知其處；有行而不以賢，觀臣下所因；有勇而不以怒，使群臣盡其武。是故去智而有明，去賢而有功，去勇而有強。群臣守職，百官有常，因能而使之，是謂習常。（〈主道篇〉）
>
> 權不欲見，素無為也。事在四方，要在中央。聖人執要，四方來效，虛而待之，彼自以之。……夫物者有所宜，材者有所施，各處其宜，故上乃無為。使雞司夜，令狐執鼠，皆用其能，上乃無事。（〈揚搉篇〉）
>
> 力不敵眾，智不盡物，與其用一人，不如用一國。（〈主道篇〉）

韓非認為君主總攬政權，因臣下才智使各用其能、分層負責，而不必事事躬親。韓非並舉反證證明國君若日理萬機，獨攬其政則身勞而無功。〔註38〕說

〔註37〕參見趙海金《韓非子研究》頁87。正中書局，民國71年出版。

〔註38〕如韓非言：「田嬰相齊，人有說王者曰：「終歲之計，王不一以數日間自聽之，則無以知吏之姦邪得失也。」王曰：「善」。田嬰聞之，即遽請於王而聽其計，王將聽之矣。田嬰令官具押卷斗石參升之計，王自聽計，計不勝聽，罷食後復坐，不復暮食矣。田嬰復謂曰：「群臣所終歲日夜不敢偷怠之事也，王以一日聽之，則群臣有為勸勉矣。」王曰：「諾」。俄而王已睡矣。吏盡揄力削其

明君主應該因材器使，所謂「下君，盡己之能，中君，盡人之力，上君，盡人之智。」（〈八經篇〉）上君應可使臣盡智任勞，而又獨享其成，誠如韓非所言：

> 明君之道，使智者盡其慮，而君因以斷事，故君不窮於智；賢者效其材，君因而任之，故君不窮其能；有功則君有其賢，有過則臣任其罪，故君不窮於名。是故不賢而爲賢者師，不智而爲智者正。臣有其勞，君有其成功，此之謂賢主之經也。（〈主道篇〉）

其次，韓非爲達到國君絕對的虛靜無爲，造成神秘的政治氣氛，所以還要求君主掩其好惡，使臣無從窺伺，韓非説：

> 人主者，利害之軺轂也。射者眾，故人主共矣。是以好惡見，則下有因，而人主惑矣，辭言通，則臣難言，則主不神矣。（〈外儲説右上〉）

> 君無見其欲，君見其所欲，臣將自雕琢。君無見其意，君見其意，臣將自表異。故曰：「去好去惡，臣乃見素，去舊去智，臣乃自備。」（〈主道篇〉）

> 君見惡則群臣匿端；君見好，則群臣誣能。人主欲見，則群臣之情態得其資矣。故子之託於賢，以奪其君者也；豎刁、易牙因君之欲，以侵其君者也。其卒，子噲以亂死，桓公蟲流出户而不葬。此其故何也？人君以情借臣之患也。……故曰：去好去惡，群臣見素，則人君不蔽矣。（〈二柄篇〉）

説明人主應虛靜無爲以掩匿己情，杜防人臣覬覦上位，同時又能守法責成，

押卷升石之計。王自聽之，亂乃始生。（〈外儲説左上〉）「鄭子產晨出，過東匠之閭，聞婦人之哭，撫其御之手而聽之。有間，遣吏執而問之，則手絞其夫者也。異日，其御問曰：「夫子何知之？」子產曰：「其聲懼。凡人於其親愛也，始病而憂，臨死而懼，已死而哀。今哭已死，不哀而懼，是以知其有姦也。」或曰：「子產之治不亦多事乎？姦必待耳目之所及而後知之，則鄭國之得姦者寡矣。不任典成之吏，不察參伍之政，不明度量，恃盡聰明，勞智慮，而以知姦，不亦無術乎？」（〈難三篇〉）「歷山之農者侵畔，舜往耕焉，期年甽畝正。河濱之漁者爭坻，舜往漁矣，期年而讓長。東夷之陶者器苦窳，舜往陶焉，期年而器牢。……舜救敗，期年已一過，三年已三過，舜壽有盡，天下過無已者，以有盡逐無已，所止者寡矣。賞罰使天下必行之，……今朝至暮變，暮至朝變，十日而海內畢矣，悉待期年？舜猶不以此説堯從己，乃躬親，不亦無術乎？」（〈難一篇〉）

增進行政效率。韓非要求君主虛靜無爲，其方式歸納爲：不見好惡、不顯智能、不漏言辭及不用耳目四點：〔註39〕

（一）就不見好惡言：韓非說：

> 君上者，臣下之所爲飾也。好惡在所見，臣下之飾姦物以愚其君必也。（〈難三篇〉）

〈外儲說右上篇〉、〈外儲說右下篇〉有相似言論。〔註40〕說明君臣異利，人主表現其好惡則臣下得飾姦以惑主，正是〈二柄篇〉所謂「君見惡，則群臣匿端；君見好，則群臣誣能。」「群臣飾行以要君欲，則是群臣之情不效；群臣之情不效，則人主無以異其臣矣。」遂得出國君易有豎刁、易牙、子之、田常之患。是以唯有君主「去好去惡，臣乃見素。」（〈主道篇〉）所謂「素」本意乃細白之繒，引申爲不加修飾，亦唯有「去好去惡，群臣見素，則人君不蔽。」（〈二柄篇〉）

（二）就不顯智能言：韓非通過〈難三篇〉記載「鄭子產過東匠之閭，聞婦人哭。聽之，其聲懼，而知有姦。」一事，說明子產恃聰明、勞智慮的不當。其理由有二：一是〈難三篇〉所言之物眾智寡，子產不用官吏不明法度，而恃己之智，由於寡不勝眾，將勞智且無法事事兼顧，所以他引用《老子》之言，認爲「以智治國，國之賊也。」二是〈觀行篇〉所言之「智有所不能立」。說明一己之智能有限，苟人主好逞智巧，矜而自用，則身勞多失，所以「雖有堯之智，而無眾人之助，大功不立。」（同上）韓非主張上位者宜去智巧，使群臣盡其智慮，效其才能，故言：

> 力不敵眾，智不盡物，與其用一人，不如用一國……下君，盡己之能；中君，盡人之力；上君，盡人之智。（〈八經篇〉）

> 人君盡眾人之智，「是故不賢而爲賢者師，不智而爲智者正。臣有其勞，君有其成功，此之謂賢主之經也」。（〈主道篇〉）

（三）就不漏言辭言：韓非於〈外儲說右上篇〉引堂谿公諫韓昭侯「玉卮漏而不可盛水，瓦器不漏而可盛酒」一事，傳達「人主而漏其群臣之語，

〔註39〕 羅宗濤已提出此說。參見《韓非學術原於老子說》，參見師大國文研究所集刊第五號。

〔註40〕 〈外儲說右上篇〉言：「人主者，利害招殼也；射者眾，故人主共矣。是以好惡見，則下有因，而人主惑矣。」〈外儲說右下篇〉言：「吳章謂韓宣王曰：『人主不可佯愛人，一日不可復憎；不可佯憎人，一日不可復愛也。故佯愛佯憎之徵見，則諛者因資而毀譽之，雖有明主不能復收，而況於以誠借人也！』」

是猶無當之玉厄」君主泄漏辭言之弊，他說：

> 人臣有議當塗之失，用事之過，譽臣之情，人主不心藏，而漏之
> 近習能人，使人臣之欲有言者，不敢不下適近習能人之心，而乃
> 上以聞人主。然則端言直道之人不得見，而忠直日疏。(〈三守篇〉)

說明君主泄群臣之語，則近習能人得所因乘。如是奸臣蔽主，而群臣百官難
以直言。是以韓非要求「明主之言，隔塞而不通。」(〈八經篇〉)更有甚者是
夢言亦不欲人知。〔註41〕若此，則邪臣無所藉，忠臣亦無所顧忌。

　　(四)就不用耳目言：韓非認為以個人之耳目考察百官，則日不足、力
不給，且不免為臣下偽飾所欺蒙，他說：

> 夫為人主而身察百官，則日不足、力不給。上用目，則下飾觀；上
> 用耳，則下飾聲；上用慮，則下繁辭。(〈有度篇〉)

> 人主者，非目若離婁，乃為明也；非耳若師曠，乃為聰也。不任其
> 數，而待目以為明，所見者少矣，非不弊之術也。不因其勢，而待
> 耳以為聰，所聞者寡矣，非不欺之道也。(〈姦劫弒臣篇〉)

因應之道在使臣下目視聽聞，「使天下不得不為己視，使天下不得不為己聽。
故身在深宮之中，而明照四海之內。」(〈姦劫弒臣篇〉)換言之，人主不自操
事，可使群臣自舉其事以明其情。若躬親蒞下，反形成君勞臣逸現象，他說：

> 夫必恃人主之自躬親，而後民聽從，是則將令人主耕以為食，服戰
> 雁行也，民乃肯耕戰，則人主不泰危乎？而人臣不泰安乎？(〈外儲
> 說左上篇〉)

「身苦而後化民者，堯舜之所難也。」(〈難一篇〉)於〈外儲說左上篇〉遂
舉齊景公釋車下走、魏昭王讀法睡臥、孔子以孟嘗君及鄒君先僇蒞民之不
當。〔註42〕

〔註41〕參見〈外儲說右上篇〉言：韓昭侯聽堂谿公之諫，故「欲發天下之大事，未
嘗不獨寢，恐夢言而使人知其謀也。」

〔註42〕〈外儲說左上篇〉言：「夫不明分，不責誠，而以躬親蒞下，且為下走、睡臥，
與夫揜弊微服。孔丘不知，故稱猶盂，鄒君不知，故先自僇。」又言：「齊景
公游少海，傳騎從中來請曰：『嬰疾甚，且死，恐公後之。』景公遽駕煩且之
乘，使騶子韓御之。行數步，以騶為不疾，奪轡代之御。可數百步，以馬為
不進，釋車而走。以煩且之良，而騶子韓樞之巧，而以為不如下走也。」又
曰：「魏昭王欲與宮事，謂孟嘗君曰：『寡人欲與宮事。』君曰：『王欲與宮事，
則何不試習讀法？』昭王讀法十餘簡，而睡臥矣。王曰：『寡人不能讀此法。』
夫不躬親其勢柄，而欲為人臣所宜為者也，睡不亦宜乎！」又曰：「孔子曰：

　　君主除無爲於上外，尚應有一套藏之胸中的伺察臣下之術，可得而言者，有下列諸端：〔註43〕

　　（一）疑詔詭使：謂人主使臣下疑其所詔，懼監察而不敢爲姦，群臣乃盡忠而不敢隱情。韓非言：

　　　龐敬、縣令也，遣市者行，而召公大夫而還之，立有間，無以詔之，卒遣行。市者以爲令與公大夫有言，不相信，以至無姦。戴驩、宋太宰，夜使人曰：「吾聞數夜有乘輻車至李史門者，僅爲我伺之。」使人報曰：「不見輻車，見有奉笥而與李史語者，有間，李史受笥。」（〈內儲說上篇〉）

　　（二）挾知而問：謂「以我所知，而佯問之。」使群臣疑君爲神明，因不敢矯情飾非。韓非言：

　　　挾知而問，則不知者至；深知一物，則眾隱皆變。

　　　韓昭侯握爪，而佯亡一爪，求之甚急，左右因割其爪而效之。昭侯以此察左右之不誠。

　　　韓昭侯使騎於縣，使者報，昭侯問曰：「何見也？」對曰：「無所見也。」昭侯曰：「雖然，何見？」曰：「南門之外，有黃犢食苗道左者。」昭侯謂使者：「毋敢洩吾所問於如女。」乃下令曰：「當苗時，禁牛馬入人田中，固有令，而吏不以爲事，牛馬甚多入人田中，亟舉其數上之，不得，將重其罪。」於是三鄉舉而上之。昭侯曰：「未盡也。」復往審之，乃得南門之外黃犢。吏以昭侯爲明察，皆悚懼其所，而不敢爲非。（以上參見〈內儲說上篇〉）

　　（三）倒言反是：謂倒置他人之言而反說之，就所事之相反者而言之，則姦情可得而盡。韓非言：

　　　倒言、反是，以嘗所疑，則姦情得。

　　　有相與訟者，子產離之，而無使得通辭，倒其言以告而知之。

　　　衛嗣公使人爲客過關市，關吏苛難之，因事關吏以金，關吏乃舍之。嗣公謂關吏曰：「某時有客過而所，與汝金，而汝因遣之。」關吏乃

『爲人君者猶盂也，民猶水也，盂方水方，盂圜水圜。』」又曰：「鄒君好服長纓，左右皆服長纓，纓其貴，鄒君患之，問左右。左右曰：『君好服，百姓亦好服，是以貴。』君因先自斷其纓而出，國中皆不服長纓。君不能下令以爲百姓服度以禁之，乃斷纓出示民，是先戮以莅民也。」

〔註43〕有關韓非伺察之術，張秀貞《韓非子思想體系》一文中已根據原典歸納爲六項。

大恐，而以嗣公爲明察。

子之相燕，坐而佯言曰：「走出門者何也？白馬也！」左右皆言不見，有一人走追之，報曰：「有。」子之以此知左右之不誠信。（以上參見〈內儲說上篇〉）

（四）明察六微：韓非於〈內儲說下篇〉云：「六微：一曰、權借在下，二曰、利異外借，三曰、託於似類，四曰、利害有反，五曰、參疑內爭，六曰、敵國廢置。此六者，主之所察也。」以下即根據〈內儲說下篇〉歸納韓非六微之術，分述如下：

1. 權借在下：韓非主張勢必操之於君，若大臣專斷，則亡國身危，韓非言：

> 晉、厲公之時，六卿貴，胥僮長魚矯又諫曰：「夫同罪之人，偏誅而不盡，是懷怨而介之閭也。」公曰：「吾一朝而夷三卿，予不忍盡也。」長魚矯對曰：「公不忍之，彼將忍公。」公不聽，居三月，諸卿作難，遂殺厲公，而分其地。
>
> 州侯相荊而主斷。荊王疑之，因問左右，左右對曰：「無有，」如出一口也。
>
> 燕人，其妻有私通於士，其夫早自外而來，士適出，夫曰：「何客也？」其妻曰：「無客。」問左右，左右言：「無有，」如出一口。其妻曰：「公惑易也。」因浴之以狗矢。

2. 利異外借：由於君臣利異一有機會姦臣往往多圖私利，甚者借外力以自重，無所不用其極，此不可不察。韓非言：

> 君臣之利異，故人臣莫忠。故臣利立，而主利滅。是以姦臣者、召敵兵以內除，舉外事以眩主：苟成其私利，不顧國患。公叔相韓而有攻齊，公仲甚重於王，公叔恐王之相公仲也，使齊韓約而攻魏，公叔因內齊軍於鄭，以劫其君，以固其位而信兩國之約。
>
> 大成午從趙謂申不害於韓曰：「子以韓重於我趙，請以趙重子於韓，是子有兩韓，我有兩趙。」
>
> 白圭謂暴譴曰：「子以韓輔我於魏，我以魏持子於韓，臣長用魏，子長用韓。」

3. 託於似類：說明人臣窺覘君心，託於似類以成其私。韓非言：

> 似類之事，人主之所以失誅，而大臣之所以成私也。

齊中大夫有夷射者，御飲於王，醉甚而出，倚於郎門。門者刖跪請
曰：「足下無意賜之餘瀝乎？」夷射叱曰：「去！刑餘之人，何事乃
敢乞飲長者。」刖跪走退。及夷射去，刖跪因捐水郎門雷下，類溺
者之狀。明日、王出而訶之，曰：「誰溺於是？」刖跪對曰：「臣不
見也；雖然，昨日中大夫夷射立於此。」王因誅夷射而殺之。

季辛與爰騫相怨，司馬喜新與季辛惡，因微令人殺爰騫，中山之君
以爲季辛也，因誅之。

荊王所愛妾有鄭袖者，荊王新得美女，鄭袖因教之曰：「王甚喜人之
掩口也，爲近王，必掩口。」美女入見，近王，因掩口。王問其故，
鄭袖曰：「此固言惡王之臭。」及王與鄭袖、美女三人坐，袖因先誡
御者曰：「王適有言，必亟聽從王言。」美女前，近王甚，數掩口。
王悖然怒曰：「劓之！」御者因揄刀而劓美人。

4. 利害有反：人臣每藉其所害而得私利，人主察其反者，即可得事實眞
相。韓非言：

事起而有所利，其尸主之；有所害，必反察之。

昭奚恤之用荊也，有燒倉廥窌者，而不知其人，昭奚恤令執販茅者
而問之，果燒也。

僖侯浴，湯中有礫。僖侯曰：「尚浴免，則有當代者乎？」左右對曰：
「有。」僖侯曰：「召而來；」誰之曰：「何爲置礫湯中？」對曰：「尚
浴免，則臣得代之，是以置礫湯中。」

5. 參疑內爭：說明權勢相疑相參，若庶孽擬於正嫡，則人主失勢必致內
憂而爭亂不已。韓非言：

參疑之勢，亂之所由生也，故明主慎之。

晉獻公之時，驪姬貴，擬於后妻，而欲以其子奚齊代太子申生，因
患申生於君而殺之，遂立奚齊爲太子。

公子朝、周太子也，弟公子根甚有寵於君，君死，遂以東周叛，分
爲兩國。

6. 敵國廢置：說明我臣之用舍廢置若出於敵謀，則敵國將控制我國人員
用舍之權。韓非言：

敵之所務，在淫察而就靡，人主不察，則敵廢置矣。

文王資費仲而遊於紂之旁，令之間紂而亂其心。

仲尼爲政於魯，道不拾遺，齊景公患之。黎且謂景公曰：「去仲尼，
猶吹毛耳。君何不迎之以重祿高位，遺哀公女樂以驕熒其意？哀公
新樂之，果怠於政。仲尼諫，不聽，去而之楚。」

（五）偵知五雍：人臣雍蔽其主使不明下情者有五端，爲人主者不可不
偵知。韓非言：

是故人主有五雍：臣蔽其主曰雍，臣制財利曰雍，臣擅行令曰雍，
臣得行義曰雍，臣得樹人曰雍。臣蔽其主，則主失明；臣制財利，
則主失德；臣擅行令，則主失制；臣得行義，則主失名；臣得樹人，
則主失黨。此人主之所以獨擅，非人臣之所以得操也。

此五雍之說即（1）臣蔽其主，主失明。（2）臣制財利，主失德。（3）臣擅行
令，主失制。（4）臣得行義，主失名。（5）臣得樹人，主失黨。

（六）審察八姦：韓非以爲人臣用以成姦者有八術，人主因而失其所有，
不可不察。〈八姦篇〉所載八姦可歸納爲：

1. 同床，託於燕處醉飽之時，而求其所欲。
2. 在旁，以左右近習移主心。
3. 父兄，託側室公子，爲進爵益祿。
4. 養殃，以美宮室臺池，重賦斂、飾子女、狗馬，娛其主。
5. 民萌，散公財，行小惠，使譽己，以塞其主。
6. 流行，求諸侯之辯士，養國中之能說者，使之以詒其私。爲巧言、流
辭，以壞其主。
7. 威強，聚帶劍之客，養必死之士，以彰其威，而行其私。
8. 四方，爲人臣者、重賦斂、盡府庫、虛其國，以事大國，而用其威。

韓非言人主伺察之術，頗施權謀，行「疑詔詭使」、「挾知百問」、「倒言
反事」三術，又欲明察六微，偵知五雍，審察八姦，應是了解人性弱點，切
中世情弊端。

總上所述，可知術的性質乃暗運於胸中，所以熊十力先生說：

韓非之書，千言萬語，壹歸於任術而嚴法。雖法術兼持，而究以術
爲先。術之神變無窮也，揭其宗要，則「術不欲見」一語盡之矣。
說疑篇曰：「凡術也者，主之所以執也」。此一執字，甚吃緊。執有
執持，執藏二義。藏之深，……天下莫逃於其所藏之外，亦眩且困
於其所藏之內，而無可自擇自動也，是謂執藏。持之堅，可以萬變

> 而不離其宗；持之妙，有宗而不妨百變，是謂執持。不了執義，則
> 不知韓非所謂術也。〔註44〕

韓非主張虛靜無為，以達到臣下盡能而無姦及君上無為而有功的成效。此外，又有一套伺察臣下之術，使「明君無為於上，群臣竦懼乎下。」（〈主道篇〉）群官可安守職分，自然不得侵奪權柄。故言：

> 人主執術而深不可測，故臣下棄逢迎之心而無姦邪。是以「聖人明
> 察在上位，將使天下無姦。」（〈難一篇〉）

由於人主用術治國，可有「臣有其勞，君有其成功」（〈主道篇〉）的作用，即人主身坐廟堂之上而天下治。所以韓非說：「故有術而御之，身坐廟堂之上，有處女子之色，無害於治；無術而御之，身雖瘁臞，猶未有益。」（〈外儲說左上篇〉）又說「國者，君之車也；勢者，君之馬也。無術以御之，身雖勞，猶不免亂。有術以御之，身處逸樂之地，又致帝王之功。」（〈外儲說右上篇〉）是明主用術，無思無慮可坐享其成，「甘服於玉堂之中」，又「無瞋目切齒傾取之患。」（〈守道篇〉）

三、循名責實，考核臣僚

此部份是韓非「術」論的積極作用，名實的論題孔子有「名不正則言不順」的正名主張，荀子有「名無固宜，約之以命。」的「約定俗成」言論。韓非則有「令名自命也，令事自定也。」及「有言者自為名，有事者自為形，形名參同。」（〈主道篇〉）的說法。所謂「自命」、「自定」之意，王曉波先生認為是「研究名與事時，則隨事而定名，自名而正事。」〔註45〕即說明依事為據而定名，有正確之名，乃能指出所代表之事。因此，韓非有「名正物定，名倚物徙」之說。汪奠基先生曾對此言加以解析說：

> 名定物定，即是說：對一切是非正確的斷定，乃是從客觀實在對象
> 中探索得來的。有了一定對象的物，才能有斷定對象的名。所謂名
> 倚物徙，即是說：任何反映客觀事物的抽象概念，都是隨客觀對象
> 的變動為轉移的。……所以思想認識，必須參以比物，然後可以完

〔註44〕參見熊十力《韓非子評論》頁 22。學生書局，民國 67 年出版。
〔註45〕參見王曉波《先秦法家思想史論》頁 210。聯經文化事業公司，民國 80 年出版。

全合證。〔註46〕

所以形名之間的關係是「名實相待而成，形影相應而之。」（〈功名篇〉）即要求名、實相符，韓非稱之為「形名參同」。認為審核事物的名實是否相符，都不能由人們主觀憑空而定，而必需以客觀實際觀察印證，所以客觀實際是判斷的標準。

　　至於客觀實際的判斷，韓非認為是產生於感官經驗中。由感官經驗所獲得的知識，可藉由感官的觸摸、觀察等方法，證明所獲知識的真假，而不是出自內心主觀的猜測或想像。所以韓非說：

> 目不明則不能決黑白之分，耳不聰則不能別清濁之聲，智識亂則不能審得失之地。目不能決黑白之分謂之盲，耳不能別清濁之聲則謂之聾，心不能審得失之地則謂之狂。盲則不能避晝日之險，聾則不能知雷霆之害，狂則不能免人間法令之禍。（〈解老篇〉）

說明人依據感官及思維器官，以區別外在事物。若感官器官喪失功能，則不能感知外在危機，是感官經驗對人身有一定的重要性。至於正確感官經驗的獲得也有其方法。韓非說：

> 言會眾端，必揆之以地，謀之以天，驗之以物，參之以人，四徵者符，乃可以觀矣。（〈八經篇〉）

此段話便是說明必需從不同方面觀察事物，才能獲得正確知識。以下舉例說明韓非強調事實證據的態度，如韓非對鬼神的諷刺說：

> 客有為齊王畫者，齊王問曰：「畫孰最難者？」曰：「犬馬最難。」「孰最易者？」曰：「鬼魅最易。夫犬馬、人所知也，旦暮罄於前，不可類之，故難。鬼魅、無形者，不罄於前，故易之也。」（〈外儲說左上〉）

鬼魅沒人看見，所以胡亂描繪也無人知道，所以相信鬼神之說是不可靠的。又如韓非批評儒墨之學的錯誤和不可靠，他說：

> 世之顯學儒墨也。儒之所至，孔丘也。墨之所至，墨翟也。……孔墨之後，儒分為八，墨離為三，取舍相反、不同，而皆自謂真孔・墨，孔墨不復生，將誰使定世之學乎？……無參驗而必之者，愚也，弗能必而據之者，誣也。故明據先王，必定堯舜者，非愚則誣也。（〈顯學篇〉）

〔註46〕參見汪奠基《中國邏輯思想史》頁208至209。明文書局，民國82年出版。

韓非指出孔墨學說皆談論堯舜事蹟，但此事蹟距離戰國時已相當遙遠，無法提出明確證據，所以韓非懷疑其學說根據。韓非又說：

> 夫視鍛錫而察青黃，區治不能以必劍；水擊鵠雁，陸斷駒馬，則臧
> 獲不疑鈍利。發齒吻形容，伯樂不能以必馬；授車就駕而觀其末塗，
> 則臧獲不疑駑良。觀容服，聽言辭，仲尼不能以必士；試之官職，
> 課其功伐，則庸人不疑於愚智。（〈顯學篇〉）

此文說明劍之利鈍要由砍東西得知，馬的良劣要由拉車得知，人的才能則要以其職務得知，就是說明要由實際經驗判斷知識的正確性。

此類有關哲學之論題，韓非進一步發展為國君統御群臣的原則。其曰：「君臣不同道，下以名禱，君操其名，臣效其形，形名參同，上下和調。」（〈揚權篇〉）「形名參同」之「形名」其意為何呢？韓非說：「有言者自為名，有事者自為形。」（〈主道篇〉）此外，又更明白闡釋說：「形名者，言與事也。」（〈二柄篇〉）可知「名」指「言」，「形」乃「事」。「形名參同」即令群臣陳其言，明君據其言而責其事，事當其言之意。韓非言：

> 群臣陳其言，君以其言授其事，以其事責其功。功當其事，事當其
> 言，則賞；功不當其事，事不當其言，則誅。（〈主道篇〉）

> 人主將欲禁姦，則審合刑名。形名者，言與事也。為人臣者陳而言，
> 君以其言授之事，專以其事責其功。功當其事，事當其言，則賞。
> 功不當其事，事不當其言，則罰。故群臣其言大而功小者，則罰。
> 非罰小功也，罰功不當名也。群臣其言小而功大者，亦罰。非不說
> 於大功也，以為不當名之害甚於有大功，故罰。（〈二柄篇〉）

人主使人「必以度量準之，以形名參之，事遇於法則行，不遇於法則止；功當其言則賞不當則誅。以形名收臣，以度量準下，此不可釋也。」（〈難二篇〉）是以為人主當「審合形名」。事實上，韓非強調循名責實有其歷史背景，唐敬杲先生言：「蓋當戰國之世，學者競尚空談，游說縱橫之徒，競以巧辯眩惑人主，以獵取一時之富貴，而不顧實效之如何。韓非深察此弊，斥空言而進實功。」〔註47〕事實上，韓非認為即大聖如孔子，亦不免為時勢影響而混淆事實。他說：

> 臺子羽，君子之容也，仲尼幾而取之，與處久，而行不稱其貌。宰

〔註47〕 參見唐敬杲《韓非子選注》緒言。收錄於嚴靈峰編無求備齋《韓非子集成》
　　　　第三十五冊。

予之辭，雅而文也，仲尼幾而取之，與處，而智不充其辯。故孔子
曰：「以容取人乎？失之子羽；以言取人乎？失之宰予。」故以仲尼
之智，而有失實之聲。今之新辯，濫乎宰予。而世主之聽，眩乎仲
尼。爲悅其言，因任其身，則焉得無失乎！（〈顯學篇〉）

據此可推測由於陳言不當、進言不信，或言大而功小或言小而功大，皆有害
於治。故韓非言：

今人主聽說，不應之以度，而說其辯；不度之以功，而譽其行，而
不入關。此人主所以長欺，而說者所以長養也。（〈外儲說左上篇〉）

呈現時人以不切實際、天花亂墜之建言爲進身之階，欺騙君主以謀取官職。
又言：

今人主之於言也，說其辯，而不求其當焉……是以天下之眾，其言
談者，務爲辯而不周於用。（〈五蠹篇〉）

考核形名可使百吏因參驗而盡力竭智，且因功過而爲賞罰，則左右近習之臣
不敢以虛言惑主。若此則國家易致功，故韓非說：

循名實而定是非，因參驗而審言辭。是以左右近習之臣，知詐僞之
不可以得安也，必曰：「我不去姦私之行，盡力竭智以事主，而乃以
相與比周，妄毀譽以求安，是猶負千鈞之重，陷於不測之淵而求生
也，必不幾矣。」百官之吏，亦知爲姦吏之不可以得安也，必也：「我
不以清廉方正奉法，乃以貪污之心，枉法以取私利，是猶上高陵之
巔，墮峻谿之下而求生也，必不幾矣。」安危之道，若此其明也，
左右安能以虛言惑主，而百官安敢以貪漁下？是以臣得陳其忠而不
蔽，下得守其職而不怨。此管仲之所以治齊，而商君之所以強秦也。
（〈姦劫弒臣篇〉）

明君之道，賤得議貴，下必坐上，決誠以參，聽無門戶，故智者不
得詐欺。計功而行賞，程能而授事，察端而觀失，有過者罪，有能
者得，故愚者不得任事。智者不敢欺，愚者不得斷，則事無失矣。（〈八
說篇〉）

因考核名實以督察群臣，使言必有實，則臣不敢怠慢瀆職，行政效率必高。
反之則人主易爲左右所蒙蔽，能者不得仕進，姦邪之臣反具高位，國必招致
亂亡。韓非亦舉名實不符之例說明亂亡的現象，他說：

人臣之欲得官者，其修士且以精潔固身，其智士且以治辯進業，不

能以貨賂事人；恃精潔治辯，而更不能以枉法爲治，則修、治之士，不事左右，不聽請謁矣。人主之左右，行非伯夷也，求索不得，貨賂不至，則精辯之功息，而毀誣之言起矣。治辯之功制於近習，精潔之行決於毀譽，則修治之吏廢，而人主之明塞矣。不以功伐決智行，不以參伍審罪過，而聽左右近習之言，則無能之士在廷，而愚污之吏處官矣。(〈孤憤篇〉)

今人主不合參驗而行誅，不待見功而爵祿，故法術之士安能蒙死亡而進其說，姦邪之臣安肯棄利而退其身？故主上愈卑，私門益尊。(同上)

人主聽言，悅其辯而不求其當，則說者可能妄發「棘猴、白馬之說」(〈外儲說左上篇〉)而無實用，故其進言而不實者，事雖有功必伏其罪。遂言：

群臣其言大而功小者則罰，非罰小功也，罰功不當名也。群臣其言小而功大者罰，非不說於大功也，以爲不當名也，害甚於有大功，故罰。(〈二柄篇〉)

這與「其進言少，其退費多，雖有功，其進言不信，夫不信者有罪，事雖功不賞，則群臣莫敢飾言以惛主。主道者，使人臣前言不復於後，後言不復於前，事雖有功，必伏其罪，謂之任下。」(〈南面篇〉)之意相當。此外，韓非又反覆陳述審核形名的必要性，他說：

使其身，必責其言，不使益辭。(〈八姦篇〉)

凡聽之道，以其所出，反以爲之入。故審名以定位，明分以辯類。(〈揚摧篇〉)

人主雖使人，必……以形名參之。……以形名收臣，……此不可釋也。(〈難二篇〉)

基於此，可知韓非重視審核形名，歸納《韓非子》言論，認爲君主於聽言問對時應具備的原則，有以下數點：

(一)須具有「聽無門戶」修養。其曰：「聽有門戶，則臣壅塞。」(〈外儲說上篇〉)其意言君主聽言專由一人傳達，則如同家宅門戶般，此人傳達與否，以及是否作正確傳達，皆影響下情之上達。〈內儲說上篇〉載叔孫偏聽豎牛之言，子父爲僇。〔註48〕〈內儲說下篇〉則記齊王聽刖跪之言，而誤殺夷

〔註48〕〈內儲說上篇〉曰：「叔孫相魯，貴而主斷。其所愛者，曰豎牛，亦擅用叔孫

射。〔註49〕因其偏信一面之辭，遂受制於臣，甚而欺君犯上。至於〈內儲說下篇〉亦記「晉文公宰人上炙，而有髮繞之」一事，這是堂下所設的巧詐，由於文公廣聽眾言而知實情。誠如韓非所言：「聽無門戶，故智者不得詐欺。」（〈八說篇〉）

（二）具備「不以多為信」的態度，他說：

> 言之為物也，以多信。不然之物，十人云疑，百人然乎，千人不可
> 解也。吶者言之疑，辯者言之信。姦之食上也，取資乎眾，藉信乎
> 辯，而以類飾其私。人主不饜忿而待合參，其勢資下也。（〈八經篇〉）

此段說明三人成虎現象，並指出口齒伶俐者使人信任其言，而奸臣蒙上多藉巧妙言語，以及多數人朋黨比周眾口一言。君主若不多方參驗，則權勢將為奸臣利用，而犯「燕人聽妻子左右如出一口之言而浴狗矢」（〈內儲說下篇〉）之失。〈內儲說上篇〉即藉魯哀公問政孔子，孔子有朋黨眾口一辭，人數雖多然而與偏聽無異的回答。他說：

> 魯哀公問於孔子曰：「鄙諺曰：莫眾而迷。今寡人舉事，與群臣慮之，
> 而國愈亂，其故何也？」孔子對曰：「明主之問臣，一人知之，一人
> 不知也；如是者，明主在上，群臣直議於下。今群臣無不一辭同軌
> 乎季孫者，舉國盡化為一，君雖問境內之人，猶不免於亂也。」（〈內
> 儲說上篇〉）

之令。叔孫有子，曰壬，豎牛妒而欲殺之。因與壬游於魯君所，魯君賜之玉環，壬拜受之而不敢佩，使豎牛請之叔孫。豎牛欺之曰：『吾以為爾請之矣，使爾佩之。』壬因佩之。豎牛因謂叔孫：『何不見壬於君乎？』叔孫曰：『孺子，何足見也！』豎牛曰：『壬固已數見於君矣，君賜之玉環，任已佩之矣。』叔孫見壬見之，而果佩之。叔孫怒而殺壬。壬兄曰丙，豎牛又妒而欲殺之。叔孫為丙鑄鐘，鐘成，丙不敢擊，使豎牛請之叔孫。豎牛不為請，又欺之曰：『吾以為爾請之矣，使爾擊之。』叔孫聞之曰：『丙不請而擅擊鐘。』怒而逐之。丙出走齊，居一年，豎牛為謝叔孫。叔孫使豎牛召之，又不召而報之曰：『吾已召之矣，丙怒甚，不肯來。』叔孫大怒，使人殺之。二子已死，叔孫有病，豎牛因獨養之，而去左右，不內人，曰：『叔孫不欲聞人聲。』因不食而餓死。叔孫已死，豎牛竟不發喪也，徙其府庫重寶空之，而奔齊。夫聽所信之言，而子父為人僇，此不參之患也。」

〔註49〕〈內儲說下篇〉曰：「齊中大夫有夷射者，御飲於王，醉甚而出，倚于郎門。門者刖跪請曰：『足下無意賜之餘瀝乎？』夷射叱曰：『去！刑餘之人，何事乃敢乞飲長者？』刖跪走退。及夷射去，刖跪因捐水郎門霤下，類溺者之狀。明日，王出而訶之，曰：『誰溺於是？』刖跪對曰：『臣不見也，雖然，昨日中大夫夷射立於此。』王因誅夷射而殺之。」

「莫眾而迷」說明了作事不和眾人計議則易迷惑，不過又應避免以多為信而飾其私意。

（三）君主當「一聽以責下，公會以決疑。」所謂「一聽」，是一一聽取，猶齊湣王使人吹竽，必一一而聽之。（〈內儲說上篇〉）。「公會」之「公」乃眾之意。會合眾人議論稱之公會，猶鄭君招集群臣，與之謀以對魏。（同上）根據韓非所言：

> 聽不一，則後悖於前；後悖於前，則愚智不分。不公會，則猶豫而
> 不斷；不斷，則事留自取。（〈八經篇〉）

說明臣下各陳其言而一一聽之，可別愚智，避免牛驥同一皁。令群臣公開商議、辯難，則可促使人臣參與其事，又可結集智慧，盡人之智以決疑，故曰：「一聽，則愚智分，則人臣參。」（〈內儲說上篇〉）不過，韓非認為君主宜避免邪臣取巧而博取眾論，雜取多種方案以效智，使人君自取其一以避罪。他說：

> 眾諫以效智，使君自取一以避罪。故眾之諫也，敗君之取也。（〈八
> 經篇〉）

〈內儲說上篇〉曾記載公子汜與秦王議割河東，以降齊魏韓三國一事。公子汜閃爍其辭，提出割地與不割地之後果與心理反應，令秦王自斷其事。此乃臣下卸責避罪方式，故言：「明主之道，臣不得兩諫，必任其一，語不得擅行，必合其參，故姦無道進矣。」（〈八經篇〉）此外，根據韓非言：

> 主道者，使人臣必有言之責，又有不言之責。言無端末，辯無所驗者，
> 此言之責也。以不言避責，持重位者，此不言之責也。人主使人臣言
> 者，必知其端末，以責其實；不言者，必問其取捨，以為之責，則人
> 臣莫敢妄言矣，又不敢默然矣。言默，則皆有責也。（〈南面篇〉）

說明言而不當或不言者多有罪責，韓非認為言者必以功用為縠的，使不妄發詭辯。〈問辯篇〉以射者妄發，雖中秋毫乃巧合，不可為善射，藉此比喻不切於功之無當。不言者，默然持重以避責，君上應詢問而使之對，否則無以知其愚智，誠如〈六反篇〉所言之盲者、喑者，若眾人皆瘖、皆默，則不知其窮。

至於為避免人君將來考課無憑，韓非提出應建立檔案記錄，俾事發之時有符契為驗，以確立責任。故言：

> 言陳之日，必有筴籍。結智者事發而驗，結能者功見而論。成敗有
> 徵，賞罰隨之。（〈八經篇〉）

> 言已應，則執其契；事已會，則操其符。符契之所合，賞罰之所生

也。(〈主道篇〉)

基本上可使臣下循名責實，無矜誣之言。誠如韓非所言：「明於臣之所言，則別賢不肖如黑白。」「雖罷戈馳騁、撞鐘舞女，國猶且存也。」(〈說疑篇〉)否則「雖節儉勤勞，布衣惡食，國猶自亡也。」(同上)循名責實之切要可見一般。

四、立法執柄，強化權勢以御下

韓非選任官吏以用人唯才為前提，並以術加以制約，其次則是以法加以制衡。這是韓非綜合商鞅一派法家之重法思想而來的，商鞅治秦即以信賞必罰之法治相號召。《商君書》說：

> 凡將立國，制度不可不察也，治法不可不慎也，國務不可不謹也，事本不可不摶也。制度時，則國俗可化，而民從制。治法明，則官無邪。國務壹，則民應用。事本摶，則民喜農戰。(〈壹言篇〉)

說明法之權威應在賢人之上，政治方能安定，由於「不以法論知能賢不肖者惟堯，而世不盡為堯。」因此，建立客觀的「法」有其必要。且法客觀持平，能避免人為主觀的偏差，若立法明白則政治運作將有所依據。故商鞅說：

> 故聖人為法，必使明白易知。正名，遇知偏能知之。為置法官，置主法之吏，以為天下師。……行法令，明白易知，為置法官吏為之師以道之知。乃民皆知所避就，避禍就福，而皆以自治也。故明主因治而終治之，故天下大治也。(〈定分篇〉)

韓非亦強調法的權威，他說：

> 明主之國，令者言最貴者也，法者事最適者也。言無二貴，法不兩適，故言行而不軌於法令者必禁。(〈問辯篇〉)

加以韓非對人性不信任，認為當政者應建立客觀賞罰制度以制衡之。韓非說：

> 故明者使法擇人，不自舉也；使法量功，不自度也。能者不可弊，敗者不可飾。譽者不能進，非者弗能退，則君臣之間明辯而易治，故主讎法則可也。(《韓非子·有度篇》)
>
> 聖人之治也：審於法禁，法禁明著則官治，必於賞罰，賞罰不阿則民用。民用官治則國富，國富則兵強，而霸王之業成矣。(〈六反篇〉)
>
> 故當令之時，能去私曲，就公法者，民安而國治。能去私行，行公法者，則兵強而敵弱。(同上)

韓非提出「法不阿貴，繩不繞曲。」（〈有度篇〉）主張，可見並非以法爲統治工具，而是以法爲君主統治標準。是以強調人主求治，應明法禁，使官盡能；又當賞罰不阿，使民用於農戰。其理想顯然落於國之治強上，而非君主一己之私。王邦雄先生曾提出韓非強調立法實建立在兩項預設上：〔註50〕一是君王必以國之治強爲目的，且君與國之利益不相衝突。二是中主之君所立之法，必能代表君國之公利，而爲一國上下所認同。不過，中主之君上不及堯舜之賢智，其所立之法，能否拋離私心，代表一國之公利？又能否約束自身以尊重法之權威？頗令人質疑。〔註51〕所以韓非所提出的法，是否不會成爲君主成就一己之私的工具就很難說了。

歸納《韓非子》一書論及法的言論，分析其具有的特質是：

（一）標準性

要求以客觀態度論定賞罰，韓非之前愼子曾說：「君人者，舍法而以身治，則誅罰予奪從君心出矣。然則受賞者雖當，望多無窮；受罰者雖當，望輕無已。君舍法而以心裁輕重，則同功殊賞，同罪殊罰矣，怨之所由生也……故曰：大君任法而弗躬，則事斷於法矣。法之所加，各以其分，蒙其賞罰而無望於君也，是以怨不生而上下和矣。」（〈君人篇〉）指出賞罰若漫無標準，受賞及受罰者多存僥倖投機之心。愼子所言實切合「法」的精神，故韓非說：

> 釋法術而任心治，堯不能正一國。去規矩而妄意度，奚仲不能成一
> 輪。廢尺寸而差長短，王爾不能半中。使中主守法術，拙將執規矩
> 尺寸，則萬不失矣。君人者能去賢巧之所不能守，中拙之所萬不失，
> 則人力盡而功名立。（〈用人篇〉）

認爲如堯舜賢智之君，釋法術亦不能正一國，何況是一般人君，表明其對法制之肯定與信賴。又說：「使中主守法制，拙匠執規矩尺寸，則萬不失矣。」（同上）是以法家不尙賢，具備中等人才，循常法而行，亦可國治民安。由於法之客觀性可抑止私心私欲，而不以心治，故言：

> 所以治者，法也；所以亂者，私也。一以私心治理，法立，則莫得
> 爲私矣。（〈詭使篇〉）

〔註50〕 同註23，頁240。

〔註51〕 王邦雄提出：法既出乎君，君擁有立法之大權，前王所立之明法，今主亦不必接受，而自可另立新法。即使中主之君，不更立新法，仍循前王之舊法以爲治。然行法之術與勢，又爲君王所獨操獨運，君若無德則難以立法，反以其無不禁之勢與不可知之術，背法自爲或廢法不爲。出處同註23，頁244。

　　道私者亂，道法者治。上無其道，下有私欲，聖智成群，造言作辭，

　　以非法措於上。（同上）

說明法家排斥其它學說乃爲避免擾亂視聽，而方便行法。基本上，韓非是以法爲治國唯一上策。

（二）普遍性

　　封建社會存在濃厚階級意味，所謂「刑不上大夫，禮不下庶人」可知。然而受環境影響，儒家亦遵守法令規章，《孟子》文中言：

　　桃應問曰：「舜爲天子，皋陶爲士。瞽瞍殺人，則如之何？」孟子曰：

　　「執之而已矣！」「然則舜不禁與？」曰：「夫舜惡得而禁之！夫有所

　　受之也。」「然則舜如之何？」曰：「舜視天下，猶棄敝蹝也。竊負而

　　逃，遵海濱而處；終身訢然，樂而忘天下。」（《孟子・盡心上篇》）

桃應問孟子倫理與法制如何選擇？孟子回答出乎意料而重視法令，但又採取折衷態度，強調行法不應導致對倫理道德的否定。然而韓非主張以客觀之法律處理，遂言儒法係「冰炭不同器」（〈顯學篇〉），主張以具普遍性的法爲標準，故言：

　　夫聖人之治國，不恃人之爲吾善也，而用其不得爲非也。恃人之爲

　　吾善也，境內不什數，用人不得爲，一國可使齊。「爲治者用眾而舍

　　寡」，故不務德而務法。……何則？國法之不可失，而所治非一人也。

　　故有術之君，不隨適然之善，而行必然之道。（〈顯學篇〉）

（三）唯一性

　　即以法令代表最高權威，故言：

　　明主之國，令者，言最貴者也；法者，事最適者也。言無二貴，法

　　不兩適，故言行而不執於法令者必禁。（〈問辯篇〉）

（四）時代性

　　法依時代而變，仁義之道適於古而不適於今，故言：

　　夫古今異俗，新故異備，如欲以寬緩之政，治急世之民，猶無轡策

　　而御駻馬，此不知之患也。（〈五蠹篇〉）

　　治民無常，惟法爲治，治與世宜則有功。……時移而法不易者亂，

　　能眾而禁不變者削。故聖人之治民也，法與時移，而禁與能變。（〈心

　　度篇〉）

說明無恆常不變之法，法的制定應當因應社會需要，代表最高權威客觀公正推行法令。有關韓非制定法之內容，在進化歷史觀前提下，各時代有各時代問題，可推知其立法內容包羅萬象，但總歸其方針未離商君法治範圍（參見本節第六點之敘述），故蔡元培先生指出：韓非集儒道法三家之成，以法治主義為中堅，襲商君而益詳其條理。於墨道皆得其粗而遺其精，雖總攬三家，實商君之嫡系。〔註52〕

韓非立法原則根據楊樹藩先生歸納，可分作確立對象、顧慮周到、規定詳明及重視目的四項。〔註53〕以下分析韓非立法之道，參考學者研究成果說明如下：

（一）就確立對象而言。因賢良之士重視名譽，不輕犯法。然唯利是圖之輩，則挺身走險，殺人越貨無所不為。韓非認為立法定罰對象宜針對後者，故曰：「立法，非所以備曾、史也，所以使庸主能止盜跖也。」（〈守道篇〉）

（二）就顧慮周到言。法令規定須面面俱到，避免漏洞而走法律空隙。是以立法者應徵諸事實，立法明文規定以保障社會安寧，故曰：「法分明，則賢不得奪不肖，強不得侵弱，眾不得暴寡。」（同上）

（三）規定詳明。法律乃訴諸文字之條文規定，是以用字遣詞應肯定簡潔，以免引起質疑。故曰：「書約，而弟子辯。法省，而民萌訟。是以聖人之書必著論，明主之法必詳事。」（〈八說篇〉）

（四）重視目的。法律各項規定多有期望的目的或宗旨，韓非認為倘法律中有賞賜規定，務必使其達到鼓舞作用，懲罰規定亦須使其威力發揮抵制效果。故曰：「聖王之立法也，其賞足以勸善，其威足以勝景，其備足以完法。」（〈守道篇〉）

韓非除確立法的客觀性及有效性外，更要求執法者的客觀立場，以確保法的效力。因而韓非要求國君應「明法」，他說：

> 人主使人臣，雖有智能，不得背法而專制。雖有賢行，不得踰功而
>
> 先勞。雖有忠信，不得釋法而不禁。此之謂明法。（〈南面篇〉）

換言之，智能之官應依法任職，賢行之官宜立功而後賞，忠信之官須依法行

〔註52〕 參見蔡元培《中國倫理學史》，收錄於《蔡元培先生全集》，頁40至43。商務印書館，民國53年出版。

〔註53〕 參見楊樹藩〈韓非〉一文，收錄於《中國歷代思想家》第二冊，頁61至63。商務印書館，民國67年出版。

事。不論賢智忠信均依法而行，也就是「明主使法擇人，不自舉也。使法量功，不自度也。」(〈有度篇〉)依標準而行可避免「不事力而衣食，則謂之能；不戰功而尊，則謂之賢。」(〈五蠹篇〉)的現象，亦不因親疏等差而有私恩私意。尤為要者，依法行事則國君能行賢巧之所不能行，可謂一舉數得。可見明主以法治國，關係一國的強弱盛衰，實為治亂興亡之所繫。他說：

> 明法者強，慢法者弱。(〈飾邪篇〉)

> 國無常強，無常弱。奉法者強，則國強；奉法者弱，則國弱。(〈有度篇〉)

> 聖人者，審於是非之實，察於治亂之情也。故其治國也，正明法，陳嚴刑，將以救群生之亂，去天下之禍，使強不陵弱，眾不暴寡，耆老得遂，幼孤得長，邊境不侵，君臣相親，父子相保，而無死亡係虜之患，此亦功之至厚者也。(〈姦劫弒臣篇〉)

說明用法致強乃當物務之急，因此明主「使其群臣，不遊意於法之外，不為惠於法之內，動無非法。」(〈有度篇〉)又說：

> 故當今之時，能去私曲，就公法者，民安而國治。能去私行，行公法者，則兵強而敵弱。(〈有度篇〉)

> 夫立法令者，所以廢私也，法令行而私道廢矣。私者，所以亂法也。……故本言曰：「所以治者法也，所以亂者私也，法立則莫得為私矣」。故曰：「道私者亂，道法者治。」上無其道，則智者有私詞，賢者有私意，上有私惠，下有私欲。……是教下不聽上，不從法也。(〈詭使篇〉)

> 明主之國，官不敢枉法，吏不敢為私，貨賂不行者，境內之事，盡如衡石也。(〈八說篇〉)

> 息文學而明法度，塞私便而一功勞，此公利也。(同上)

也就是說，明主必先明法去私、公而忘私而後才能收法治之效。韓非又舉例：

> (文公)曰：「然則何足以戰民乎！」狐子對曰：「令無得不戰。」公曰：「無得不戰奈何？」狐子對曰：「信賞必罰，其足以戰。」公曰：「刑罰之極安至？」對曰：「不辟親貴，法行所愛。」文公曰：「善」。明日，令田於圃陸，期以日中為期，後期者行軍法焉。於是公有所愛者，曰顛頡，後期，吏請其罪，文公隕涕而憂。吏曰：「請用事焉。」

> 遂斬顚頡之脊，以徇百姓，以明法之信也。而後百姓皆懼，曰：「君
> 於顚頡之貴重如彼甚也，而君猶行法焉，況於我則何有矣。」文公
> 見民之可戰也，於是遂興兵伐原，克之。伐衛，東其畝，取五鹿；
> 供陽；勝虢；伐曹；南圍鄭，反之郫；罷宋圍；還與荊人戰城濮，
> 大敗荊人。返爲踐土之盟，遂成衡雍之義。一舉而八有功，所以然
> 者，無他故異物，從狐偃之謀，假顚頡之脊也。（〈外儲說右上〉）

說明寵信之近臣亦不得違法徇私，即可收到治國的最高成效。

　　至於法之實踐動力則在「勢」，《韓非子》曾明白稱引其「勢」論乃承自
慎到，〈難勢篇〉即幾乎全引《慎子》勢論學說之精華，認爲治者與被治者的
關係決定於「勢」。此外，又強化慎子之說，他說：

> 國者，君之車也，勢者君之馬也。夫不處勢以禁誅擅愛之臣，而必
> 德厚以與天下齊行以爭民，是皆不乘君之車，不因馬之利，舍車而
> 下走者也。（〈外儲說右上〉）

> 立尺寸於高山之上，則臨千仞之谿，材非長也，位高也。桀爲天子，
> 能制天下，非賢也，勢重也。堯爲匹夫，不能正三家，非不肖也，
> 位卑也；千鈞得船則浮，錙銖失船則沉，非千鈞輕，錙銖重也，有
> 勢之與無勢也。故短之臨高也以位，不肖之制賢也以勢。（〈功名篇〉）

> 人主者，非目若離婁乃爲明也，非耳若師曠乃爲聰也。不任其數，
> 而待目以爲明，所見者少矣，非不蔽之術也。不因其勢，而待耳以
> 爲聰，所聞者寡矣，非不欺之道也。……故善任勢者國安，不知因
> 其勢者國危。（〈姦劫弒臣篇〉）

君臣上下關係的確立與穩固，關鍵在「勢」，所謂「君執柄以處勢，故令行禁
止。」（〈八經篇〉）韓非主張勢必操之於君，國君之勢不可假手於人，其理由
是：

> 人臣之於其君，非有骨肉之親也，縛於勢而不得不事也。（〈備內篇〉）
> 民者，固服於勢，寡能懷於義。（〈五蠹篇〉）
> 勢重者，人君之淵也。君人者，勢重於人臣之間，失則不可復得也。
> （〈喻老篇〉）
> 權勢不可借人，上失其一，下以爲百。故臣得借則力多，力多則內
> 外爲用，內外爲用則人主壅。（〈內儲說下篇〉）

除理論闡述外，韓非又舉例說明，他說：

> 王良、造父，天下之善御者也，然而使王良操左革而叱詫之，使造
> 父操右革而鞭笞之，馬不能行十里，共故也。田連、成竅，天下之
> 善鼓琴者也，然而田連鼓上，成竅慘下，而不能成曲，亦共故也。
> 夫以王良、造父之巧，共轡而御，不能使馬，人主安能與其臣共權
> 以為治？以田連、成竅之巧，共琴而不能成曲，人主又安能與其臣
> 共勢以成功乎？（〈外儲說右下篇〉）

> 方吾子曰：「吾聞之，古禮，行不與同服者同車，居不與同族者共家，
> 而況君人者乃借其權而外其勢乎？」（同上）

也就是人君權勢的不可外借，以及君臣共權勢亦不可行。法之執行在勢的憑
藉下，得以建立其權威性，誠如韓非所言：「凡民主之治國也，任其勢。勢不
可害，則雖強天下，無奈何也。」（〈難三篇〉）所謂「勢不可害」言國君擁有
十足之勢，順此則能強天下。因此，韓非強調國君宜用「威嚴之勢」，其言：

> 世之學者說人主，不曰乘威嚴之勢，以困姦衺之臣，而皆曰仁義惠
> 愛而已矣。世主美仁義之名，而不察其實，是以大者國亡身死，小
> 者地削主卑。（〈姦劫弒臣篇〉）

此段一則批評儒者以仁義說君王之不當，再則陳述君主應以威勢困姦邪之
臣，否則姦臣得勢將篡奪君位。由於重勢，韓非對善於用勢之秦襄公頗激賞。
〔註54〕認為「善任勢者國安，不知因勢者國危。」（同上）「勢」對國君叵說
關係重大，韓非遂言：

> 萬乘之主，千乘之君，所以制天下而征諸侯者，以其威勢也。威勢
> 者，人主之筋力也。今人臣得威，左右擅勢，是人主失力，人主失
> 力而能有國者，千無一人。（〈人主篇〉）

> 今勢重者，人主之爪牙也。（同上）

以勢比作君主「筋力」、「爪牙」，說明權勢之不可轉移。由於勢的展現操持賞
罰生殺之柄，所以「處勢」關鍵在「執柄」，因而力主賞罰應由君主操持。〈外
儲說右下篇〉及〈二柄篇〉曾舉司城子罕得宋君殺戮誅罰之勢，而「大臣畏
之，細民歸之。居期年，子罕殺守君而奪政。」一例，怵目驚心的表明操持

〔註54〕〈外儲說右下篇〉曾舉秦襄王之言曰：「彼民之所以為我用者，非以吾愛之為
我用者也，以吾勢之為我用者。吾釋勢與民相收。若是，吾適不愛，而民因
不為我用也。」可見其對秦襄王之重視。

賞罰大權的利害。《韓非子》書中類此言論頗多，他說：

　　人主非使賞罰之威利出於己也，聽其臣而行其賞罰，則一國之人，
　　皆畏其臣而易其君，歸其臣而去其君矣。(〈二柄篇〉)

　　賞罰者，利器也。君操之以制臣，臣得之以壅主。(〈內儲說下篇〉)
由上所述，可知賞罰之勢乃為治國利器，至於韓非學說中操持賞罰的方式可
歸納成下列數項特點：

　　(一) 行賞罰之前，不得以示人。其曰：「君先見所賞則臣鬻之以為德。」
「君先見所罰，則臣鬻之以為威。」(同上)君主擬行賞或罰，若為大臣所知，
恐大臣先施予賞罰，威德不僅落入大臣之手，亦使百姓誤認大臣具有權威，
而「畏其臣而易其君。」(〈二柄篇〉)

　　(二) 貫徹信賞必罰道理。他說：「言賞，則不與。言罰，則不行。賞罰
不信，故士民不死也。」(〈初見秦篇〉)說明言而無信，則人民百官莫肯為君
主驅馳效勞。因此臣民違法，縱使出於愛君亦不可寬宥。至於賞罰的具體標
準有五項：

　　1. 以法禁為準。所謂「聖人之治國也，審於法禁，法禁明著則官治，必
於賞罰，賞罰不阿則民用。」(〈六反篇〉)「利之所在，民歸之，名之所彰，
士死之。是以功外於法而賞加焉，則上不能得所利於下；名外於法而譽加焉，
則士勸名而不畜於君。」(〈外儲說左上〉)即是。

　　2. 賞罰須以功罪為憑。所謂「聖人之治國也，賞不君於無功，而誅必行
於有罪者也。」(〈姦劫弒臣篇〉)「今有功者必賞，賞者不德君，力之所致也；
有罪者必誅，誅者不怨上，罪之所生也。」(〈難三篇〉)「賞無功之人，罰不
辜之民，非所謂明也。」即是。

　　3. 賞罰須以審合刑名為準。所謂「人主將欲禁姦，則審合形名。形名者，
言與事也。……故群臣其言大而功小者，則罰；非罰小功也，罰功不當名也。
群臣其言小而功大者亦罰，非不說於大功也，以為不當名之害，甚於大功，
故罰。」(〈二柄篇〉)即是。

　　4. 賞罰不分親疏貴賤。所謂「誠有功，則雖疏賤必賞；誠有過，則雖近
愛必誅。疏賤必賞，近愛必誅，則疏賤者不怠，而近愛者不驕也。」(〈主道
篇〉)「刑過不避大臣，賞善不遺匹夫。」(〈有度篇〉)即是。

　　5. 賞罰須與毀譽一致。所謂「賞莫如厚，使民利之；譽莫如美，使民榮
之；誅莫如重，使民畏之；毀莫如惡，使民恥之。」(〈八經篇〉)「譽所罪，

毀所賞，雖堯不治。」（〈外儲說左下〉）即是。賞罰有此標準，則人主不因喜而賞，不因怒而濫刑，是非觀念井然，則民知所適從。可知貫徹法令，對鞏固政權實有極大作用。

（三）主張賞厚罰重原則。他說：「賞莫如厚，使民利之。譽莫如美，使民榮之。誅莫如重，使民畏之。毀莫如惡，使民恥之。」（〈八經篇〉）又說：「賞譽薄而漫者，下不用。」「賞譽厚而信者，下輕死。」（〈內儲說上篇〉）一再強調賞厚罰重效果，這與商鞅「刑九賞一」的罰多賞少觀念不同，〔註55〕而與韓非以一警百的態度有關。此由其所言「重一姦之罪，而止境內之邪，此所以為治也。」（〈六反篇〉）及「重罰者盜賊也，而憚懼者良民也。欲治者，奚疑於重刑。」（同上）可知。

（四）貫徹賞罰與功罪相當的理論。韓非曾言：「上古之傳言，春秋所記，犯法為逆，以成大姦者，未嘗不從尊貴之臣也。而法令所以備，刑罰之所以誅，常於卑賤，是以其民絕望，無所告愬。」（〈備內篇〉）陳述犯法者多親貴大臣，然依法行誅者多為升斗小民。韓非藉史事感慨上古行法之不公，所以主張「誠有功，則雖疏賤必賞，誠有過，則雖近愛必誅。」（〈主道篇〉）用法不論疏賤，以確立法的公正性。為落實賞罰與功罪相當的理想，因而認為「毀」、「譽」不可信。他說：「以譽為賞，以毀為罰也，則好賞惡罰之人，釋公行，行私術，比周以相為也。」（〈有度篇〉）姦狡之人朋比標榜，以惑眾聽，說明毀譽之不足據，也表明其賞有功，罰有罪的決心。

基本上，治國之常法與馭民之治術，必以勢操賞罰之柄，於強制力推動下，始得以展開而必行。韓非強調國君立法執柄目的在求國之治強，其目的實欲致「有功者必賞，賞者不德君，力之所致也；有罪者必誅，誅者不怨上，罪之所生也。」（〈難三篇〉）的行法境界。然而因法勢之結合，使禁眾之威強化，又獨操於國君一人，此雖為制御臣民不得不行之法，然而實足以助長尊君作用。

五、以法為教，箝制學術思想發展

韓非急求社會秩序的重建，激進強調法的統攝作用，認為一切教化與法制政治矛盾衝突，而強制擯棄學術價值，甚至認為儒家德教破壞國家公共秩序。〔註56〕由於韓非認為「法」是規範社會的唯一標準，而有「以法為教」

〔註55〕楊樹藩已提出此論點。出處同註53，頁68。
〔註56〕參見吳經熊〈中國法學之歷史概觀〉收錄於《中國文化季刊》第一卷第　4

的理論，他說：

> 故明主之國，無書簡之文，以法爲教；無先王之語，以吏爲師；無
> 私劍之捍，以斬首爲勇。是境內之民，其言談者必軌於法，動作者
> 歸之於功，爲勇者盡於軍。(〈五蠹篇〉)

說明法之外，禁絕一切書籍及先王之語存在，人民以法爲學習對象，並建構以農民與軍人爲主的社會。韓非以法爲教有其歷史背景：一是時代動亂，異說不一，是非淆亂，遂抨擊百家，而欲定一尊施法治。一是人民之愚昧無知，民智不可用。〔註57〕韓非曾言：

> 夫是墨子之儉，將非孔子之侈也；是孔子之孝，將非墨子之戾也。⋯⋯
> 夫是漆雕之廉，將非宋榮之恕也。是宋榮之寬，將非漆雕之暴也。
> 今寬廉、恕暴俱在二子，人主兼而禮之。自愚誣之學、雜反之辭爭，
> 而人主俱聽之。故海內之士，言無定術，行無常議⋯⋯今兼聽雜學，
> 繆行同異之辭，安得無亂乎。(〈顯學篇〉)

由於是非淆亂，甚至形成「守法固，聽令審，則謂之愚。敬上畏罪，則謂之怯。言時節，行中適，則謂之不肖。無二心、私學，聽吏從教者，則謂之陋。」以及「有令不聽，謂之勇。無利於上，謂之愿。寬惠行德，謂之仁。」(〈詭使篇〉) 等是非淆亂，價值觀錯亂的現象。韓非有感於此，而欲統一思想。他強調民智的不可用，曾說：

> 今不知治者必曰：「得民之心」。欲得民之心而可以爲治，則是伊尹、
> 管仲無所用也，將聽民而已矣。民智之不可用，猶嬰兒之心也。⋯⋯
> 嬰兒不知犯其所小苦致其所大利也。今上急耕田墾草以厚民產也，
> 而以上爲酷；修刑重罰以爲禁邪也，而以上爲嚴；徵賦錢粟以實倉
> 庫，且以救饑饉備軍旅也，而以上爲貪；境內必知介而無私解，并
> 刀疾鬥所以禽虜也，而以上爲暴。此四者所以治安也；而民不知悅
> 也。夫求聖通之士者，爲民知之不足師用。(〈顯學篇〉)

陳述人民多愚戇疏惰，「苦小費而忘大利」「憚小變而失長便」(〈南面篇〉)，舉凡耕田墾草以增加產量、修刑重罰以杜絕姦邪、徵賦納稅以備荒備戰及熟習軍事以制服敵人，多視作勞民傷財，不能體會犯小苦致大利的政策。他並舉「禹決江濬河，而民聚瓦石。子產開畝樹桑，鄭人謗訾。」(〈顯學篇〉) 的

期。

〔註57〕參見余英時〈反智論與中國政治傳統〉一文，出處同註2，頁21。

史實論斷「民智之不足用」。由於人民愚昧無知，一旦擁有知識技能，韓非認為必然將導致亂法而亡國。故言：

> 聖智成群，造言作辭，以非法措於上。上不禁塞，又從而尊之，是教下不聽上，不從法也。（〈詭使篇〉）

韓非全面禁止文智，以為百姓悉準於法，方足以為治。遂言：

> 明主之國，令者，言最貴者也；法者，事最適當者也。言無二貴，法不兩適，故言行而不軌於法令者，必禁。（〈問辯篇〉）

於〈五蠹篇〉又認為學者、言談者、帶劍者、商人、工人五者為蠹蟲。於是余英時先生指出：「這五類份子的政治危害性無疑是來自一個共同的根源，及他們的專門知識或技能。所以最理想之情況是人民都普遍地愚昧無知，這樣他們就可以俯首貼耳地接受有智慧的君主的領導」。〔註58〕

　　韓非的愚民教育要點在抑儒墨道名諸家，他說：

> 國平養儒俠，難至用介士，所利非所用，所用非所利。是故服事者簡其業，而游學者日眾，是世之所以亂也。（〈五蠹篇〉）

> 世之所為烈士者，離眾獨行，取異於人，為恬淡之學，而理恍惚之言也。臣以為恬淡，無用之教也。恍惚，無法之言也。言出於無法，教出於無用者，天下謂之察。臣以為人生必事君養親，事君養親不可以恬淡。人生必言論忠信法術，言論忠信法術不可以恍惚。（〈忠孝篇〉）

也就是儒墨明據先王必定堯舜，實為無參驗的愚誣之學，足以亂法禁而害耕戰，認為諸家學說不切功用，因而排斥之。至於實際措施則發展成為禁儒學、燔詩書，認為五蠹之中以具有專門知識，又會導致人民評議朝廷的學者、言談者為害最大。他說：

> 息文學而明法度，塞私便而一功勞，此公利也。（〈八說篇〉）

> 商君教秦孝公……燔詩書而明法令，塞私門之請，而遂公家之勞；禁游宦之民，而顯耕戰之士。（同上）

基本上，儒家是韓非重要論敵，認為儒家議政、講學活動動搖法制，因而對焚詩書、禁錮人民思想的商鞅表示激賞，本身對儒學亦多方抨擊，例如：

　　（一）以變古歷史觀非議儒學的法先王。韓非於〈五蠹篇〉以古今差異、今勝於古之論點，批判儒學所推崇之堯、舜、禹、湯、文武古聖先王，認為

〔註58〕同註2，頁24。

必須從當世考察各家學說的實際功用。他說：

> 夫言行者，以功用爲其的彀者也。……不以功用爲之的彀，言雖至
> 察，行雖至堅，則妄發之說也。（〈問辨篇〉）

然而儒家稱頌之「上古」、「先王」，距當世已二、三千年，無參驗根據，所謂
「無參驗而必之者，愚也；弗能必而據之者，誣也。故明據先王必定堯舜者，
非愚則誣也。」（〈顯學篇〉）以發展眼光看待歷史，予儒家尖銳批判。

（二）從功利觀點非議儒家的德化。孔子強調「爲政以德，譬如北辰，
居其所而眾星拱之。」（《論語‧爲政篇》）提出「道之以德，齊之以禮」之
說。孟子亦言「先王有不忍之心，斯有不忍人之政矣。以不忍人之心，行不
忍人之政，治天下可運之掌上。」（《孟子‧公孫丑篇》）對德化作用十分重
視。韓非則提出自利人性觀批判儒家仁義之說。韓非舉「重男輕女」爲例，
他說：

> 且父母之於子也，產男則相賀，產女則殺之。此具出父母之懷衽，
> 然男子受賀，女子殺之者，慮其後便，計之長利也。故父母之於子
> 也，猶用計算之心以相待也，而況無父子之澤乎？（〈六反篇〉）

以此例子說明父慈子孝不可能存在，父子之間只是各利其利。依此類推，舉
凡君臣之間以及社會間的人際關係，多建立於自利基礎上。因此，欲以儒家
之仁義要求國君行仁政，是「求人主之過於父母之親也。」（〈六反篇〉）

（三）從政治號召力的角度將仁義之說量化。〔註 59〕提出「仲尼，天下
聖人也，修行明道以遊海內。」然「服役者七十人」。然而，擁有威勢但道德、
能力不及孔子的魯哀公，「南面君同，境內之民，莫敢不臣。」（〈五蠹篇〉）
政治影響力凌駕孔子之上。遂導出「威勢之可以禁暴，而德厚之不足以止亂。」
（〈顯學篇〉）「爲政者用眾而舍寡，故不務德而務法。」（同上）之說。

（四）將仁義之說狹義化。〔註 60〕視仁義爲與君爭利的手段，〈外儲說右
上篇〉虛構季孫相魯、子路爲郈令，子路以其秩粟犒勞作溝百姓一事例，假
藉孔子責備子路之言曰：「女之餐之，爲愛之也。夫禮，天子愛天下，諸侯愛
境內，大夫愛官職，士愛其家，過其所愛曰侵。今魯君有民，而子擅愛之，
是子侵也，不亦誣乎！」說明行仁義只是與君爭利而已。又譏儒家不忍人之

〔註 59〕 參見林月惠〈韓非思想的特色精義與限制——由其非儒的論點談起〉收於《嘉
　　　　義師院學報》第 7 期。
〔註 60〕 同上註。

心，曰：「夫以法行刑，而君為之流涕，此以效仁，非以為治也。夫垂泣不欲刑者，仁也；然而不可不刑者，法也。」（〈五蠹篇〉）認為仁義只是好行小惠，徇一己之私而已。而言：「行惠施利，收下為民，臣不謂仁；離俗隱居，而以非上，臣不謂義。」（〈有度篇〉）可得知其德化認知的層面。

　　韓非從以上四點否定儒家學說存在的價值，目的在維護國家的存在，所以主張限制人民的求知本能及欲望。根據洪邁記載：

> 天生人而使其耳可以聞，不學其聞則不若聾；使其目可以見，不學
> 其見則不若盲；使其口可以言，不學其言則不若喑；使其心可以智，
> 不學其智則不若狂。故凡學非能益之也，達天性也。能全天之所生，
> 而勿敗之，可謂善學者也。（《容齋四筆》卷三〈呂子論學〉）

呂子指出人與生俱有天官及心官，故有聞，見、言、智等本能活動。至於韓非斥詩書禮樂，是減少人民耳聞目見之內容。尤其斥詩書禮樂更阻礙心官判斷是非的能力，對天性認知已產生約束性及迫害性。

　　至於老莊學說中亦有類似韓非斥詩書禮樂等知識學問的理念，所以必須澄清其間的差異。《老子》言：

> 絕學無憂。（十九章）
> 古之善為道者，非以明民，將以愚之。（六十五章）

莊子亦否定學，其言：

> 墮肢體，黜聰明，離形去知，同於大通，此謂坐忘。（〈大宗師〉）

不過老莊以自然為道，遂摒斥一切人為價值，因而反對「以智治國」（六十五章），以為禮樂是「忠信之薄而亂之首」（三十八章）。莊子亦然，其斥學乃欲民返樸歸真，遂強調「離形去知，同於大通」。同於大通即是同於道，人與自然之道契合，方能避免形式空文桎梏人類生命。足見老莊是回歸自然境界，其所追求者乃形而上的真知，所反對的是現象界的世俗之學。故其斥學並非壓抑天性，與韓非只陷民於錐魯之情況有天淵之別。

　　基本上，韓非多從功利立場批判儒家，在「當今爭於氣力」形勢下，緩不濟急，故曰：「明君急其功而緩其頌，故不道仁義。」（〈顯學篇〉）即此之謂也。由於鄙視儒家教化，而毀德反智，箝制人民思想而以法為教。事實上，已忽略喚醒人性的道德自覺。是以「法」一旦失去正義性，為專制君主肆意運作，必然促成君勢之無限擴張。

六、趨本務而外末作，奠定君權基礎

　　根據戰國後期的條件，韓非提出當今爭於氣力的論點來因應，此乃商鞅進化歷史觀及務力國家觀的進一步發展。《韓非子》〈五蠹篇〉曾將歷史分作「上古之世」、「中古之世」及「近古之世」三階段。人類用火及構木為巢為上古之世，有傳統中之有巢氏及燧人氏；洪水時期屬中古之世，有決瀆聞名之鯀及禹；殷周時期為近古之世，有桀紂暴亂及湯武征伐。古今生活實況之不同，其變遷因由不外是人口增加及物資羨絀兩項。〔註61〕由於歷史演進，因而認為一切措施當因應事實需要，而主張「不期修古，不法常可，論世之事，因為之備。」（〈五蠹篇〉）基於此，落實於政治社會逐建立其「事異則備變」之「變古」觀念。至於不以古為法，即變與不變的衡量角度，是以切合國家安定為取捨原則。他說：「變與不變，聖人不聽，正治而已。」（〈南面篇〉）又說：「凡人難變古者，憚易民之安也。」（同上）換言之，不以人民好惡為去取因素，而在「常古可與不可」。因此，當戰國之末各家兼併白熱化，自非崇高權力與實力，無以內求統一外求發展。於是在演進歷史觀前提下，韓非逐明揭「富國以農，距敵恃卒。」（〈五蠹篇〉）之論點。韓非之前李悝盡地力、商鞅屬農戰已為先導。韓非更屢言耕戰之切要。他說：

　　　　簡本教而輕戰功者，可亡也。（〈亡徵篇〉）

　　　　能趨力於地者富，能趨力於敵者強，強不塞者王。（〈心度篇〉）

勸民勤於本業，勇於公戰，則霸王之業可期。反之，則甲兵廢弛、國庫空虛，國軍易於敗亡。

　　韓非又以歷史經驗說明儒家仁義適於古而不當用於今，譬如〈五蠹篇〉曾舉徐國不事農業、不修戰備，而欲「行仁義而王天下」，「荊文王恐其害己也，舉兵伐徐」而滅徐國一事。又舉齊將伐魯，魯使子貢欲以仁義說服齊國

〔註61〕韓非於〈五蠹篇〉指出：「古者，丈夫不耕，草木之實足食也；婦人不織，禽獸之皮足衣也；不事力而養足，人民少而財有餘，故民不爭。是以厚賞不行，重罰不用，而民自治。今人有五子不為多，子又有五子，大父未死而有二十五孫。是以人民眾而貨財寡，事力勞而供養薄，故民爭。雖倍賞累罰，而不免於亂。」又曰：「夫山居而谷汲者，膢臘而相遺以水。澤居苦水者，買庸而決竇。故饑歲之春，幼弟不饟，穰歲之秋，疏客必食。非疏骨肉愛過客也，多少之心異也。是以古之易財，非仁也，財多也；今之爭奪，非鄙也，財寡也。」二段引言說明各時代生活條件不同，其不同主要表現在人口多寡及財物羨絀二方面。姚蒸民已提出此說。參見《法家哲學》頁85至87。東大圖書公司，民國75年出版。

棄武力，然齊人所欲者乃土地，遂出兵伐魯之史事。強調：

> 文王行仁義而王天下，偃王行仁義而喪其國；是仁義用於古，而不
> 用於今也。故曰：「世異則事異」。(〈五蠹篇〉)

實告誡執政者一味以先王之道為治，多不切合實際，誠如〈五蠹篇〉所言「宋人守株待兔」及〈外儲說左上篇〉所言之「鄭人買履取度」般，拘泥而不知變通，又如「嬰兒塵塗為戲」般，不切實用。換言之，徐、魯倘修力，則能堅決抵抗，而不致滅國、辱國。至於韓非尚力的具體主張，多表現於耕和戰二部份。

由於韓非感慨當時的耕戰之士多危苦而不得賞賜，非耕戰者則多富貴。他說：

> 倉廩之所以實者，耕農之本務也，而綦組錦繡，刻畫為末作者富。
> 名之所以成，地之所以廣者，戰士也。今死士之孤，飢惡乞於道，
> 而優笑、酒徒之屬，乘車衣絲。賞祿，所以盡民力，易下死也。今
> 戰勝攻取之士，勞而賞不霑，而卜筮、視手理，狐蠱為順辭於前者
> 日賜。(〈詭使篇〉)

> 畏死、遠離，降北之民也。而世尊之曰：「貴生之士」。學道、立方，
> 離法之民也，而世尊之曰：「文學之士」。游居、厚養，牟食之民也，
> 而世尊之曰：「有能之士」……「辯智之士」……「磏勇之士」……
> 「任譽之士」此六民者，世之所譽也。赴險、殉誠，死節之民也，
> 而世少之曰：「失計之民」也。寡聞、從令，全法之民也，而世少之
> 曰：「樸陋之士」也。力作而食，生利之民也，而世少之曰：「寡能
> 之士」也。嘉厚、純粹，整穀之民也，而世少之曰：「愚戇之民」也。
> 重命、畏事，尊上之民也，而世少之曰：「怯懾之民」也。挫賊、過
> 姦，明上之民也，而世少之曰：「讇讒之民」也。此六民者，世之所
> 毀也。……此之謂「六反」。……故名賞在乎私惡當罪之民，而毀害
> 在乎公善宜賞之士，索國之富強，不可得也。(〈六反篇〉)

鑑於此，所以韓非凡言事耕戰則必賞之爵祿，並使之名顯。因此主張利用人性好利心理，因勢利導，以高爵厚祿賞耕戰。其賞罰有三點原則：

(一) 有軍功者，賜予善田大宅，其曰：「夫陳善田利宅者，所以屬戰士
　　　也。」(〈詭使篇〉)「夫上陳良田大宅，設爵祿，所以易民死命也。」
　　　(〈顯學篇〉) 即是。

（二）重農賤工商，認為商人蓄積待時而謀農夫之利，因而主張「困末
　　　作而利本事」（〈姦劫弒臣篇〉）即是。

（三）獎譽耕戰之士。所謂「譽隨其賞，毀隨其罰，則賢不肖俱盡其力
　　　矣。」（〈五蠹篇〉）賞譽農戰則民致力於此。

耕戰能致富強故賞譽之，至於巖穴之士無益於耕戰，韓非則往往加以抨
擊扼止，他說：

博習辯智如孔、墨，孔墨不耕耨，則國何得焉？修孝寡欲如曾、史，

曾、史不攻戰，則國何利焉？（〈八說篇〉）

有關韓非的軍事方針是：務戰勝而不惜民力。韓非曾言：「國小則事大國，兵
弱則畏強兵。大國之所宗，小國必聽，強兵之所加，弱國必服。」（〈八姦篇〉）
為謀國富兵強，以免臣服於其他國家，因而強調不惜犧牲以求戰必得勝。故
謂「是以拔千丈之都，敗十萬之眾，死傷者軍之垂；甲兵折挫，士卒死傷，
而賀戰勝得地者，出其小害，計其大利也。」（〈八說篇〉）即是。所以人君應
當掌握軍隊領導權。韓非於〈定法篇〉曾論述秦國行商鞅之法，但未能稱霸
天下，其原因在「戰勝則大臣尊，益地則私封立。」換言之，人君未能掌握
軍隊領導權，則「以其富強也資人臣而已矣。」（同上）給予大臣可乘之機。
是以又言：「大臣之祿雖大，不得籍威城市，黨羽雖眾，不得臣士卒。故人臣
外國無私朝，居軍無私交。」（〈愛臣篇〉）也就是人臣不得擅自與外國勾結，
不得建立親信部隊，強調臣下須絕對服從君主，賞罰之權由君主掌握。故言：
「利出一空者，其國無敵；利出二空者，其兵半用；利出十空者民不守。」（〈飭
令篇〉）「空」讀為「孔」，乃慶賞之所出。「利出一空」指賞罰由君主一人施
行，國家便強盛無敵。

關於韓非的經濟策略是：提出「強本末弱」的經濟政策。基本上，認為農
耕之外，其他多為無用之物，多在反對之列。此觀點在商鞅時已形成，並見諸
行事，韓非更在理論上充分發揮。韓非經濟政策的極端，與當時工商業的發展
有關，當時工商業者，與王者埒富：其曰：「上有天子諸侯之勢尊」「下有猗頓、
陶朱、卜祝之富」（〈解老篇〉）。此外，工商業者多行殘酷之剝削：故曰：「其工
商之民，修治苦窳之器，聚弗靡之財，蓄積待時，而侔農夫之利。」（〈五蠹篇〉）
因此，韓非主張「使商工游食之民少而名卑，以趣本務而寡末作。」（同上）認
為學者、言談者、帶劍者、患御者、商工之民五者為邦之蠹，不除五蠹蟲，則
「海內雖有破亡之國，消滅之朝。」（同上）亦無足怪！不過，韓非並未完全否

定商業活動。曾言：「利商事關梁之行，能以所有致所無，客商歸之，外貨留之。」（〈難二篇〉）說明正當的商業活動可互通有無，仍有存在必要。

有關其落實重農政策的重要方針如下：

（一）不違農時，勤於本務：主張努力人事、順應自然以增加產量。他說：

> 入多者，穰也。舉世慎陰陽之和，種樹節四時之適，無早晚之失、寒溫之災，則入多。不以小功妨大務，不以私欲害人事，丈夫盡於耕農，婦人力於織紉，則入多。務於蓄養之理，察於土地之宜，六畜遂，五穀殖，則入多。明於權計，審於地形，舟車機械之利，用力少，致功大，則入多。利商市關梁之行，能以所有致所無，客商歸之，外貨留之，儉於財用，節於飲食，宮室器械，周於資用，不事玩好，則入多。入多，皆人為也。若天事，風雨時，寒溫適，土地不加大，而有豐年之功，則入多。（〈難二篇〉）

說明農業生產不誤農時，「無早晚之失」；耕作者的努力，「丈夫盡於耕農，婦人力於織紉」；生產知識的提高，「察於土地之宜」「明於權計，審於地形」；生產工具的改良，有「舟車機械之利」；貨物之流通，「以所有致所無」多可增加生產量。此外，又認為人民節用，有助於生產蓄積亦能入多。

（二）反對賑濟：基本上，韓非主張努力開墾耕作及節用以提高生產率。他認為貧窮由於怠惰及奢侈，若賑濟貧窮，並非鼓勵農耕，且對力農者產生傷害，所以對分配土地予貧民持否定態度。他說：

> 今世之學士語治者，多曰：「與貧窮地，以實無資」。今夫與人相若也，無豐年旁入之利，而獨以完給者，非力則儉也。與人相若也，無饑饉疾疚禍罪之殃，獨以貧窮者，非侈則惰也。侈而惰者貧，而力而儉者富。今上徵斂於富人，以布施於貧家，是奪力儉而與侈惰也，而欲索民之疾作而節用，不可得也。（〈顯學篇〉）

馮友蘭先生指出：商鞅「開阡陌」廢除土地國有制，由人民自由開墾並歸為己有，是一種解放生產力。〔註62〕在此條件下，窮人因奢侈、怠惰而貧，若與貧民土地，無異是剝奪力而儉者之財富，故不可行。韓非深斥之，因而反對申述之言論甚多，如他說：

> 秦大惡，應侯請曰：「五苑之草、蔬菜、橡、棗、栗，足以活民，請

〔註62〕同註29，頁488。

發之。」昭襄王曰:「吾秦法使有功而受賞,有罪而受誅。今發五苑之蔬果者,使民有功與無功俱賞也。夫使民有功與無功俱賞者,此亂之道也。夫發五苑而亂,不如棄棗蔬而治。」(〈外儲說右下〉)

齊桓公飲酒醉,遺其冠,恥之,三日不朝。管仲曰:「此非有國者之恥也。公胡不雪之以政?」……因發倉囷賜貧窮,論囹圄出薄罪,……使桓公發倉囷而賜貧窮。論囹圄出薄罪,非義也,不可以雪恥使之而義也。……且夫發倉囷而賜貧窮者,是賞無功也。論囹圄而出薄罪者,是不誅過也。夫賞無功,則民偷幸於上;不誅過,則民不懲而易為非,此亂之本也,安可以雪恥哉!(〈難二篇〉)

基本上,韓非以功利觀點出發,反對無功行賞,所以不輕發困倉以賑濟。

(三)實施重稅政策:韓非認為人性自利,若輕刑薄斂,則易使民惰本業而事玩好,並不能增產富國。他說:「凡人之生也,財用足則隳於用力。」又言「財貨足用則輕用,輕用則侈泰。」所以按其邏輯必陷民於貧窮,人民才會努力生產,因此衍生重稅政策是必然趨勢。至於賦稅之作用,按其說法有下列數項:

論其賦稅,以均貧富。(〈六反篇〉)

悉租稅,專民力,所以備難,充府庫也。(〈詭使篇〉)

徵賦錢粟,以實倉庫,且比救饑饉,備軍旅也。(〈顯學篇〉)

也就是可藉徵收賦稅令富者貧,減低貧富差距,並藉重租充盈府庫,以備不時之需。

(四)獎賞盡歸於農而斥末作:此乃建築於自利人性觀上的政策。韓非認為統治者與人民存在利害關係,為政者正好藉人之自利,以賞罰推動農業生產,他說:

夫耕之用也勞,而民為之者,曰:可得以富也。戰之為事也危,而民為之者,曰:可得以貴也。今修文學,習言談,則無耕之勞而有富之實,無戰之危而有貴之尊,則人孰不為也?是以百人事智,而一人用力。事智者眾則法敗,用力者寡則國貧,此世之所以亂也。故明主之國,無書簡之文,以法為教;無先王之語,以吏為師;無私劍之捍,以斬首為勇。是以境內之民,其言談者必軌於法,動作者歸之於功,為勇者盡之於軍。是故無事則國富,有事則兵強,此

　　之謂王資。（〈五蠹篇〉）

基本上，是藉人性貪得樂進一面，以市利盡歸於農，使民致力務農，是以富貴誘民而禁止一切無益農戰之事。

　　由於韓非因重視富國強兵，所以強調耕戰，並曾批評戰國末期「連橫」「合縱」兩種外交政策，韓非認為無論合縱與連橫均不可行。他說：

　　　　故周去秦爲縱，期年而舉；衛離魏爲衡，半歲而亡。……使周衛緩
　　　　其從橫之計，而嚴其境內之治，明其法禁，必其賞罰，盡其地力以
　　　　多其積，致其民死以堅其城守。天下得其地則其利少，攻其國則其
　　　　傷大。萬乘之國莫敢自頓於堅城天下，而使強敵裁其弊也。此必不
　　　　亡之術也。（〈五蠹篇〉）

所謂「連橫」，乃秦對六國的基本戰略，利用六國矛盾而承認秦國霸權。「合縱」，是秦以外的六國連合，共同抵抗秦的霸權。舉周衛兩國爲例，說明小諸侯國無論合縱或連橫，均不能免於滅亡，只有「明其法禁，必其賞罰，盡其地力以多其積，致其民死以堅其城守。」加強統治，推動耕戰，才能「無事則國富，有事則兵強。」（同上）達到富強地步，大國欲滅之必費力。又其地小，得之亦無大利，大國自然不願輕舉妄動。所以唯有國富兵強，才是落實君權之基礎，因而主張獎勵耕戰，大力發展經濟實力與軍事實力爲根本之道。

　　總上所述，韓非在人性自利及國君符合中人之道的設定下，強調君主掌握絕對權威，成爲政治之主體及核心。爲鞏固君權，韓非結合法、術、勢的要義提出尊君主張。歸納其理論內涵：

　　就「勢」而言，發展出一套用人公平，嚴防權臣的方法。關於選用人才的權力，韓非主張人主宜慎執用舍任免之柄，大權不可旁落。選任人才的態度，是不聽私門請謁，使臣下不得離下比周。任人的原則，在試之於事，課之於功。所以人臣的職權，須克盡職責，不得越權。而考課上以功罪爲準，群臣不得倖進。充分表現用人唯才，嚴防權臣的態度。

　　就「術」而言，韓非認爲君主作法可分爲消極的虛靜無爲及積極的循名責實兩部分。在虛靜無爲上，韓非一則主張國君因臣下的智術，而不必事事躬親，即可無爲而有功。其次，主張君主掩其好惡，杜防權臣覬覦上位。在循名責實上，韓非提出「形名參同」的原則，根據群臣功過給予賞罰，以避免群臣怠慢瀆職。爲正確審核形名，韓非歸納出國君聽言問對時應具備的原則：一是聽無門戶，避免壅塞。二是不以多爲信，避免群臣朋黨比周。三是

臣子需一一陳其言，君主則就其言以別愚智，同時又令群臣公開商議，以結集智慧。其措施是務使考核切要，增加行政績效。

就「法」而言，主張國君要建立客觀的賞罰制度，使政治運作有所依據。韓非要求立法者，一要「明法去私」，公而忘私，才能收法治之效，其次要操持賞罰大權不可假手於人。而執法的原則是信賞必罰、賞厚罰重及公平無私，以樹立君主權威。

此外，韓非又從學術思想層面，提出「以法爲教」的理論。他從百家學說是非淆亂，及人民愚昧無知上立論。認爲人民一旦擁有知識，將導致亂法而亡國，所以主張全面禁止文智，以法爲準，限制人民思想以鞏固君權。

在國家政策上則提出尙耕戰的主張。韓非透過演進的歷史觀，認爲一切措施當因應事實需要，而主張耕戰的切要。在軍事上，是務戰勝而不惜民力，並以高官厚祿誘民。在經濟上，則重農而斥工商，由崇本抑末上奠定君權基礎。

可見韓非尊君學說有助於廢除封建制度開出君主專制之政治格局。而漢代順應局勢完成君主專制政體，爲奠定君權，在政治、學術、經濟、軍事乃社會各層面的運作上，亦多有受韓非學說的影響處，將一一分述於下文中。